한국과 일본, 상호 인식의 변용과 기억

기억과 경계
학술총서

한국과 일본, 상호 인식의 변용과 기억

이규수 지음

어문학사

책머리에

20세기 인류사는 한마디로 전쟁과 반평화(anti-peace) 행위로 얼룩졌다고 말할 수 있다. 근대 이후 동아시아 사회 역시 일본의 제국주의화, 중국의 반식민화, 한국의 식민화라는 격렬한 갈등과 분쟁의 과정을 겪어 왔다. 제국과 식민지의 대립, 나아가 장기간에 걸친 전쟁의 참화는 격심한 사회변동과 더불어 동아시아 사회 구성원들에게 많은 역사적 과제를 남겼다. 일본은 패전과 더불어 전쟁 책임과 전후 보상 문제를 비롯해 동아시아에 대한 고정된 이미지와 부조리한 의식을 극복해야 하는 역사적 책무에 직면할 수밖에 없었고, 동아시아는 식민지 또는 반식민지 경험의 청산과 새로운 국가 건설이라는 임무를 떠안았다.

동아시아 사회는 국가 간의 대립과 갈등을 극복하고 상호 소통을 통해 화해와 공존의 장으로 나아가야 하는 과제를 안고 있다. 그러나 제국과 식민지의 경험이라는 역사적 유산은 현대 사회에 여전히 심각한 영향을 미치고 있다. 천황제 이데올로기는 동아시아 전역에 죽음과 공포의 기억을 강요했고, 장기간의 전쟁으로 인한 정신적 상흔은 아직도 치유되지 못한 채 전쟁 책임 소재의 규명과 전후 보상 문제 등 해결해야 할 역사적 과제도 여전히 남아 있다. 그런 의미에서 제국과 식민지를 둘러싼 국가

간의 갈등, 특히 한·일 양국 관계에 관한 역사적 성찰은 동아시아 사회가 안고 있는 문제의 기원을 밝힐 수 있다는 점에서 현재적 의미를 지닌다.

일본 사회는 여전히 역사왜곡 문제에 대한 개선의 움직임을 보이지 않고 있다. 오히려 과거 군국주의 체제로 되돌아가려는 분위기이다. 아베 신조(安倍晋三)로 상징되는 우파 정권은 미국의 비호 아래 집단적 자위권 행사 확보에 박차를 가하고 있다. 집단적 자위권이란 일본이 공격받지 않더라도 미국 등 타국에 대한 공격을 자국에 대한 공격으로 간주해 일본도 군사적 대응에 나선다는 개념이다. 이를 위해 현재 일본에서는 '애국심'이라는 명목으로 국가에 최선을 다하고, 국민의 권리보다 책무와 책임을 중시하는 풍조가 횡행하고 있다. 많은 정치가가 자위대를 군대로 받아들여 국민은 국방의 책무를 다해야 한다는 내용으로 개헌을 주장하고 있다. 그들에게 과거사 문제는 단지 흘러간 과거일 뿐, 미래의 평화 체제 구축에는 관심이 없다. 심지어 침략 사실을 부정한 자국사 중심의 새로운 역사 해석이 일본의 미래를 밝힌다고 강변하고, 각종 미디어를 통해 이런 왜곡된 주장을 공공연하게 확산시키고 있다.

일본 우파들은 교과서를 통해 두 가지 역사 인식을 전파하는 데에 주력한다. 하나는 과거 일본의 부정적 측면을 내세운 '자학 사관'으로부터 탈피해야 한다는 것이고, 다른 하나는 "역사를 배운다는 것은 그 시대 사람들이 무엇을 생각하고 있는가를 배우는 것이지 당시의 사실을 현대 인간이 비판하는 것이 아니다"라는 것이다. 한 개인이나 이념 단체가 특정 매체나 논평에서 상식 밖의 역사관을 표명하더라도, 우리는 이를 하나의 의견으로 받아들일 수 있다. 그러나 교과서는 다르다. 침략전쟁을 미화하는 교과서는 자국 청소년의 역사 인식을 왜곡시키는 데 그치지 않고, 동아시아 평화 구축에 심각한 해악을 끼치기 때문이다. 역사의 진실을 왜곡하는 서술로 대중을 현혹하는 것은 용서받을 수 없는 일이다. 미래 세대가 역사적 사실을 부정·은폐하는 교과서를 통해 그들의 의도대로 일본을 사랑하게 되더라도 그것은 어디까지나 허구로 가득 찬 애국심일 뿐이다.

일본의 네오내셔널리스트가 주장하는 역사 인식의 본질은 자국 중심 사관, 자국 찬미 사관이다. 이들이 어떠한 역사 인식을 지니고 있는가는 단지 개인이 가진 사상의 자유로 간주할 수 없는 현실적이고 국민적인 문제이다. 네오내셔널리스트들은 중·고등학교의 많은 역사 교과서가 근현대사 부분에서 일본의 제국주의적 침략과 식민지 지배, 전쟁 책임, 전쟁 범죄 등을 과도하게 강조하여 전체적으로 일본의 '어두운' 면만을 부각한다고 비판한다.

역사의 부정적 측면을 서술하는 일은 결코 '자학 사관'이 아니다. 주지하듯이 독일의 역사 교과서는 나치주의자들의 비인도적 행위와 범죄에 관해 상세히 서술하고 있다. 독일인들은 선조들이 과거에 저지른 침략과 비인도적 행위로부터 교훈을 얻어 현대 독일을 개척할 수 있었다. 또 역사를 기술하는 일에 아무리 공정을 기한다 하더라도 현재의 가치관이나 세계관으로부터 완전히 객관적일 수 없다. 오히려 현재의 가치 기준으로 검증하면서 역사를 배우는 것이야말로 미래의 역사 행로를 밝히는 작업과도 연결된다. 올바른 역사 교육의 중요성은 아무리 강조해도 지나치지 않는다.

최근 네오내셔널리스트들은 역사왜곡과 더불어 '주변국'의 문제, 예를 들면 북방 영토, 독도, 조어도 등의 영토 문제와 북한의 일본인 납치 문제를 악의적으로 부각시킨다. 이런 인식의 근저에는 동아시아에 대한 경계와 적개심이 작동하고 있고, 일본의 주변국인 한국, 북한, 중국과의 평화적 외교의 수립이라는 시점이 결여되어 있다. 주변 국가는 동아시아의 평화적 공존을 이루어나갈 대상이 아니라, 어디까지나 경계 대상이라는 의식을 강요하는 것이다. 이것은 이웃 나라는 단지 일본의 국가주권을 침해하는 '위험한 국가'라는 인식과 연결되고, 일본은 이에 대처하기 위해 방위력을 강화해야 한다는 논리로 이어지기 마련이다.

왜곡된 주장과 교과서의 이데올로기, 그것에 영향을 받은 대중의 감정적인 동의는 결국 일본의 보수화나 군사적 재구축화로 이어질 것이다. 일본 사회의 위기 상황에 대처하여 자국사를 재조명하겠다는 명분에서 출발한 네오내셔널리스트의 움직임은 일본군국주의의 부활이라는 맥락과 결부되어 있음을 결코 간과해서는 안 된다.

이 책은 이런 문제의식을 가지고 근대 일본의 한국 인식의 특징을 규명함으로써 일본이 식민지 지배를 어떻게 구상했으며, 과거사를 현재 어떻게 기억하는지 드러내고자 한다. 이 책에서는 세 개의 주제를 설정했다. 첫째, '동아시아 맹주론'으로 상징되는 근대 일본의 식민 정책이 가진 특징은 무엇인가. 둘째, 일본 지식인과 언론 매체는 제국과 식민지 사이에서 파생된 문제를 어떻게 인식했는가. 셋째, 지금 동아시아 역사 분쟁 속에서 일본은 식민지를 어떻게 기억하고 합리화하는가이다.

제1부에서는 일본의 식민 정책 구상과 한국 인식의 특징을 살펴본다. 동아시아 각국의 근대국가 형성 과정은 서양 문명의 수용과 배척 그리고 변용의 과정이었고, 서양 열강에 대한 순응과 반발의 정도는 이후 국가적 향방을 크게 규정했다. 여기에서는 먼저 일본의 동아시아에 대한 인식 체

계의 변화를 추적함으로써 근대 일본의 대외 인식이 가진 특징과 그 역사적 의미를 통시적으로 검토한다. 또 근대 일본의 역사 인식이 근대 학제의 성립 과정을 통해 어떤 방식으로 국민에게 강요하는 제도로 정착되었고, 나아가 식민정책학이라는 학문 체계로 정착되었는지를 분석한다.

제2부에서는 일본 지식인과 언론의 한국 인식이라는 주제로 먼저 안중근 의거에 대한 일본 언론계의 보도 내용을 살펴본다. 신문과 잡지는 안중근 의거를 어떻게 보도했고, 이 사건을 계기로 기존의 한국에 대한 식민 경영 방침을 어떠한 방식으로 전환해나갈지 여론을 형성하는 과정을 검토한다. 또 민본주의자로 알려진 요시노 사쿠조(吉野作造)가 제시한 한국 문제를 해결할 방안과 일본의 식민지 지배 정책이 시대 상황과 어떻게 연결되었는지 그의 담론을 통해 재검토하고, 그런 인식이 패전 이후 대한민국 정부 수립 당시의 여론 형성과 어떻게 연결되었는지 살펴본다.

제3부에서는 현재적 의미에서 일본의 전쟁 책임과 역사왜곡 문제를 다룬다. 이것은 전후 일본 사회의 전쟁 책임과 전후 배상을 둘러싼 '과거 극복' 문제를 재조명함으로써 전후 일본의 네오내셔널리즘을 비판하고, 그들이 주장하는 '대동아전쟁'론의 의미를 명백하게 드러내기 위해서이다. 네오내셔널리즘의 상징인 '새 역사 교과서' 주장은 식민지 시기 통치 당사자의 한국 인식과 근본적으로 동일하고 일본의 군국주의로 이어진다는 사실을 확인할 것이다.

최근 일본의 동향에 대한 우려의 목소리가 높다. 평화헌법 개정과 군사화를 통해 일본군국주의가 다시 부활할 조짐도 엿보인다. 왜곡된 역사 인식을 받아들이는 '보통 일본인'과 이를 조직적으로 선동하는 '보통 국가' 일본의 출현이 현실화되고 있다. 일본이야말로 과거에 대한 반성은커녕 과거 회귀적인 사고방식을 지닌 국가라는 의구심을 떨칠 수 없다. 이러한 추세라면 일본은 동아시아의 '역사적 고아'로 전락할 가능성이 크다.

동아시아는 이제 중요한 공동 가치관을 발견해야 한다. "전쟁을 포기한다"는 내용의 일본 평화헌법 제9조는 동아시아 구성원 모두가 지켜나가야 할 숭고한 가치를 담고 있다. 요컨대 전쟁에 반대하고 평화를 지켜야 한다는 가치관은 동아시아 공동의 자산이다. 이것은 20세기 전쟁으로 죽어간 수많은 사람의 생명을 대하는 우리의 역사적 사명이자 책임이기도 하다. 우리는 평화라는 숭고한 가치를 다음 세대로 전달하면서 동아시아의 평화를 정착시키고 평화로운 한·일 관계를 견고하게 구축해 나갈 필요가 있다. 동아시아의 평화를 지향하는 사람들이 모여 평화를 지키고 다음 세대에 공존과 상생의 가치를 심어줄 수 있는 디딤돌을 놓는 것이 역사학 본연의 책무일 것이다.

이 책을 출간하는 궁극적인 목적은 일본의 왜곡된 한국 인식만을 역사적으로 부각하기 위해서가 아니라, 동아시아 차원에서 새로운 평화와 공존의 가능성을 모색하기 위함이다. 불행한 과거를 거울삼아 이제 동아시아의 모든 민중은 평화와 화해를 향해 손잡고 나아갈 시점에 이르렀다. 역사학 본연의 임무는 과거의 교훈을 바탕으로 미래지향적인 가치 체계를 확립하는 데 있다고 믿는다. 과거의 '기억 들추기'를 통해 '과거에 머물기'가 아니라, '과거 되살리기'를 바탕으로 동아시아의 평화와 상생을 향한 밑거름 작업이 되었으면 좋겠다.

역사를 직시하면서 얻을 수 있는 교훈은 많다. 그중에서도 민족이 민족을 침략하여 지배하거나, 개인이 개인을 사회·경제적으로 종속시켜서는 안 된다는 점을 강조하고 싶다. 역사의 부정적 측면을 서술하는 일은 네오내셔널리스트들이 항변하듯이 결코 자민족을 '자학'하는 일이 아니다. 현재의 가치 기준으로 과거를 검증하면서 역사를 재조명하는 일은 오히려 미래의 역사 행로를 밝히는 작업과 연결된다.

끝으로 인문학의 위기라는 시대적 분위기에서 상업성과는 거리가 먼 이 책의 출간을 흔쾌히 허락해주신 어문학사 관계자 여러분께 이 자리를 통해 감사와 우정의 마음을 전한다. 이 책의 출판을 계기로 앞으로 근대 일본과 일본인의 한국 인식과 상호 인식을 체계적으로 밝히기 위한 글쓰기에 더욱 정진해야겠다고 다짐한다. 더 나은 글쓰기를 위한 노력은 역사 연구자로서 추구해야 할 당연한 의무이고, 그것만이 이 책의 부족함과 엉성함을 메우는 유일한 길이기 때문이다. 더 세련되고 성숙한 글로 다시 독자들과 만나기를 기원한다.

2014년 5월

이규수

차례

제1부

근대 일본의 동아시아 인식 체계

제1장

'화이론'적 인식 체계와 동아시아 맹주론

1. 동아시아의 역사성

'개국'이란 어떤 상징적인 사태의 표현으로서도, 또 일정한 역사적 현실을 지시하는 말로도 이해된다. 상징적으로 말한다면 그것은 '닫힌 사회'로부터 '열린 사회'로의 상대적인 추이를 의미한다. …… 상징적으로 말해서 일본은 세 번의 '개국' 기회를 가졌다. 첫 번째는 무로마치(室町) 말기부터 센고쿠(戦国)에 걸쳐서이고, 두 번째는 막말 유신이고, 세 번째는 이번 패전 이후이다.[1]

전후 일본의 민주주의를 이론적으로 지배한 마루야마 마사오(丸山眞男)는 막말 개국을 통해 일본이 경험한 이질적인 서구 문화와의 접촉과 교

1 丸山眞男, 「開国」, 『講座現代理論』 11, (東京, 筑摩書房, 1959), 79~80쪽.

류, 그리고 대응이 지니는 사상사적 의미를 위와 같이 밝혔다. 마루야마가 사용한 '개국'이라는 말은 '닫힌 사회'에서 '열린 사회'로, 또는 '닫힌 영혼'에서 '열린 영혼'이라는 당대 구성원의 사고방식의 상대적인 추이와 방향성을 상징적으로 표현한 것이다. '닫힌 사회'와 '열린 사회' 또는 '닫힌 것'과 '열린 것'이라는 두 범주를 활용하여 인간의 사고방식이 가진 두 가지 질적인 상이함을 설명한 사람은 베르그송(Bergson, Henri-Louis)이었다.

베르그송에 따르면 '닫혔다'는 것은 자기방어와 자기보존이라는 자연적 본능에 규정되어 배타적, 투쟁적, 대립적인 집단이나 사회, 예를 들면 가족이나 국가의 형성을 향해 나아가는 사고방식을, '열렸다'는 것은 모든 인류와 같은 무한하고 보편적인 사회를 지향하는 사고방식을 의미한다.[2] 마루야마 마사오는 '닫힌 사회'에서 '열린 사회'로의 이행 현상으로서 '개국' 상황을 세 시기로 상정했는데, 특히 두 번째 기회인 막말 유신 시기에 대해 지식인의 사상 동향을 특징지을 수 있는 경향으로서 '닫힌' 사고에서 '열린' 사고로의 방향성을 강조했다.

---

2 베르그송에 따르면 닫힌 사회(morale ferme)는 본능에 가까운 습관이나 제도에서 유래하는 사회적 의무에 따라 안으로는 개인을 구속·위압하고, 밖으로는 배타적이며 자위와 공격의 준비를 게을리하지 않는 폐쇄사회이다. 원시사회가 그 전형인데, 정도의 차이는 있지만 문명사회도 역시 이에 포함된다. 가족·도시·국가도 타자(他者)를 선별하여 배척하며 거부와 투쟁을 벌인다. 그러므로 이 사회의 결합 원리는 정지된 관습과 제도에 의해 개인을 사회에 복종시키는 불변의 비인격적인 닫힌 도덕이다. 반면 열린 사회(morale ouverte)는 유한적(有限的)이고 적대적인 폐쇄성을 초월한 무한의 개방적 사회로서, 인류애로 전 인류를 포용하려는 사회이다. 이 사회의 결합 원리는 관습과 본능 등 자연력(自然力)에 입각한 위압과 명령이 아니고, 자연으로부터 인간을 해방하고 생명의 근원에 감촉되는 환희를 향해 끊임없이 전진·향상하는 인류애의 도덕, 즉 열린 도덕이다. 따라서 열린 도덕은 관습과 제도라는 비인격적인 힘이 담당하는 것이 아니며, 선택된 종교적·도덕적 천재의 인격적인 '외침(영웅의 외침)'으로서 가족이나 국가의 닫힌 도덕을 초월한 사랑으로 맺어진 인류사회에 대응한다. 베르그송은 이런 인류애를 결합 원리로 하는 이상적(ideal)인 열린 사회와 가족애나 조국애 등에 바탕을 둔 현실적(real)인 닫힌 사회는 전혀 이질적인 사회로서, 정적·정체적인 후자로부터 '생명의 비약'에 의해 동적·창조적인 전자로 초월할 수 있다고 했다. 앙리 베르그송 지음·김재희 옮김, 『도덕과 종교의 두 원천』(서울, 지만지, 2009) 참조.

마루야마가 말한 '개국'이라는 상징적인 사태는 서구 시민사회에서 일어난 일종의 '보편성'이 서구 이외의 세계로까지 확산되면서 새로운 국제질서를 형성했음을 나타낸다. 서구 이외의 세계를 포섭한 구체적인 방법은 식민지적인 지배의 확대라는 형태였다. 이 때문에 근대 동아시아에서는 서구 열강에 의한 식민지화의 위기가 고조되었고, 이는 동아시아라고 불리는 지역을 부상시켰다.

서구의 동아시아 침략은 주체인 서구에 의해 객체인 동아시아가 타자로서 관찰, 탐구, 정의됨으로써 이루어졌다. 이른바 오리엔탈리즘은 근대 서구의 제국주의적 팽창을 합리화하는 논리로 받아들여졌다. 오리엔탈리즘은 서구의 식민주의, 인종차별주의, 자민족중심주의와 결부된 동아시아에 대한 지배 이념으로 대두하여, 비(非)서구를 서구라는 모범을 결여하거나 일탈한 문명이 부재한 지역으로 규정하는 논리로 작동되었다. 이에 따르면 '동양'은 유럽인이 자기정체성을 확립하기 위해 설정한 '타자'에 불과했다. 양자의 관계는 '문명 – 야만' 또는 '선진 – 후진' 나아가 '합리 – 불합리'라는 인식 틀로 규정되었다.[3]

근대 전환기 동아시아 각국의 서양에 대한 대응은 '야만'으로 적대시하는 단계와 제한적으로 수용하는 단계를 거쳐 전면적 수용 단계로 나아

3 에드워드 사이드 저 · 박홍규 역, 『오리엔탈리즘』(서울, 교보문고, 2000) ; 에드워드 사이드 저 · 성일권 역, 『도전받는 오리엔탈리즘』(서울, 김영사, 2001) ; 박홍규, 『박홍규의 에드워드 사이드 읽기』(서울, 우물이 있는 집, 2003) ; 정진농, 『오리엔탈리즘의 역사』(서울, 살림, 2003) ; 에드워드 사이드 저 · 박홍규 역, 『문화와 제국주의』(서울, 문예출판사, 2005) ; 김정현, 「오리엔탈리즘과 동아시아 - 근대 동아시아의 '타자화'와 저항의 논리」(『중국사연구』 39, 중국사학회, 2005); 존 맥켄지, 『오리엔탈리즘 예술과 역사』(서울, 문화디자인, 2006) ; 박승우, 「동아시아 지역주의 담론과 오리엔탈리즘」(『동아연구』 54, 서강대학교 동아연구소, 2008) ; 발레리 케네디 저 · 김상률 역, 『오리엔탈리즘과 에드워드 사이드』(서울, 갈무리, 2011) 등을 참조.

가는 보편성을 보여준다. 전통적인 중화 체제라는 울타리 안에서 상호 공존하던 동아시아는 쇄국 정책의 단계를 거쳐 선별적 수용 단계인 중국의 중체서용, 한국의 동도서기, 일본의 화혼양재라는 공통의 대응 방식을 드러냈다.[4] 그런데 동아시아의 식민지화 위기에 대한 각국의 대응은 달랐다. 일본은 서구적인 '보편성'에 접근하여 사회 변혁을 시도했지만, 이런 대응은 다른 동아시아 지역에서 동시에 진전되지 않았다. 일본은 '근대화'를 성공시킨 데 반해, 조선과 중국은 열강의 식민지나 반식민지로 전락했다.

메이지유신을 계기로 서구적 근대(서양화)에 성공했다고 자부한 일본은 서양의 오리엔탈리즘과 동일한 형태의 시선으로 점차 '동양'을 타자화하는 '일본형 오리엔탈리즘'을 만들어 나갔다. 따라서 동아시아의 오리엔탈리즘은 서양과 동양이라는 이항 대립만으로 형성된 것이 아니라, 서구 – 일본 – 동양이라는 중층 구조로 진행되었다. 이 과정에서 오리엔탈리즘의 산물로 '동양'이라는 개념이 확산되기 시작했다. 처음에 '동양'이라는 용어는 '서구가 아닌 것'이라는 의미로 사용되었지만, 일본이 스스로를 서구와 동일시하면서 일본을 포함하지 않은 동아시아 지역을 의미하는 것으로 변형되었다.[5]

---

4 신연재, 「동아시아 3국의 근대 사상 형성과 서양 문명의 수용」(『사회과학논집』 12, 울산대학교, 2002) ; 장남호 외, 『화혼양재와 한국 근대』(서울, 어문학사, 2006).

5 스테판 다나카 저 · 박영재, 함동주 역, 『일본 동양학의 구조』(서울, 문학과 지성사, 2004). 마루야마 마사오는 중국에 비해 일본이 어떻게 근대화를 일찍 성공적으로 이룰 수 있었는지에 답하면서 명분과 실리라는 두 상충 요소에 관해 언급한다. 중국이 아편전쟁에서 영국에 패하고 끝까지 고집한 것은 홍콩의 할양 문제보다도 바로 삼궤구배(三跪九拜)의 예(禮)였다. 전쟁에서 패배한 나라 황제가 이긴 나라의 사절에 대해 삼궤구배의 예를 요구할 정도로 '예', 다시 말해서 명분은 중요한 문제였다. 이와 달리 일본은 전쟁에 패하자 바로 양이론을 버리고 유학생을 파견하는 등 개국 쪽으로 전술을 전향했다고 한다. 가토 슈이치, 마루야마 마사오 저 · 임성모 역, 『번역과 일본의 근대』(서울, 이산, 2000), 14~24쪽 참조.

일본인을 다른 동아시아인과 구별하려는 발상은 어떻게 생겨났을까. 메이지유신 이후 '근대화'의 성공을 한 가지 요인으로 볼 수 있지만, 역사를 거슬러 올라가면 오랫동안 아시아, 특히 조선과 일본을 포함한 동아시아의 지역 질서가 중국 문명과 중국 왕조가 지닌 우월적인 존재감에 의해 규정된 것과 무관하지 않다. 따라서 근대 일본의 동아시아 인식은 역사적으로 중국의 우월성에 대한 도전이라고 말할 수 있다. 이미 근세 일본에서는 중국 문명에 대한 회의와 독자적인 자기주장의 일환으로 국학이 생겨났다. 모토오리 노리나가(本居宣長)로 대표되는 국학자의 주장과 나가사키(長崎)에서 유입된 네덜란드를 매개로 한 서양 정보에 대한 관심은 전통적인 중화관에 변화를 가져왔다. 여전히 많은 사람이 사물을 바라보는 사고의 기반으로 고대 중국에서 형성된 사상과 가치관을 지니고 있었지만, 막말부터 메이지에 유입된 서양의 근대 문물은 이런 가치관을 근저로부터 뒤흔들어 놓았다.[6]

이상과 같이 19세기 후반 동아시아 각국의 근대국가 형성 과정은 서양 문명의 수용과 배척, 변용의 과정이었다. 서양 열강의 무력적 개방 요구에 대항해 국가의 독립을 유지하기 위해 아시아 각국은 구 체제를 개혁하고 '근대적' 제도와 체제를 수립해야 했다. 서양 열강에 대한 순응과 반발의 정도는 이후의 국가적 향방을 크게 규정했다. 이런 문제의식을 바탕으로 여기에서는 막말 유신기 일본의 동아시아에 대한 인식 체계의 변화

6 沼田次郎編, 『東西文明の交流 〈6〉 日本と西洋』(東京, 平凡社, 1971) ; 田中彰, 『「脱亜」の明治維新』(東京, 日本放送出版協会, 1984) ; 松沢弘陽, 『近代日本の形成と西洋体験』(東京, 岩波書店, 1993) ; 田中彰, 『明治維新と西洋文明』(東京, 岩波書店, 2003) ; 渡辺浩 · 朴忠錫編, 『韓国 · 日本 · 「西洋」-その交錯と思想変容』(東京, 慶應義塾大学出版会, 2005) ; 並木頼久, 『日本人のアジア認識』(東京, 山川出版社, 2008) 등 참조.

를 추적함으로써 근대 일본의 대외 인식에 대한 실태와 그 역사적 의미를 통시적으로 검토하려 한다. 이런 시도는 동아시아 문제를 역사적 맥락에서 살피지 않고, 동아시아에 대한 관념적인 전망만을 주장함으로써 현실성을 갖지 못했던 기존의 동아시아 담론과는 달리, 동아시아의 역사성을 확인하는 작업이 되리라 기대한다.[7]

2. '화이론'적 세계 질서관의 해체

막말 유신기에 이르기까지 일본의 학문과 사상 세계는 중국에 그 전형을 두었다. 일본의 자기 인식은 일본 역시 중국에 뒤처지지 않고 태고 이후 인의도덕(仁義道德)을 겸비한 왕도(王道)의 나라였다는 유교적 규범의 관념을 빌린 자국의 권위를 내세운 것이었다. 도쿠가와 미쓰쿠니(德川光圀)는 도쿠가와 집안의 쇼군직 계승의 이론적 근거를 제시하기 위해 장기간에 걸쳐 전 397권 226책의 『대일본사(大日本史)』를 편찬했다. 그 방법론은 역사 속에서 후대에 귀감이 될 만한 도덕적 규범을 찾아 그것을 역사적 판단 기준으로 삼으려는 중국 역사 서술의 전통인 감계사관(鑑戒史

7 최근에 동아시아는 정치적·경제적 측면에서 주목받는 지역 개념으로 등장하고 있으며, 동아시아를 역사적으로 통합된 하나의 지역으로 개념화해 왔다. 그러나 동아시아를 역사적으로 통합된 지역으로 개념화하는 것은 동아시아의 역사성이 현재까지 왜곡되고 있음을 시사하는 것이기도 하다. 종래 동아시아론은 국민국가를 중심으로 동심원적으로 확대하여 동아시아라는 '상상의 공동체'를 구상하는 방식에서 탈피하지 못했기 때문에 한계에 봉착했다고 말할 수 있을 것이다. 고야스 노부쿠니 저·이승연 역, 『동아·대동아·동아시아 — 근대 일본의 오리엔탈리즘』(서울, 역사비평사, 2005) ; 김기봉, 『역사를 통한 동아시아 공동체 만들기』(서울, 푸른역사, 2006) 등을 참조.

觀)에 바탕을 둔 일본적 전통의 '혈통론'이었다.[8] 일본과 중국의 관계가 조공과 책봉이라는 관계를 맺어 왔던 조선과 중국과의 관계와는 많이 다르지만, 근세 일본에 중국으로부터의 정보가 차단되지 않고 지속적으로 유입되었음을 의미한다. 막부와 여러 번은 주자학 등 중국 학문에 많은 관심을 보이고 나가사키를 창구로 중국에서 서적과 문물을 가져옴으로써 중국에 관한 정보를 대량 도입했다.[9]

일본과 중국 또는 일본과 동아시아와의 관계에 문제가 생기게 된 계기는 기존의 전통적인 세계상이 붕괴되고 이를 대신해 개별 국가 사이의 상호 관계, 즉 국제 관계로서 세계를 인식한 것이었다. 막말에 중국이 영국과의 아편전쟁에서 패한 사건은 전통적인 중화 세계에 커다란 충격과 동요를 불러일으켰다. 충격은 곧바로 일본에까지 미쳤다. 그 과정은 첫째로 에도 시대 전기의 학문 그 자체의 내부로부터 기존의 규범주의에 대한 반성과 사실에 기초하여 사물을 바라보는 사고방식, 말하자면 규범지향

---

8 『대일본사』는 에도 시대에 고산케(御三家)의 하나인 미토 번(水戶藩)의 번주인 도쿠가와 미쓰쿠니에 의해 편찬되었고, 그의 사후에도 미토 번의 사업으로 계속되어 메이지 시대에 완성되었다. 수준 높은 한문체로 집필되었고 기사에는 출전을 명기함으로써 고증에도 힘썼다. 전체적으로 주자학에 기초한 미토학(水戶学)을 대의명분으로 삼은 존황론(尊皇論)으로 이어져 막말 사상에 커다란 영향을 주었다. 平泉澄編, 『大日本史の研究』(東京, 立花書房, 1957) ; 吉田俊純, 「徳川光圀の『大日本史』編纂目的」, 『東京家政学院筑波短期大学紀要』 1, 1991 ; 吉田俊純, 「徳川光圀の『大日本史』編纂の学問的目的 - 北朝正統論をめぐって」, 『東京家政学院筑波短期大学紀要』 2, 1998; 鈴木暎一, 『徳川光圀』(東京, 吉川弘文館, 2006) 등 참조.

9 중국과 일본 사이에는 '호시(互市)' 관계만이 존재했을 뿐, 정식으로 정치적 관계는 맺어지지 않았다. '호시'란 중국 왕조의 대외무역에 대한 용어로 해상교역은 '호시박(互市舶)' 또는 '시박(市舶)'이라 불렸고, 육상교역을 '호시'라 칭한 경우도 있었다. 이 밖에도 '호시'는 공식적인 국가 관계를 전제로 한 조공 무역에 대해 통상만 이루어진다는 의미에서 사용되는 경우도 있었다. 근세 일본과 중국 사이에는 '호시'의 관계는 있었지만, 책봉과 조공의 공식적인 관계는 없었다. '호시'의 형식도 중국 선박의 나가사키 도항은 허용했지만, 일본선의 중국 도항은 쌍방에서 금지했다. 太田勝也, 『鎖国時代長崎貿易史の研究』(東京, 思文閣出版, 1992) ; 전영섭, 「10~13세기 동아시아 교역시스템의 추이와 海商 정책」, 『역사와 세계』 36, 2009 등 참조.

성에 대한 사실지향성의 대두로 나타났고, 둘째로 서구의 실증적 학문 도입, 즉 1770년대의 란가쿠(蘭学) 수용과 이후 양학의 발달로 이어졌으며,[10] 셋째로 서구 선진제국의 극동 진출에 촉발되어 막말 시기 대외 문제에 대한 새로운 대응의 필요라는 형태로 이루어졌다. 이것은 학문이 책상 위의 문자와 관념 세계의 영위로부터 점차 생생한 현실 세계와 결부된 영위로의 전환을 이루는 것을 의미했다.[11]

전통적으로 도덕인의의 본가였던 중국이 '오랑캐(夷狄)'라고 경멸해 온 영국의 무력 앞에 무참히 굴복했다는 사실은 그때까지 만사를 유교적 도덕관념에서 평가하고, 다른 나라를 '중화'에 대한 '오랑캐', '안'에 대한 '바깥'으로 간주해 왔던 당시 지식인에게는 완전히 새로운 사태였다. 새로운 세계에 대한 눈돌림은 신선한 놀라움을 동반하면서 빠르게 진행되었다. 예

---

10 란가쿠는 17세기 초 일본과 네덜란드의 교섭이 개시된 이래 히라도(平戸)와 나가사키(長崎)에 네덜란드어를 해독할 수 있는 일본인들이 '오란다통사(阿蘭陀通詞)'라는 직업적인 통역관 겸 상무관(商務官) 집단을 형성하기 시작하면서부터 비롯되었다. 이들은 네덜란드 상관을 출입하면서 네덜란드 의사를 통해 서구 의학을 접하고 그 기술과 지식을 익히기 시작했는데, 이 시기는 아직 네덜란드 의사의 시술을 모방하거나 설명을 듣고 지식을 축적하는 단계에 불과했다. 그러나 18세기 전후 에도를 중심으로 서구의 학문과 기술에 대한 관심이 적극적으로 전개되기 시작했다. 니시카와 조켄(西川如見)이 『화이통상고(夷通商考)』를 저술하여 세계 지리를 소개하는 한편, 저명한 유학자 아라이 하쿠세키(新井白石)가 서구의 풍속, 역사, 지리 등을 기록한 『채람이언(采覽異言)』과 『서양기문(西洋紀聞)』을 저술했다. 이런 움직임은 이후 한층 활발해졌는데, 그 기념비적인 성과가 『해체신서(解体新書)』의 간행이었다. 이 책은 독일인이 저술한 해부학 책의 네덜란드 번역본을 4년에 걸쳐 재번역한 것으로, 서양 의학에 대한 일본 최초의 본격적인 소개이자 연구로 란가쿠 발전에 획기적인 의미를 갖는 것이었다. 『해체신서』의 간행 이후 본격적인 단계에 접어든 란가쿠는 크게 세 분야로 나뉜다. 첫째는 의학 또는 이와 밀접한 본초학(本草學)이며, 둘째는 천문역학, 셋째가 세계지리학이다. 이들은 더욱 세분화되어 의학의 경우 식물학, 약학, 화학으로, 천문과 역학의 경우 물리학 계통으로, 지리학은 서구 역사 연구와 전반적인 인문, 사회과학 연구로 발전되었다. 석전일양, 『일본사상사개론』(서울, 제이앤씨, 2003) ; 가노 마사나오 저 · 김석근 역, 『근대 일본사상 길잡이』(서울, 소화, 2004) ; 사토 히로오 저 · 성해준 역, 『일본사상사』(서울, 논형, 2009) 등 참조.

11 松本三之介, 『近代日本の知的状況』(東京, 中央公論社, 1974), 89쪽.

를 들어 1842년 아편전쟁 소식을 접한 사쿠마 쇼잔(佐久間象山)은 '예악(禮樂)'의 나라 중국이 서양의 '비린과 더러움(腥穢)'으로 급속도로 오염되어 가는 사태에 대해 놀라움과 탄식을 표명했지만, 아편전쟁의 충격은 그에게 민족국가에 대한 진지한 고민을 촉발시킨 계기가 되었고, 국제사회 현실에 눈을 뜨게 하였다.[12]

사쿠마는 아편전쟁의 교훈을 통해 전통적인 관념의 세계에서 벗어나 일본이 처한 현실을 직시하게 하는 실마리를 얻을 수 있었다. 서양 제국은 이제 '오랑캐' 또는 '사교(邪教)'와 같은 규범적인 범주로만 바라볼 세계가 아니라, 끝없는 이익을 추구하면서 아시아에 세력을 넓히는 제국으로 비쳤다. "동양의 도덕, 서양의 예술(=기술)"이라는 유명한 말을 남긴 사쿠마의 대외 인식은 '궁극적인 양이(攘夷)를 위한 개국'으로 모였다. 주자학자였던 사쿠마가 양이의 방편으로서 정신주의에 함몰되지 않고 합리주의를 내세울 수 있었던 것은 그가 서양 학문을 수용했기 때문이다.[13]

화이론적 세계질서관의 전환, '오랑캐'로부터 '강국'으로의 서구 이미지의 전환은 막말의 선구적 사상가들이 전통적인 학문으로부터 이탈하여 '실학'을 통해 서양의 새로운 지식과 학문을 체험하게 했다. 막말 유신기의 대외위기론은 주지하듯이 타불령(打佛令)처럼 강경한 조치를 취하면 외국선의 도래가 억제될 수 있다는 논리에서 시작되었다. 외국선 도래의 목적이 일본과 전쟁을 하여 병탄하기 위해서가 아니라, 단순한 약탈적

12 佐久間象山, 「海防に関する藩主宛上書(天保13年11月24日)」, 『渡辺崋山·高野長英·佐久間象山·横井小楠·橋本左内(日本思想大系55)』(東京, 岩波書店, 1971), 265쪽.

13 大平喜間多, 『佐久間象山』(東京, 吉川弘文館, 1987); 송석원, 「사쿠마 쇼잔의 해방론(海防論)과 대 서양관 - 막말에서의 『양이를 위한 개국』의 정치사상」, 『한국정치학회보』 32-1, 2003; 童門冬二, 『佐久間象山 - 幕末の明星』(東京, 講談社, 2008).

인 해적에 불과하다는 대외 인식에 기초한 것이었다. 그러나 대외위기론은 아편전쟁을 계기로 변화했다. 아편전쟁이 끝난 뒤 영국이 일본으로 향하리라는 소식을 접한 막부는 서양과의 무력 충돌을 회피하기 위해 종래의 타불령을 개정하여 신수급여령(薪水給與令)을 명령하고 동시에 에도만의 경비를 강화하는 해방론(海防論)을 준비했지만, 사쿠마는 해안의 경비 강화뿐만 아니라 일본 전체의 안전을 지키기 위한 해방론을 강조했다. 대외위기론은 도쿠가와 막부의 '영욕'에 관계된 것이 아니라, 천황의 '안위' 또는 '귀천존비' 구별 없이 모든 국민과 관계되는 내셔널리즘적 성격으로 변화된 것이다.[14]

이처럼 막말 지사들의 눈에 서양은 더 이상의 '오랑캐'가 아닌 강력한 군사력과 기술을 겸비한 '강국'으로 보였다. 위기를 '보는 사람'이었던 사쿠마는 막말 위기의 다음 단계인 '일본의 근대'를 구상하고 실천하는 사람들을 '행동하는 사람', 또는 '결단하는 사람'으로 만드는 초석을 마련했다. "외국과 정말로 싸우고 싶으면 나라를 개방하고, 해군을 키워야 한다"는 해방론을 설파했던 사쿠마를 만나 외국 문물 습득을 위해 유학을 떠났던 이토 히로부미(伊藤博文)는 좋은 예일 것이다. 일본이 근대를 주도하는 데 서양에서 유학한 경험이 서양과 대등한 관계를 가능케 했다는 사실은 결과적으로 '궁극적인 양이를 위한 개국'이라는 사쿠마의 노선을 답습한 것이었다.

---

14 존황양이파의 대외위기론은 페리의 개국 요청을 받아들인 막부를 비판하는 주요한 정치 이념이었다. 그들의 논리적 귀결은 서양식으로 포함을 정비한 후, 근린 지역으로의 진출을 꾀하는 팽창주의적 성격이었다. 그리고 이 대외위기론의 논리적 귀결은 메이지유신 이후의 정한론으로 이어진다. 朴三憲, 「幕末維新期의 대외위기론」, 『文化史学』 23, 2005.

3. 연대의 관념과 멸시관

일본의 동아시아 인식은 이런 새로운 서양관과 안과 밖을 이루며 형성되었다. 즉 아시아 연대의 관념은 형성 초기부터 '강국'이라는 서양의 이미지, 특히 강력한 군사력과 이를 배경으로 한 동양 진출의 이미지(서세동점)와 밀접하게 결부되었다. 서양이 그저 '다른 나라'로서가 아니라, '강국'으로서 받아들여질 수밖에 없었던 사정은 아편전쟁이라는 군사 분쟁에서 청국이 패배하면서 비롯된 전통적인 중화관념의 붕괴와 새로운 서양관의 대두였다.

'서양=강국'이라는 관념은 이후 태평천국의 난과 이에 대한 영국과 프랑스의 강력한 군사적 개입, 일본에서의 '흑선'의 내항과 미국의 개항 요구, 사쓰마 번과 영국의 전쟁(薩英戦争), 시모노세키전쟁(下関戦争)의 발발로 인한 열강의 포격 등 일련의 뼈아픈 사건 체험과 더불어 일본인의 의식 저변에 뿌리내렸다. 일본에서의 아시아 연대의 관념은 서양 열강에 대한 공포감의 반영이었다. 사쿠마는 앞에서도 말했듯이 아편전쟁에서 청국이 패배한다면 다음 공격 대상은 일본일 것이라는 우려를 표명했다. 사쿠마의 제자였던 요시다 쇼인(吉田松陰)도 1854년 태평천국의 난 소식을 접하고, "한토(漢土)는 토지가 광대하고 인민이 많으며 바다를 사이에 두고 가깝다. 최근에 들으니 영국 오랑캐(英夷)의 난리가 있고, 명나라 후손(明裔)의 변란이 있다고 한다. 만약 양적(洋賊)이 그 위에 반거(盤踞)하면 환해(患害)는 이루 말할 수 없을 것이다."[15]라며 사건의 추이에 깊은 관심을

15 吉田松陰著·山口県教育会編,『吉田松陰全集』8,(東京,岩波書店,1972),206쪽.

드러냈다. 대외 위기감의 심화는 조선과 중국을 일본에 불가결의 존재로 인식시켜 양국을 동일한 이해 관계, 동일한 운명체로 유대 관계를 맺게 하는 결과를 낳았다. 도쿠토미 소호(德富蘇峰)가 지적했듯이, 일본의 근대화가 '내부의 필요'보다 '외부의 필요'에 따라 추진되었고, 또 일본의 개화가 나쓰메 소세키(夏目漱石)의 표현대로 '내발적'이 아니라 '외발적'이었던 것처럼, 일본의 아시아 연대의 관념 또한 '외부의 필요'에 따라 '외발적'으로 형성된 것이다.[16]

그러나 불행하게도 일본의 동아시아 인식은 한편으로는 아시아 연대 관념을 만들어냈지만 다른 한편으로는 아시아에 대한 멸시관을 형성시켰다. 앞에서도 말했듯이 전통적인 '오랑캐' 인식과 강국으로서의 서양을 바라보는 인식의 전환은 이에 대처하는 자세의 전환을 촉구했다. 이는 '동양의 인의도덕'을 대신하여 '서양의 기술'을 중시하는 것이었고, 서양 제국으로부터 적극적으로 받아들이는 것이 새로운 학문의 과제가 되었다. 그리고 그것은 시대적 과제인 문명개화, 부국강병, 식산흥업을 실현하기 위한 유일한 길이자 나아가 서양 선진 제국의 침략에 대응하여 일본의 국가적 통일과 독립을 확보하기 위한 유일한 전제로 받아들여졌다. 따라서 서양의 새로운 지식과 학문의 섭취는 서양 열강에 대응하기 위한 수단이었으며, 사쿠마가 주장한 "양이를 위한 개국"이라는 대외 전략의 일환이었다.

서양의 기술에 착안하여 이를 적극적으로 받아들이려는 태도는 당대 지식인들에게는 일종의 자부심에서 비롯된 것이었다. '예악'의 나라 청국

---

16 松本三之介, 앞의 책, 92~94쪽 참조.

이 아편전쟁에서 '오랑캐' 나라 영국에 의해 참패를 당했다는 소식에 놀란 사쿠마는 서양의 실용적인 무력의 우수함을 받아들이면서 영국의 승리를 당연한 것으로 받아들였다. 사쿠마는 1842년 11월 "청의 유학은 고증적이고 정밀하지만 필경 아무런 결과도 기대할 수 없는 공담(空談)이 많고 실용이 지극히 결핍된 것 같다. 실용이 결여된 채 추론만 할 때는 영국 때문에 대패하여 전 세계의 웃음을 사더라도 아무런 말도 할 수 없을 것이다."[17]라며 '중화'의 나라도 이제 '공담'의 나라로 추락하고 말았다고 바라본다. 중국에 대한 비판은 이에 그치지 않았다. 막말 사상가들은 자신의 공허한 관념성을 반성하지 않고 여전히 서양 제국을 '오랑캐'로 바라보면서 뛰어난 문물을 배우려 하지 않는 청국의 태도를 "고루(固陋)"라고 일컬으며 "어리석다(愚)"고 경멸했다.

또 막부는 1862년에 무역선 센자이마루(千歲丸)를 상하이(上海)에 파견했는데, 여기에 승선한 다카스기 신사쿠(高杉晋作) 등 막말의 지사들은 태평천국의 혼란에 빠진 청조 사회를 직접 눈으로 확인했다. 상하이에는 영국과 프랑스 조계가 놓여 청조의 주권은 심각하게 침해되었고, 더욱이 상하이 교외에는 태평천국의 군세도 압박해 와 소연한 사회 상황에 놓여 있었다. 다카스기는 이런 상하이의 정황에 대해 "상하이에는 사방에서 난민이 군집하여 쌀값이 날로 비등(沸騰)하고, 그 밖의 여러 물품 가격 또한 모두 높다. 하천(下賤)한 사람은 소고기는 물론 쌀조차 먹을 수 없다. 오늘 우리 배에 온 일고(日雇)를 보건대 마치 아귀(餓鬼)처럼 피골이 상접하다. 살

17 佐久間象山著·信濃教育会編,『象山全集』3(長野,信濃毎日新聞社,1975),221쪽(松本三之介, 앞의 책, 89쪽에서 재인용).

찐 사람은 한 사람도 볼 수 없다"[18]며 상하이의 현실에 커다란 충격을 받았다.

다카스기에게 상하이에서의 현실 체험은 예전에 지니고 있던 중국의 이미지와 커다란 차이가 있다는 것을 확인시켰다. 그리고 혼란의 책임은 "진정한 인심(仁心)"을 지니지 못한 관료에 있다며 중국 관료의 무능함을 멸시했다. 이는 타락한 중국 지식인과는 다른 일본 무사의 우월성을 과시하기 위함이었다. 다카스기와 같은 막말 지사의 서양에 대한 위기의식은 이후 '양이'에서 '개국'으로의 인식 전환에 크게 작용했다.[19]

청국에 대한 경멸은 실제로 중국 현지를 여행한 기록물을 통해서도 증폭되었다. 1871년 청일수호조규의 체결을 계기로 중국으로 도항한 일본인은 급격히 늘어났고, 1874년 타이완에서 일어난 류큐(琉球) 어민의 조난사건과 살해사건을 계기로 강행된 타이완 출병 당시에는 군의 파견과 함께 많은 군사 정찰 요원이 중국 각지에 파견되었다. 그들이 작성한 여행기는 단행본으로 출판되어 중국에 대한 편견을 강화했다.

예를 들어 현역 해군으로 청국에 관한 기록을 남긴 소네 도시토라(曽根俊虎)의 『청국만유지(清国漫遊誌)』(1883), 조일통상장정이나 갑신정변에도 깊이 관여한 다케조에 신이치로(竹添進一郎)가 1875년 베이징 일본공사관에 부임한 이후의 체험을 기록으로 남긴 『잔운협우일기와 시초(棧雲峽雨日記並詩草)』(1879), 중국 문인과의 교류를 통해 중국 각지를 수개월 여

18 高杉晋作, 「遊清五録」, 『東行先生遺文』(東京, 民友社, 1916), 横山宏章, 「文久2年幕府派遣『千歳丸』随員の中国観-長崎発中国行の第1号は上海で何をみたか」, 『県立長崎シーボルト大学国際情報学部紀要』 3, 2003, 203쪽에서 재인용).

19 春名徹, 「一八六二年幕府千歳丸の上海派遣」, 『日本前近代の国家と対外関係』(東京, 苦川弘文館, 1987); 宮永孝, 『高杉晋作の上海報告』(東京, 新人物往来社, 1995) 등을 참조.

행한 오카 센진(岡千仞)의 『관광기유(観光紀遊)』(1892) 등은 중국에 관한 정보를 대중화시켰다.[20]

이 여행기는 중국 고전과 문학에 등장하는 명소나 유적지 방문 기록을 비롯해 중국 사회의 현실에 대한 관찰과 여행지를 방문한 지식인 관료들과의 교제 내용을 상세히 전하고 있다. 그 중에는 청말 중국 사회의 병폐를 비판적으로 묘사하는 기사도 다수 포함되었다. 특히 오카 센진은 '연독(煙毒)'과 '경독(經毒)'이라는 용어를 사용하여 청조 중국 사회의 심각한 병폐를 지적했다. '연독'의 '연'은 아편을 지칭하는 것으로 중국 사회 전반에 아편 풍습이 만연되어 있음을 지적한 것이고, '경독'의 '경'은 유학의 경전인 '사서오경'으로 과거제도의 실태와 관련하여 중국 지식인 사이에 유교의 고전에 편중된 시대착오적인 사상이 만연하고 있다며 중국의 고루함을 문제 삼았다.[21]

이처럼 외세에 대한 공포에 뿌리를 둔 일본의 위기의식은 한편으로는 서양 제국에 대한 일본의 후진성과 약소성에 대한 통렬한 자각과 반성을 불러일으켰다. 그러나 다른 한편에서는 아시아에 대한 '선각자' 의식으로 표출되는 굴절된 아시아 인식 구조를 만들어 냈다. 서양 제국의 아시아 침략에 대한 공통의 이해 관계가 아시아 연대의 관념을 만들어 낸 측면도 없지 않았지만, 연대관은 아시아에 대한 대등한 의식에서 비롯된 것

---

20 일본인의 중국 여행 기록은 小島晋治監修, 『幕末明治中国見聞録集成(第1期 全10巻)』(東京, ゆまに書房, 1997)으로 편찬되었다.

21 張明傑, 「明治前期の中国遊記-岡千仞の『観光紀遊』について」, Journal of hospitality and tourism, 1-1, 明海大学, 2005; 張明傑, 「明治期最初の中国西部奥地への旅-竹添進一郎及びその『桟雲峡雨日記並詩草』について」, Journal of hospitality and tourism, 2-1, 明海大学, 2006 등 참조.

이 아니라 '선진'과 '후진', '선각'과 '고루'라는 종적인 관계를 통해 받아들여졌다. 막말의 이런 아시아 인식의 구조적 특색은 그대로 메이지 일본의 아시아 인식으로 자리잡았다.

4. 동아시아 맹주론

메이지 초기 일본 신정부의 동아시아 정책은 위와 같은 아시아 인식을 기본 틀로 삼아 표출되었다. 물론 중국과 조선에 대한 외교정책의 방침에는 약간의 차이가 존재했다. 청국은 아편전쟁 이후 서구 열강의 각축장으로 추락했지만, 적어도 막말부터 메이지 초기 일본은 교양의 근간을 '사서오경'을 비롯한 중국 고전을 통해 형성했기 때문에 중국을 존중하는 것은 당연한 것이었다.[22] 특히 청국이 1860년대 이후 양무운동을 통해 적극적으로 서구 근대의 공업 기술을 도입하고 군사력의 근대화를 추진한 것은 일본에 경계의 대상이었다.

메이지 신정부가 아시아 외교에서 거둔 중요한 결실은 1871년의 청일수호조규 체결이었다. 이 조약의 체결은 청·일 양국이 치외법권제도를 상호 인정하고 협정관세율을 채용한, 말하자면 서양 제국에 대한 후진성

22 청일전쟁을 계기로 일본인의 중국에 대한 외경(畏敬)의 마음은 급속히 엷어져 갔고, 대신 중국을 뒤처진 나라로 인식하여 모멸하는 사상이 커졌다. 그러나 일본 근세 윤리관의 독자성과 그 무렵 일본인이 지닌 대외관을 고려하면, 청일전쟁 전후로 확실히 구별된다고 단정하기에는 무리가 있다. 그러나 근세 일본이 표면적으로는 주자학을 정통 학문으로 삼고, 더욱이 이후 메이지 정부가 제정한 '교육칙어'에 유학적인 도덕관이 대폭 가미된 것을 보더라도 과거 일본인 사이에 '성인의 나라'에 대한 외경이 여전히 존재했다는 사실은 부정할 수 없을 것이다. 並木頼久,『日本人のアジア認識』(東京,山川出版社,2008), 14~16쪽 참조.

의 상호 인식이라는 미묘한 대등성 위에서 이루어졌다. 양국의 제휴를 실현시킨 것은 다름 아닌 서양 열강의 동아시아 진출이라는 공통의 위기감, 후진국의 불안감이었다.[23] 특히 조약 제2조에 만일 양국이 다른 나라로부터 부당하게 모욕을 당했을 경우, 양국은 상호 부조하여 우의를 돈독히 해야 한다는 취지가 명시된 것도 이 때문이었다. 이런 의미에서 청일수호조규의 체결은 막말 이후의 아시아 연대관이 처음으로 구체화된 것이었다.

후쿠자와 유키치(福澤諭吉)는 『통속국권론(通俗国権論)』에서 국제사회의 현실을 언급하면서, "화친조약이나 만국공법과 같은 것은 무척 아름답게 보이지만 그것은 단지 의식적이고 외면적인 명목뿐이다. 교제의 내실은 권위와 싸워 이익을 탐하는 것에 불과하다."[24]라고 말했는데, 국제 관계의 본질을 약육강식으로 간주하는 사고방식은 당시 신정부와 일반인의 공통된 견해였다. 따라서 이런 국제사회에 대한 견해와 일본의 후진성과 약소함에 대한 자각은 청·일 양국의 제휴에 의한 아시아 연대 강화를 통해 '서세동점'을 저지하려는 발상으로 간주할 수 있다.[25]

1876년 6월 창간된 자유민권파의 대표적 정론 잡지인 『근사평론(近事評論)』에서도 청·일 양국이 '형제'가 되어 구미 세력에 대항하자는 사상이 표출되었다. 여기서는 청국은 일본과 협력해야 할 상대로서 함께 '동양의 맹주'가 되어 서양에 대한 대항책을 고려해야 할 같은 이해 관계를 지닌

---

23 김민규, 「근대 동아시아 국제질서의 변용과 청일수호조규(1871년)-조규 체제의 생성-」, 『대동문화연구』 41. 2002.

24 福澤諭吉著·富田正文·土橋俊一編纂, 『福澤諭吉全集 4』(東京, 岩波書店, 1963), 637쪽.

25 松本三之介, 앞의 책, 99쪽.

국가라는 대등한 연대를 주장한다.[26] 이런 주장은 1880년 당시 흥아회(興亜会)에 대해서도 보인다. 흥아회는 1877년 쇠퇴한 아시아의 기운을 북돋우기 위해 협력할 것을 목적으로 만들어진 진아회(振亜会)를 개명한 단체로, 조선인 회원인 김옥균과 박영효를 비롯해 민권파에서 관료에 이르기까지 다양한 입장의 지식인들이 결집한 단체였다. 흥아회는 중국어학교를 설립하는 등 주로 청·일 양국의 친목을 도모했는데, 여기서도 아시아의 독립을 유지하고 있는 청·일 양국이 서로 제휴하여 아시아 진흥에 노력하자는 주장이 제기되었다.[27] 예를 들면 회원인 미야지마 세이치로(宮島誠一郎)는 "구주 각국이 기염을 토하며 아주(亞洲)를 압박한다. 아마 몇 년 지나지 않아 우리 동양 안에 일대 파란이 일어날 것이다. 아주 전국(全局)의 대세는 일본과 중국 양 대방(大邦)이 연락하지 않는다면 대국을 유지할 수 없다"[28]고 연설했는데, 이런 견해는 흥아회 회원의 일반적인 견해였다고 말할 수 있다.

청국에 대해서는 적어도 1882년 임오군란을 둘러싸고 양국이 대립하기 전까지는 양국의 상호 협력을 기초로 한 아시아 연대관이 강조되었다. 그러나 일본의 조선에 대한 태도는 애초부터 고압적인 지배적 색채가 농후했다. 왕정복고 이후 메이지 신정부가 조선 정부에 고지한 국서의 자구를 둘러싸고 한·일 양국 사이에 분쟁이 일어났다. 조선이 국서 수리를 거

---

26 矢沢康祐,「明治前半期ブルジョア民族主義の二つの発現形態-アジア連帯意識をめぐって」,『歴史学研究』138, 1960 참조.

27 흥아회에 대해서는 黒木彬文,「興亜会·亜細亜協会のアジア主義-アジア主義の二重性について(「興亜会のアジア主義」再考)」,『福岡国際大学紀要』1, 1999; 黒木彬文,「興亜会のアジア主義」,『法政研究』71-4, 2005 등을 참조.

28『興亜公報』1, 1880년 3월 24일.

부하자, 일본이 '조선의 무례'를 문책하겠다며 정한론을 표출했기 때문이다. 청국과의 사이에서 보인 대등한 입장에서의 제휴 협력이나 서양 열강에 대한 아시아의 연대를 강조하는 배려의 자세는 찾아볼 수 없었다. 이런 조선관은 강화도사건을 계기로 맺어진 조일수호조규의 내용에서도 확연히 드러났다. 조일수호조규는 청일수호조규와는 달리, 일본이 치외법권의 특권을 일방적으로 조선에 강요하여 체결한 불평등조약이었다.

조선에 대한 정책 수행은 당시 일본의 조선관을 반영했다. 1876년 5월 29일 조선에서 온 사절 일행이 도쿄에 도착하자 이들을 맞이하는 시민의 태도에 대해 『근사평론』은 "한객(韓客)의 의복과 풍속이 일본인의 눈에는 신기하게도, 미천하게도 보였다. 어떤 이는 물정의 어두움을 조롱하며 업신여기거나 경시했다"[29]고 밝혔는데, 당시 조선관의 단면을 엿볼 수 있는 대목이다.

더구나 조선에 대한 이런 일본의 지도자 의식과 우월감은 1882년 임오군란을 계기로 청·일 양국의 대립이 격화됨에 따라 조선뿐만 아니라 청국에 대해서도 표출되기 시작했다. 예를 들어 후쿠자와 유키치는 같은 해 3월 『시사신보(時事新報)』에 논설을 게재했는데, 그는 조일수호조규 체결에 대해 "하루아침의 담판으로 화친 무역의 길을 연 것은…… 우리 일본의 영예로 세계에 자랑할 수 있는 일이다."[30]라고 자부했다. 그리고 나아가 아시아의 단결을 유지하고 서양의 침략을 방지하기 위해서는 선두에 '맹주'가 필요한데 일본이야말로 그 '맹주'가 될 수 있고, 여전히 '구투(舊

29 「朝鮮国使節の来着」,『近事評論』2, 1876년 6월 10일(明治文化研究会編,『明治文化全集 5 雜誌編』(東京, 日本評論社, 1969, 402쪽).

30 福澤諭吉,「朝鮮の交際を論ず」,『時事新報』1882년 3월 11일.

套)'하고 '완루(頑陋)'함을 벗어나지 못한 중국과 조선은 도저히 일본과 대등한 위치의 협력자가 될 수 없다고 단언했다. 또 오자키 유키오(尾崎行雄)도 같은 해 8월 「외교책(外交策)」이라는 논설에서 "지나는 고루한 나라다. 옛것에 빠져 변할 줄을 모르는 나라다."[31]라며 일본이 '아시아 맹주'가 되어 지도해야 한다고 강변하면서 서양과 대항할 수 있는 나라는 일본밖에 없다고 강조했다.

연대 의식은 민족적 위기감과 긴밀하게 연관되었다. 식민지화 위기에 처한 아시아 각국에는 무엇보다 연대 의식의 문제가 중요했기 때문이다. 그런데 메이지유신 이후 일본 지식인들은 두 가지 관점에서 아시아 문제에 접근했다. 그것은 후쿠자와 유키치로 대표되는 '탈아입구론'과 다루이 도키치(樽井藤吉)로 대표되는 '아시아 연대론'이다. 아시아주의와 대극적이면서 표리 관계를 이루는 탈아 담론의 구성은 서양은 문명국이며 비서양과 아시아는 비문명국이라는 이분법적 세계 인식 속에서 일본을 신흥문명국으로 규정하는 한편, 문명국과 비문명국이라는 관계 구조를 일본과 다른 아시아 제국의 관계로 전이시키면서 성립되었다. 후쿠자와가 「탈아론」에서 아시아의 "악우와 친하게 지내는 사람은 함께 악명을 모면할 수 없다. 우리는 마음으로부터 아시아 동방의 악우를 사절할 것이다."[32]라고 말한 것은 근대 서구와의 관계에서 재창출된 아시아 인식의 대표 사례일 것이다.

특히 주목해야 할 것으로, 후쿠자와는 일본은 조선을 개국시킨 최초의 나라로써 조선에 대한 기득권을 가지고 있음을 강조하면서 '미개국'인

---

31 尾崎行雄著·尾崎咢堂全集編纂委員会編集,『尾崎咢堂全集』1,(東京,公論社,1956),333쪽.
32 福澤諭吉,「脱亜論」,『福澤諭吉全集 10』(東京,岩波書店,1960).

조선을 문명 세계로 인도해야 할 권한과 책임이 일본에 있다고 주장했다. 더욱이 조선과 중국이 서양의 세력권에 들어가기 전에 이들을 "힘으로 보호"하고 "글로 유도"하며 필요하다면 "힘으로 협박"해야 한다고 말했다.[33] 1882년에는 "이 시기에 이르러 아시아가 협력해서 서양인의 침략을 막기 위해 어느 나라가 두목이 되고, 맹주가 될 수 있는가. 나는 감히 스스로 자국을 자랑하는 것이 아니고 허심하게 이것을 보는데, 아시아 동방에서 두목, 맹주로 임명될 수 있는 존재는 우리 일본이라고 할 수밖에 없다. 우리는 벌써 맹주다."[34]라고 강조하면서 일본이 아시아를 보호하고 책임져야 한다는 '맹주론적 연대'를 주장했다.

한편 다루이 도키치의 연대 논리는 서양 열강의 아시아 진출이라는 현실적인 상황에 대응하기 위해서는 아시아가 단합해야 한다는 전제하에서 조선과 일본이 대등한 위치에서 '합방'을 이룩하고, 새로운 '합방국'은 중국과 긴밀한 동맹 관계를 형성하며 나아가 아시아 여러 나라와 연대하여 '대아시아 연방'을 구축해야 한다는 것이었다.[35]

다루이의 『대동합방론』은 표면적으로는 후쿠자와의 '탈아론'과 달리 아시아 연대를 여러 형태로 담고 있지만, 그 본질은 "만일 오늘 공정한 협의를 통하여 평화적으로 두 나라를 합방할 수 있으면 일본은 군대를 쓰지 않고서도 조선을 취하게 된다"[36]는 팽창주의적 발상이 내재된 것이었다. 다루이가 구상한 '대동국'에서의 두 나라는 대등한 위치가 아니라 일본이

33 福澤諭吉, 「時事小言」, 『福澤諭吉全集 20』(東京, 岩波書店, 1963), 186~187쪽.

34 福澤諭吉, 「朝鮮の交際を論ず」, 『時事新報』 1882년 3월 11일.

35 樽井藤吉 · 影山正治訳, 『大東合邦論』(東京, 大東塾出版部, 1963), 13쪽.

36 樽井藤吉 · 影山正治訳, 위의 책, 78쪽.

'지배국'이 되고 조선은 '종속국'이 되는 이른바 '주종 관계의 연대'를 의미하는 것이었다. 즉 『대동합방론』의 주요 이념은 후쿠자와와 마찬가지로 이민족에 대한 일본 민족의 배타적 '우월 의식'이었다. 후쿠자와와 다루이의 아시아 인식은 당시의 내재적 긴장 상태에 대한 대응방식이었는데, '탈아' 그리고 '연대'를 가장한 '아시아 탈피'라는 두 가지 논리는 후대 일본 지식인들의 사고방식을 규정했다.

이처럼 일본의 아시아 인식을 지탱한 것은 후쿠자와와 다루이로 대표되는 '연대'로부터의 '탈피'였다. 일본이 아시아 문명개화의 최선진국이라는 우월감은 막말에 형성된 아시아에 대한 우월감, 즉 일본만이 아시아 위기의식의 선각자이고 서양의 새로운 지식을 섭취할 수 있는 선두주자라는 우월감과 연동되었다. 일본은 서양 문명의 이념을 받아들임으로써 여전히 '고루함'과 '구투'에서 벗어나지 못한 다른 아시아 국가와 자신을 질적으로 구별하고, '아시아 맹주'로서의 우월한 지위와 사명을 정당화했다.

5. '연대'로부터의 '탈피'

일본이 가진 '아시아 맹주'로서의 우월한 자의식은 1894년 청일전쟁을 계기로 확고해졌다. 후쿠자와는 청일전쟁의 의의를 문명과 야만의 싸움으로 규정하면서 선전포고에 앞서 『시사신보』에 "청일의 전쟁은 문(文)·야(野)의 전쟁이다."라는 논설을 게재했다.[37] 이어 11월 17일 자 논설에서는 "조선의 체질을 한마디로 말한다면 문자를 알고 있는 야만국이라고 말

37 福澤諭吉, 「日清の戦争は文·野の戦争なり」, 『時事新報』 1894년 7월 29일.

할 수 있다. 그 나라를 개혁하는 방법이나 수단은 무엇이든 일본의 선례를 표준으로 삼을 수 없다. …… 아무튼 일본의 힘에 의해 조선의 개화를 재촉하고 따르지 않는다면 채찍질을 해서라도 따르도록 해야 한다. 협박을 통해 교육시킨다는 방식으로 대처할 수밖에 없다"[38]고 말했다. 일본은 자주적으로 근대화의 길로 질주하고 있지만, 조선은 일본의 "채찍질"과 "협박"을 통해 비로소 개화 가능성이 있다는 것이다.

이런 인식을 가진 것은 후쿠자와만이 아니었다. 이후 러일전쟁 당시 '비전론'을 주창하여 개전을 반대했던 것으로 알려진 우치무라 간조(内村鑑三)도 청일전쟁 시점에는 후쿠자와처럼 전쟁을 문명과 야만 사이의 결전으로 받아들였다. 우치무라는 청국을 "세계 최대의 퇴보국"으로 규정하고, 청일전쟁의 의의에 대해 "지나는 사교율(社交律)의 파괴자, 인정(人情)의 해적(害敵), 야만주의의 보호자"라며 청과의 전쟁은 문명을 위한 "의전(義戰)"이라고 강조했다. 또 조선에 대해서는 "한낱 숨어있는 은성(隱星)"에 불과한 존재인 조선을 "동양의 진보주의 전사"인 일본이 조선을 "유도(誘導)"하는 것은 마치 "합중국이 처음에 우리를 문명의 광휘로 인도한 것과 같다"고 바라보았다.[39]

또 일본의 언론인이자 비평가로 '평민주의'를 내세운 도쿠토미 소호의 논조도 동일하다. 그는 청일전쟁에 대해 "세계의 완미주의(頑迷主義)에 일대 타격을 가하여 문명의 은광(恩光)을 야만의 사회에 주사한 것"으로 평

---

38 福澤諭吉, 「破壊は建設の手始めなり」, 『時事新報』 1894년 11월 17일.

39 内村鑑三, 「日清戦争の義」, 『国民之友』 1894년 9월 3일호. 우치무라의 조선 인식에 대해서는 이기용, 「内村鑑三의 기독교사상과 그의 日本觀과 朝鮮觀」, 『한일 관계사연구』 9, 1998 ; 정응수, 「우치무라 간조(内村鑑三)의 전쟁관의 변천」, 『일본 문화학보』 15, 2002 등 참조.

가하고, "바야흐로 하늘이 우리에게 호기(好機)를 내리셨다. 청나라는 스스로 판단력이 흐리고 무지하여 이번 개전의 빌미를 제공했다. 청나라는 이미 조선을 속국으로 만들어 우리가 조선의 독립을 보장하려는 일을 방해하고 있다. 약소국의 독립을 돕고 폭거를 일삼는 나라가 다른 나라를 침공해서 영토를 빼앗는 행위를 막고 의지를 꺾는 일이 바로 무사가 해야 할 일, 정의를 지키는 의인(義人)이 해야 할 일, 인의(仁義)를 지키는 자들이 해야 할 일이다. 우리는 대의를 사해에 펴기 위해 피를 흘리고 있다"[40]며 일본은 '문명의 안내자, 인도의 확장자'라는 자부심을 드러냈다. 이른바 '민권론자'에서 '제국주의론자'로 변모하는 도쿠토미 개인의 사상적 변화를 엿볼 수 있는 대목이다.

이상과 같이 근대 일본의 동아시아에 대한 인식 체계의 변화는 막말 유신기의 근대국가 형성 과정의 특징과 관련하여 추적할 수 있다. 요컨대 일본의 근대는 한마디로 동아시아 침략의 역사이고, 제국 일본의 식민지 체제에서 최대 문제는 민족 문제, 즉 이민족 지배 문제라고 말할 수 있다. 근대 전환기를 맞이한 막말 유신기의 일본은 천황제 중심의 국가 체제를 구축하고, 서구 문명을 적극적으로 도입하는 동시에 동아시아 침략이라는 노선을 선택함으로써 당면 위기 상황을 타개하려 했다.

근대 일본의 동아시아 인식 체계에는 '유럽과 아시아'라는 이분법, 이른바 '앞선(=선진)' 유럽과 '뒤떨어진(=후진)' 아시아로 이념화된 가치 개념이

40 德富蘇峰, 『大日本膨脹論』(東京, 民友社, 1894), 49쪽. 도쿠토미의 사상적 특징에 대해서는 박양신, 「청일전후 일본 지식인의 대외 인식론-陸羯南과 德富蘇峰을 중심으로」, 『동양학』 31, 2001; 정대성, 「德富蘇峰テクストにおける「朝鮮」表象-日本型オリエンタリズムと植民地主義」, 『일본언어문화』 5, 2004; 방광석, 「德富蘇峰의 동아시아 인식-청일전쟁부터 한국 병합 시기를 중심으로」, 『동북아역사논총』 27, 2010 등 참조.

포함되었다. '오리엔탈리즘'이라는 말에서 나타나듯이, 원래 '아시아'라는 개념은 근대 유럽이 자신의 사회와 문화를 인식할 때 비유럽적인 것 모두를 아시아로 통괄하여 인식하려 했던 역사적 관념이다. 말하자면 서구적 개념에서 세계란 근대 유럽이고, 거기서 배제되거나 그것과 대립한 것이 아시아였다. 뒤늦게 제국주의에 진입한 일본은 '약육강식'이라는 국제 상황에서 세계를 '문명'과 '야만'의 대립으로 바라보았다. 이런 대립은 서구의 가치관을 추종함과 동시에 아시아 멸시관으로 표출되었다.

근대 일본의 미술 행정을 담당하면서 인도, 중국, 일본 등 동양의 예술과 문화를 구미에 널리 소개한 오카쿠라 덴신(岡倉天心)은 1903년 런던에서 영문 저서 『*The Ideals of East*(동양의 이상)』을 발간했다. 이 책은 구미에 동양, 특히 일본 문화를 소개할 의도로 집필된 것인데, 그 서문은 "아시아는 하나(Asia is one)"라는 말로 시작된다. 그의 말대로 일본도 아시아의 일원이 되는 것이 '동양의 이상'일지 모르겠다. 그러나 메이지 초기에 진전된 정치, 사회적 개혁은 일본인에게 왜곡된 형태의 새로운 자의식을 불러일으켰다. 일본만이 아시아에서 근대화에 성공한 '자랑스러운' 나라로 인식되었고, 일본만이 근대화에 앞서 나간 연유에 대한 물음이 제기되었다. 이 과정에서 많은 지식인은 아시아 여러 민족에 대한 일본의 사명감을 강조하고 일본인을 지배 민족으로 참여시키는 역할을 수행했다. 표면적으로는 서구의 아시아 침략에 저항하는 동양의 '연대'를 주창하여 서양 대 동양이라는 축으로 인식을 역전시키고, 그것을 아시아 침략의 '대의'로 삼았다. 일본 민족을 다른 아시아 민족과 구별하여 그 독자적인 전통과 역사를 강조하는 사고방식과 관점은 19세기 말부터 20세기 초반에는 일본인의 우월성을 강변하려는 사회진화론과 인류학에 대한 관심의 고조와 함께 많은 일본인에게 공유되었고, 이런 우월 의식은 러일전쟁에서 승리함으로써 새로운 단계를 맞이했다.

제2장

일본의 학제 형성과 역사 지식의 제도화

1. 근대 역사학의 제도화

근대 일본의 문명개화는 '유럽의 사상과 문명'을 적극적으로 수용함으로써 이루어졌다는 점에서 전형적인 서구 자본주의의 산물이었다. 주지하듯이 문명개화 시기의 근대 사상은 봉건제와 왕정제 사이의 모순, 그리고 개국과 쇄국을 둘러싼 논쟁 속에서 형성되었다. 막말 유신기의 지식인 계층은 어떻게 '서양 문명'에 도달할 것인가를 절박한 과제로 인식했다. 그들에게 '서양 문명'은 인류의 역사적 진보를 앞서 체현한 것이기에 보편적 의의를 지닌 것으로 보였다.[1]

1 19세기 이전에도 일부 지식인 사이에서는 서구 문명의 장점을 거울삼아 막부 체제를 개혁할 가능성을 논의하는 분위기가 형성되었다. 대표적인 인물은 와타나베 가잔(渡辺華山), 다카노 조에

메이지유신 이후 1872년에 '학제'를 제정하여 반포하게 되었을 무렵까지 근대 일본의 의식 체계의 쟁점은 실학주의와 지식주의에 기초한 양학사상과 인륜의 중핵인 존왕주의적 유학사상의 충돌이었다. 문명개화라는 분위기 속에서 군신 관계의 일원적인 질서 체계와 공적인 충성심을 강조하는 황도주의에 반발하여 천부인권과 사민평등 이념의 계몽주의와 자유민권운동이 대두했기 때문이었다. 물론 여전히 당시는 국학 이념을 중시하는 전통적인 사상이 계몽사상가들을 압도하고 있었다. 또 1870년대 후반에는 황도주의사상이 전통 유학과 존왕사상을 합치시켜 강력한 신민을 형성하는 이데올로기로 등장했다. 이것은 서구 사상이 지니고 있는 자유주의적인 인간관을 부정하고 관료주의적인 군대 조직의 사상과 상호 보완하는 성격을 지닌 것으로, 막번 체제를 무너뜨린 신흥 무사 계층의 전통적인 황도사상이 체계화된 것이었다.[2]

이(高野長英), 시마즈 나리아키라(島津斉彬) 등이었다. 이들은 당시 도쿠가와 막부를 개혁하고 근대화를 추진할 수 있는 원동력이 부국강병책에 있다고 판단하고, 실학을 융성시키고 인민을 보살피기 위해서는 서구 문명을 적극적으로 수용하는 개국 정책의 추진이 필요하다고 강조했다. 그러나 이들의 주장은 막부의 탄압으로 개혁의 논리를 제대로 펼치지 못한 채 실패로 끝났다. 또 한편에서는 막부 체제 안에서 부국강병의 원칙을 통해 강력한 국가주의 체제를 구축하려는 새로운 세력도 등장했다. 대표적인 인물은 사쿠마 쇼잔, 요코이 쇼난(横井小楠), 마키 이즈미노카미(真木和泉守) 등으로 이들은 군사 부문의 개혁에 관심이 많은 무사 계층이었다. 이들은 외세 배척을 주창한 양이론에서 서구 문명을 적극적으로 수용하자는 개국론으로 전향했고, 일본의 전통적인 유교사상에 대한 재해석을 통해 서양의 사상과 문화와의 접합을 모색하면서 일본의 근대화를 추진하려는 절충적이고 과도적인 성격을 띤 개혁을 지향했다. 이후 이들의 개국을 둘러싼 논의는 요시다 쇼인, 하시모토 사나이(橋本左内) 등 국수주의적 정한론자에게 계승되었다. 吉田光,『日本近代哲学史』(東京, 講談社, 1968), 18~35쪽 참조.

2 小路田泰直,「日本史の誕生-『大日本編年史』の編纂について」, 西川長夫·渡辺公三編,『世紀転換期の国際秩序と国民文化の形成』(東京, 柏書房, 1999), 127~145쪽 ; 桂島宣弘,「一国思想史学の成立-帝国日本の形成と日本思想史の『発見』」, 西川·渡辺編,『世紀転換期の国際秩序と国民文化の形成』(東京, 柏書房, 1999), 103~126쪽 ; 永原慶二,『20世紀日本の歴史学』(東京, 吉川弘文館, 2003. 번역본은 나가하라 게이지 지음·하종문 옮김,『20세기 일본의 역사학』(서울, 삼천리, 2011) 참조.

로널드 필립 도어(Ronald Philip Dore)가 지적했듯이, 일본의 근대 교육은 에도 시대에 실시된 번교(藩校)에서의 교육과 데라코야(寺子屋)·향학(郷学)·교유소(教諭所)에서의 교화 훈련, 그리고 세계에 유례가 없을 정도의 높은 취학률을 기반으로 이루어졌다.[3] 그러나 근대 교육의 출발은 메이지 정부의 사민평등 정책의 실시와 더불어 계급 간의 차별 없이 교육하겠다는 '학제' 공포를 계기로 본격화되었다. '학제'의 제정은 일본이 천황을 통치수반으로 하는 절대주의 국가 체제로의 전환과 근대국가로서 세계 열강 대열에 합류하기 위해 추진한 부국강병책의 일환이었다.

근대 교육 가운데 일본의 역사학 역시 정치와 뒤얽힌 파란 속에서 처음부터 '구미식 근대의 가능성'을 찾기 위해 탄생했다.[4] 청년 세대 역사가들은 일본이 구미 선진국에 버금가는 강대국을 지향하려면 역사 속에서 일본의 '진보'와 '구미형 사회로의 가능성'을 탐구할 필요가 있다고 판단했다. '탈아입구'론의 연장선에서 중국을 아시아적 정체 또는 그 원인으로서 동양적 전제주의라는 규정 속에서 파악하고, 일본과 중국을 대비시켜 상호 이질성을 드러냄으로써 일본이 구미에 접근하고 추격할 가능성을 발

---

3 R P .ドーア·松居弘道訳,『江戸時代の教育』(東京, 岩波書店, 1970). 특히 데라코야 입학은 국민 모두에게 개방되었고 수업 연한도 정해지지 않았다. 당시 총인구 가운데 약 40%가 데라코야에서 배운 것으로 추정되며 국민의 식자률도 이미 반수에 가까웠다고 한다.

4 여기에는 '유럽과 아시아'라는 이분법에 따라 '앞선(=선진)' 유럽과 '뒤떨어진(=후진)' 아시아로 이념화된 가치 개념이 포함되었다. 원래 '아시아'라는 개념은 '오리엔탈리즘'이라는 말에서 나타나듯이, 근대 유럽이 자신의 사회와 문화를 인식할 때 비유럽적인 것 모두를 아시아로서 통괄하여 인식하려 했던 역사적 관념이다. 말하자면 서구적 개념에서 세계란 근대 유럽이고, 거기서 배제되거나 그것에 대립된 것이 아시아였다. 뒤늦게 제국주의에 진입한 일본은 '약육강식'이라는 국제 상황에서 세계를 '문명'과 '야만'의 대립으로 바라보았다. 이런 대립은 서구의 가치관을 추종함과 동시에 아시아 멸시관으로 표출되었다. 이규수,「근대 일본의 동아시아 인식 체계-'문명'과 '야만'의 역전-」,『사림』39, 2011 참조.

견하려 했다. 이는 결국 조선과 중국에 대한 멸시나 자국 우월적인 역사 인식으로 이어지면서 자국 중심 역사관의 독선과 깊숙이 결부되었다.[5]

근대 역사학의 제도화 또한 우여곡절을 겪었다. 역사학의 전문 분화 이전에는 유교계 사가, 한학계 사가, 국학·신도계 사가, 문명사·개화사계 사가 등 네 파의 역사 사조가 존재했다. 이들 네 파는 정부에 설치된 수사국(修史局)과 수사관(修史館)에서 '정사(正史)' 편찬의 방침을 둘러싸고 경쟁했다. 1889년 문과대학의 국사과 설치는 아카데미즘에서 자국의 역사 연구를 체계화한 최초의 계기였다. 한학계 사가들이 교수진으로 취임했고, 사학회 결성도 추진되었다. 한편 도쿄제국대학 문과대학의 '사학과'와 '국사과'는 1904년에 '사학과'로 통합되었다가, 1910년 사학과에 '국사'·'동양사'·'서양사'의 세 전수과(專修科)가 설치되었다. 이로써 사학과는 현재와 같은 형식을 갖추게 되었는데, 뒤이어 저마다 독립 학과로 바뀐 것은 1919년 문과대학이 개편되어 도쿄제국대학 문학부로 바뀌던 무렵의 일이다.[6]

'동양사'와 '서양사'의 설치는 메이지 이후의 문명사와 개화사 흐름의 확립이라고 말할 수 있다. 문명사가에게 서양사는 구미의 문명이 어떻게 창출되었고 일본은 이를 어떻게 받아들여 선진국으로 접근할 것인가 하는 보편주의·진보주의적 역사관을 공유하는 문제의식에 기초한 것이었다. 또 동양사는 청일·러일전쟁 이후 독립과 문명화로부터 세계의 대국

---

5 일본의 아시아사와 중국사에 대한 관심은 과거처럼 자국 문명의 '모국'으로서의 중국에 대한 경외심과는 전혀 달랐다. 말하자면 구미와 나란히 제국주의적 진출(침략)을 감행하는 데 필수적인 역사적 지식으로서의 관심이 지배적이었다. 나가하라 게이지 지음·하종문 옮김, 앞의 책, 60~62쪽 참조.

6 나가하라 게이지 지음·하종문 옮김, 앞의 책, 21~71쪽 참조.

화로 전환해야 한다는 국민적 과제에 대응하는 형태로, 일본의 구미로의 접근과 중국과의 대비를 통한 추월 가능성을 '발견'하려 했다. 요컨대 일본 역사학은 서양과 동양(중국)에 대한 타자 인식과 타자 표상으로 외부 세계와의 구별을 도모하는 과정으로 구축되는 한편, 역사 교육은 역사와 신화의 합체를 통한 일본사의 '이야기화'와 도덕화가 강화되는 과정으로 재편된 것이었다.

여기에서는 일본 근대 학제의 성립과 역사 지식의 제도화 과정을 개괄하고, 그 의의와 특성을 일본의 국민국가 형성 과정과 관련하여 고찰하려 한다. 지금까지 일본의 학제와 역사 교과서에 관한 연구는 주로 교육사적 관점에서 한·일 양국 제도의 비교나 패전 이후 학제 개혁에 관한 연구를 바탕으로 이루어졌다. 구체적인 사례 연구로는 '교육령' 공포 이후의 수신 과목과 창가 등에 주목한 연구가 있다.[7] 이하에서는 이들 선행 연구를 참조하면서 일본 교육 이념의 변천 과정을 '학제'와 이를 개정한 '교육령'을 중심으로 개관하고, 이른바 '교육개정령' 공포 이후 역사 교육의 의의와 실체를 당시의 역사 교과서를 살펴봄으로써 근대 일본의 역사 인식

7 대표적인 것으로는 唐沢富太郎, 『教科書の歴史-教科書と日本人の形成―』(東京, 創文社, 1956) ; 東京書籍編, 『教科書の変遷―東京書籍五十年の歩み―』(東京, 東京書籍, 1959) ; 海後宗臣, 『歴史教育の歴史』(東京, 東京大学出版会, 1969) ; 山住正巳, 『日本教育小事』(東京, 岩波新書, 1987) ; 中村紀久二, 『教科書の社会史-明治維新から敗戦まで』(東京, 岩波新書, 1992) ; 花井信, 『近代日本の教育実践』(東京, 川島書店, 2001) ; 松島榮一, 『歴史教育の歴史と社会科』(東京, 青木書店, 2003 ; 김순전 외, 『수신하는 제국』(서울, 제이앤씨, 2004) ; 花井信·三上和夫, 『学校と学区の地域教育史』(東京, 梓出版, 2005) ; 윤종혁, 『한국과 일본의 학제 변천 과정 비교 연구』(서울, 한국학술정보, 2008) ; 한용진, 『근대 이후 일본의 교육』(서울, 문, 2010) ; 쓰지모토 마사시 외 지음, 이기원·오성철 역, 『일본 교육의 사회사』(서울, 경인문화사, 2011) ; 이권희, 「근대기 일본의 국민국가 형성과 창가(唱歌) -"문부성 창가(文部省唱歌)"를 중심으로」, 『日語日文学研究』 77, 2011 ; 이권희, 「메이지(明治) 전기 국민국가 형성과 교육 - 학제(学制)의 변천과 창가(唱歌) 교육을 중심으로」, 『日本思想』 21, 2011 등 참조.

이 어떤 방식으로 제도화되었는지 검토하겠다. 이것은 메이지 신정부의 교육 이념과 그 변화의 흐름을 명확히 제시하는 일이며, 나아가 천황제 이데올로기 형성과 제국주의적 팽창의 사상적 연원으로서 역사 교육의 역할을 규명하는 작업이 될 것이다.

2. 문명개화와 교육 체계의 정비

메이지유신은 사상과 문화를 포함한 일본의 사회 체제와 질서 구조의 대전환을 불러온 변혁이었다. 막번 체제가 공인한 가치 체계인 유교적 명분론과 그것을 지탱하는 역사관은 기본적으로 부정되었다. 그러나 메이지 신정부는 그것을 대체할 새로운 가치 체계를 일원적으로 제시하지 못했다. 자본주의적 토대가 취약했던 메이지 신정부의 절대주의 체제는 정치적 지배 집단이 주도하는 권위주의적 대응 체제로써, 서양 문명의 장점을 수용하는 교육을 조직하려 했고, 기술혁신을 통한 근대적 학제를 추진했다. 근세 봉건사회의 다양하고 중층적인 신분, 지역, 문화를 '국민'이라는 일원적이며 중앙적인 가치로 통합하는 방식이었다.[8]

메이지 신정부는 일본의 '후진성'을 인정할 수밖에 없는 상황이었지만 교육 영역에서 '유럽적 근대화'의 가능성을 모색하기 시작했다. 1868년 2월 신정부는 먼저 히라타 아쓰타네(平田篤胤)의 양자이며 당시 신기사무국(神祇事務局)의 판사(判事) 히라타 가네타네(平田鉄胤), 내국사무국(內國事務局)의 권판사(權判事) 다마마쓰 미사오(玉松操), 야노 하루미치(矢野玄道)

---

8 쓰지모토 마사시 외 지음, 이기원 · 오성철 역, 앞의 책, 351쪽.

등 3인에게 학교제도를 조사하라는 명령을 내렸다. 이 세 사람은 모두 히라타파(平田派) 국학자였다. 메이지 초기 신정부가 이들 국학자에게 학교제도를 조사시킨 것은 전통적 한학(유학) 중심의 교육으로부터 국학 중심의 교육으로의 전환을 의미한다. 메이지 신정부는 이를 통해 같은 해 3월 28일 '학사제(学舎制)'라 불리는 새로운 학제안을 만들었다. 그러나 한학 중심적 교육 풍토를 타파하려던 '학사제'파의 의도는 신정부의 일방적인 근대화 정책에 반대했던 교토 '학습원(学習院)'을 중심으로 하는 '학습원'파의 반발로 무산되었다.[9]

새로운 대안으로써 어느 파에도 속하지 않았던 하세가와 아키미치(長谷川昭道)는 황도주의에 입각한 교육론이 담긴 건의서를 이와쿠라 도모미(岩倉具視)에게 제출했다. 이를 계기로 신정부는 1868년 9월 13일 교토에 '황학소(皇学所, 학사제파 계열)'와 '한학소(漢学所, 학습원파 계열)'를 설치했다. 한학 중심의 교육으로부터의 탈피를 도모하던 신정부는 한학 중심 교육에 '황학(국학)'을 포함시키는 정도에 만족할 수밖에 없었다. 신정부는 1869년 9월 황학소와 한학소를 폐지하고, 12월에 황학과 한학을 병합한 형태의 '대학교(大学校)'를 도쿄에 설치했다. '학사제'파의 '황학소'는 사실상 소멸했고, 국학파의 세력 또한 후퇴할 수밖에 없었다.[10]

메이지 신정부는 초기에 정권의 기본 이념과 정통성을 어떻게 뒷받침할지를 비롯한 새로운 국가관·역사관을 명확한 형태로 제시하지 못했

---

9 학습원은 1869년 대학료대(大学寮代)로 이름을 변경했다. 이는 옛 대학료를 계승한다는 승격을 의미한다. 학습원은 한학 중심의 교육기관이었기 때문에 히라타 등이 제안한 '학사제' 제안에 반발했다. 이권희, 앞의 논문, 『日本思想』 21, 161쪽 참조.

10 두 계파의 세력 다툼은 이후에도 계속되었고, 결국 신정부는 1870년 '대학교'를 폐지했다. 大久保利謙, 『大久保俊謙歴史著作集 4 明治維新と教育』(東京, 吉川弘文館, 1987), 158쪽.

다. 신정부는 보통교육에 대해 고민하면서 근대 교육의 기본 이념을 막부 말기에 근대화를 지향하던 사쿠마 쇼잔의 '동양 도덕 · 서양 예술(東洋道德·西洋藝術)'이라는 개념과 요시다 쇼인이 주장하는 '화혼양재(和魂洋才)' 등에서 찾았다. 요컨대 유교주의를 근간으로 삼던 일본주의 전통에 서구 문명을 받아들이겠다는 방침이었다.[11]

그러나 일본주의 전통에서 근대성을 발견한다는 것은 결코 쉬운 일이 아니었다. 새로운 교육의 틀과 이념 설정에서 '황학소'를 중심으로 하는 국학자들의 주장이 다소 반영되기는 했지만, 적어도 메이지 초기 정치적 실권을 장악한 '황도학(皇道学)'파의 영향력은 크지 않았다. 더욱이 메이지 초기의 교육 정책은 부국강병에 직접 이용할 수 있는 법제, 산업, 군사 등의 분야에 중점을 두는 이른바 공리주의적 교육관에 함몰되어 있었고, 서양 문화의 근간이라 할 수 있는 근대 합리주의 정신을 의식적으로 회피했다.[12]

다시 말해 신정부의 초기 교육 정책은 표면적으로는 개인의 자립이나 이익 추구라는 보편 가치를 지향했지만, 실제로는 '공리주의'적 가치와 공공성이라는 국민의 규범 형성을 교육의 궁극적 목표로 설정했다. 자본주의 체제를 기본으로 하는 국민국가는 필연적으로 개인의 자각과 상호 경쟁을 사회 발전의 동력으로 삼고, 이런 환경 속에서 국민의 공공성을 어떻게 확보할 것인지가 교육 과제로 등장하기 마련이었으나, 신정부의 교육 정책은 천부인권이나 사민평등, 자유민권주의사상이라는 말로 대

11 쓰지모토 마사시 외 지음, 이기원 · 오성철 역, 앞의 책, 352쪽.

12 윤종혁, 앞의 책, 23~24쪽.

표되는 자아의 각성과 실현이라는 개인의 독립적인 사상을 키우는 교육관을 겸비하지 못했다.

메이지 신정부의 근대국가로서의 출발은 이미 알려진 것처럼 1869년의 판적봉환(版籍奉還)과 1871년의 폐번치현(廃藩置県)으로 대표되는 행정구역의 재편, 태정관(太政官)을 중심으로 하는 행정 조직의 재편을 거치며 중앙정부의 체제를 갖추게 되었고, 1889년에는 대일본제국헌법의 제정을 통해 천황 중심의 입헌정치 체제를 완성했다. 이 일련의 과정에서 메이지 정부는 1869년 2월 '부현시정순서(府県施政順序)'의 포고를 통해 각 부와 현에 일반인 자녀를 대상으로 소학교 설치를 장려했다.

이로써 일본에서는 전국적인 범주에서 보통학교가 설립되었는데, 교육 내용은 대부분 이전 시기의 데라코야의 그것과 비슷했다. 소학교에서는 독서와 산술을 통해 서간과 계산에 관한 지식을 가르쳤고, 동시에 강담을 통해 '충효사상'을 고취했다. 또 1870년 2월에는 양학을 주요 내용으로 하는 '대학 규칙'과 '중소학교 규칙'을 공포했고, 도쿄에 외국어 학습을 중심으로 한 소학교 6개교가 설립되었다. 이어서 1871년에는 문부성이 설치되어 이들 각종 학교를 포함한 각 부현의 학교도 문부성의 통괄 아래에 놓이게 되었다.[13]

1872년 8월 초대 문부경(文部卿)으로 취임한 오키 다카토(大木喬任)는 '학제'를 공포했다. '학제'는 국가교육의 핵심을 이루는 학교교육에 관한 제도이다. '학제'를 통한 신식 학교의 창설과 정비, 교육 내용과 시행에 관

13 山村俊夫,「明治前期に於ける歴史教育の動向」,『教育学雑誌』10, 1976; 武田晃二,「明治初期における『普通教育』概念」,『岩手大学教育学部教育研究年報』50-1, 1990 등을 참조.

련된 각종 포고, 칙어 형식으로 반포된 국가의 교육 이념과 목표 제시는 사회 전반에 절대적인 영향을 미쳤다. 서구 학제를 모방한 '학제' 반포를 계기로 일본은 전국적인 규모의 학교제도 창설에 착수하고 근대 교육으로의 전환을 모색했다. 전국을 8개 대학구, 256개 중학구, 53,760개 소학구라는 학구제로 나누어 대학구에는 대학교, 중학구에는 중학교, 소학교에는 소학교를 각각 설립한다는 계획이 수립되었다.[14]

'학제'의 교육 이념은 흔히 '학제 서문'이라 불리는 태정관 포고 214호 「학사 장려에 관한 피앙출서」(学事奨励に関する被仰出書, 이하 '학제 서문')를 통해 확인할 수 있다.

> 사람들이 입신하고 치산하며 창업함으로써 그 삶을 완수하는 연유는 다름 아닌 스스로 수신하고 지식을 넓히며 재능과 재예를 신장시키는 것에 있다. 배우지 않으면 안 된다. 이것이 바로 학교를 개설하는 이유이다. 일용상행(日用常行)·언어·서산(書算)을 비롯하여 사관(士官)·농상·백공(百工)·기예(技藝)·법률·정치·천문·의료 등에 이르기까지 무릇 사람이 영위하는 것에 배움이 관계되지 않는 것이 없다.
>
> 사람은 그 재능에 따라 면려(勉勵)하여 이에 종사함으로써 비로소 삶을 다스리고 산업을 일으키며 일을 번창시킬 수 있다. 학문은 입신을 위한 재본(財本)이라 말할 수 있다. 따라서 인간인 자, 그 누가 학문을 하지 않아도 된다고 할 수 있겠는가. 길을 잃거나 기아에 빠지고 집안을 망치거나 몸을 망치는 무리는 필경 불학(不学)에 의해 그런 잘못을 저지르는 것이다.

14 '학제'의 구상은 초대 문부경 오키 다카토를 중심으로 미쓰쿠리 린쇼(箕作麟祥) 등 양학자들이 작성한 초안에 기초하고 있다. '학제'의 제정 과정에 대해서는 柿沼肇, 『近代日本の教育史』(東京, 教育史料出版会, 1990), 40~44쪽 참조.

종래 학교를 설립한 이후 많은 해가 지났다고는 해도 또는 그 방도를 얻지 못하여 사람들이 그 방향을 잘못 잡아 학문은 사인(士人) 이상이 하는 일이라 여겨 농공상과 부녀자에 이르러서는 이것을 도외시하고 학문이 무엇인가를 분별하지 못한다.

또한, 사인 이상의 드물게 배운 자들도 자칫하면 학문은 국가를 위해 하는 것이라 주장하며 입신의 기초임을 모르고, 또는 사장기송(詞章記誦)에 경주하며 공리허담(空理虛談)의 길로 빠져들어 그 논리가 고상한 것 같아 보이기는 해도 이를 신행사시(身行事施)할 수 없는 것이 적지 않다. 이것은 즉, 연습(沿襲)의 습폐(習弊)이어서 문명이 보급되지 않고 재능과 재예가 신장하지 않아 빈핍(貧乏)·파산(破産)·상가(喪家)한 무리가 많은 이유이다.

이 때문에 사람은 배우지 않을 수가 없다. 이것을 배우기 위해서는 응당 그 취지를 잘못 이해하면 안 된다. 이에 이번에 문부성에서 학제를 정해 순서에 따라 교칙 또한 개정하여 포고에 이르러야 하기에 앞으로 일반 인민 화족·사족·졸족(卒族)·농민·기능인·상인 그리고 부녀자는 반드시 마을에 불학하는 집이 없고 집에 불학하는 자가 없을 것을 기대한다.

사람의 부형인 자 이 뜻을 체인(体認)하고 그 애육(愛育)의 정을 두텁게 하며, 그 자제에게 반드시 학문에 종사하지 않는 자가 없도록 해야 할 것이다. 고상(高上)의 학문에 이르러서는 그 사람의 재예에 맡긴다 하더라도 유동(幼童)의 자제는 남녀 구별 없이 소학에 종사하게 하지 않는 것은 그 부형의 월도(越度)이다. 그러나 종래 연습의 폐학문은 사인 계급 이상의 일이고 국가를 위해하는 것이라 주창함으로써 학비와 그 의식의 비용에 이르기까지 대부분을 관에 의뢰하고, 이것을 얻지 못하면 배우지 않겠다고 생각하여 일생을 자기(自棄)하는 자가 적지 않다. 이 모두 몹시 곤혹스러운 일이다. 앞으로 이런 폐를 고쳐 일반 인민이 다른 일을 내던지고 스스로 분기하여 반드시 학문에 종사하도록 터득해야 할 것이다.

이상과 같이 앙출(仰出)되었음으로 지방관에서 변우(辺隅), 소민(小民)에 이르기까지 누락되는 일이 없도록 적절히 해석을 더해 정세히 신유(申諭)하기를 문부성의 규칙에 따라 학문이 보급될 수 있도록 방법을 만들어 시행해야 할 것이다.[15]

'왕의 뜻을 물어보기 위해 바치는 문서'의 형식인 '학제 서문'에서는 학문을 하는 목적이 개인의 입신출세에 의한 풍요로운 삶을 살아가는 것에 있으며, 그것을 위해 '지식재예'가 필요하고 그것을 배울 수 있는 곳이 학교라고 정의했다. 대단히 실용적이며 자유주의적인 근대 실학교육사상과 공리주의에 입각한 교육 이념이었다. 종래의 봉건적 교육은 "나라를 위함"이라고 하면서도 "사장기송에 경주하며 공리허담의 길로 빠져"있다고 비판하고, 개인의 입신·치산·창업의 근본이 되는 학력을 키우는 것이 진정한 교육이며, 학문은 "입신의 재본(財本)"을 위한 "실학"이어야 함을 강조한 것이다.

'학제 서문'은 국가주의 관점을 고수한 계몽주의 교육사상가 후쿠자와 유키치의 『학문의 권장(学問のすすめ)』 등의 교육사상의 영향에 따라, 사민평등·계몽주의·지식주의·권학주의라는 실용성과 공리성에 기초한 '국민개학(國民皆學)'과 교육의 기회균등을 이상으로 삼았다. 특히 '국민개학'이라는 부분에서 종래의 학문은 주로 "사인 이상이 하는 일"이라 생각했는데, 여기에서는 "사람은 배우지 않을 수 없다"며, "이후에 일반 인민 화족·사족·졸족·농민·기능인·상인 그리고 부녀자는 반드시 마을에 불학하는 집이 없고 집에 불학하는 자가 없을 것을 기대한다"고 명시했다. 또

15 山住正己, 『教育の体系 日本近代思想大系 6』(東京, 岩波書店, 1990), 31~32쪽(원본은 『法令全書』 5-1).

"고등 학문은 그 사람의 재능에 맡긴다 하더라도", 아동들은 "남녀 구별 없이 소학교에 다니게 해야 한다"며 초등교육을 중시하고 학문의 기회균등과 차별을 없앤 '국민개학'의 사상을 나타냈다.

또 '학제 서문'은 마지막 부분에서 학비를 관에 의존하고 관급(官給)이 지급되지 않으면 배우지 않겠다는 것은 "종래 연습의 폐"라며, "이후 이런 폐를 고쳐 일반 인민이 다른 일을 내던지고 스스로 분기하여 반드시 학문에 종사하도록 터득해야 할 것"이라 정의한다. 교육비는 인민 스스로 부담하라는 것인데, 재정적 준비 없이 학제를 반포할 수밖에 없었던 신정부의 재정적 어려움을 반영한 것이다. 당시 인민들이 새로운 학제에 반대하는 행동에 나선 데에는 교육비 부담도 한몫했음이 틀림없다.[16]

1872년 일본 최초의 '학제'는 당시 개명적인 하급 무사 계층이 직접 목격했거나 배운 서구의 평등주의사상과 인권사상을 기반으로 하는 '국민개학'을 전면에 내세우며, 종래의 '공리허담'을 배격하고 서양의 과학기술과 문명을 받아들이자는 실학주의사상을 강조했다는 면에서 분명 이전과 구별되는 획기적 교육 이념을 제시한 것이었다. 국민의 부강과 융성을 위해서는 국민에 대한 교육이 절대적이라는 인식이 '학제'의 기본 이념이었다. 황학파가 시도했고 좌절했던 복고주의적 '학사제'의 실패를 교훈 삼아 새로운 시대의 도래에 대응할 수 있는 참신한 교육제도의 구상이었다.

---

16 실제로 문부성이 학제에 따른 소학교 설치를 강력히 추진하자 전국 각지에서 소학교에 불을 지르거나 교사를 습격하는 등의 사건이 일어났다. 소학교는 근대 건축방식으로 지어졌고, 서양 복장의 교사들은 지역 주민들에게는 그야말로 전통 고수에서 얻을 수 있는 안정감을 해치는 이질적 '서양 예술'의 전도사로 비쳤으며, 여기에서 오는 불안감이 새로운 학제에 대한 반발로 이어졌다. 한마디로 비일상적 공간으로서 학교의 등장과 이를 강제하면서도 재정을 부담시키고, 교육 내용을 강제·통제한다는 것에 대한 불만이었다고 할 수 있다.

그러나 '학제'가 반포되었다고 해서 일반 국민이 곧바로 새로운 학교교육을 자각한 것은 아니었다. 근대적인 공교육제도를 발전시키기 위한 일본의 사회경제적인 조건도 아직은 충분히 성숙하지 않은 상태였다. 메이지 신정부가 근대 교육의 기본 이념으로 삼았던 '동양 도덕 · 서양 예술', '화혼양재'라는 동서양의 가치를 절충한 교육 이념이 자취를 감추고, 오로지 '서양 예술'과 '양재'를 통한 개인의 입신출세주의만을 중시하고 있다는 점, '학제' 반포를 통해 교육의 자율성에 대한 억압과 이전의 전통적 학문 세계와의 단절과 괴리에 따른 반발 등은 자유교육령의 등장을 초래하게 하는 내적 모순이자 한계로 작용했다.

3. 국가주의 교육으로의 전환과 '학제' 개혁

1872년 이후 시행된 '학제'에는 정책적으로 많은 어려움이 뒤따랐다. 프랑스의 학구제(學區制), 독일의 독학제(督學制) 등 유럽에서도 검증되지 않은 초창기 제도를 모방하여 만들어진 학제는 여러 면에서 일본 현실에 적합하지 않았다. 모두 109장 213조에 이르는 '학제' 시행 규칙은 각 지역의 특수한 사정을 고려하지 않은 인위적 제도이자, 인간의 자유를 획일적으로 구속하는 규정이기도 했다. 교육 내용 또한 너무 서양적이었다. 더욱이 수급자부담원칙이라는 학비의 과도한 부담과 강제 취학 규정 등은 취학에 대한 거부로 이어졌고, 취학을 하더라도 학비 지출을 거부하는 등의 거센 반발이 일어났다. 전통적 학문방식인 한학을 지양하고 개인의 입신출세를 지향하는 '실학'을 중시했던 점은 세계사적 흐름에 부합하는 시대정신의 구현이라는 점에서 매우 설득력 있는 시도였다. 그러나 이후의 '교육령'과 '개정교육령'의 교육 이념을 통해서도 알 수 있듯이 일본의 전통적 교육 이념이자 일본 국체 형성의 일익을 담당했던 유가사상을 철저히 무시했다는 점에서 많은 사람들의 반발을 샀다.

다나카 후지마로(田中不二麻呂), 기도 다카요시(木戸孝允) 같은 당시의 문부성 수뇌들 역시 새로운 학제에 처음부터 불만과 반대 입장이었다. 서구의 교육제도를 조사하고 시찰할 목적으로 이와쿠라 사절단에 동행했던 다나카는 조사 결과를 바탕으로 새로운 학교제도가 만들어져야 한다고 주장했다. 하지만 정부가 그들이 부재한 상태에서 새로운 학제를 반포했다는 사실에 반발하면서, 학제의 교육 이념이 너무 개화주의에 치중되어 있다는 점, 서구 교육제도에 대한 인식이 일면적이라는 점 등에 강한 불만을 표시했다.[17]

1878년 5월, 다나카는 문부성의 실권자 자리인 문부대보(文部大輔)에 오른 뒤, 학제의 '소학교칙'을 폐지하고 학교별 교칙제정권을 인정했다. 국가에 의한 획일적이며 강제적 교육 행정 체계를 지역 주민의 자발적 참여를 통해 구성하게 하는 자율적 행정으로 전환한 것이었다. 같은 해 종래의 학제를 대신하는 교육법령으로서 '교육령'을 입안하고, 이듬해인 1879년에 이를 반포함으로써 종래의 학제를 대신했다.

다나카의 새로운 교육령은 그가 실제로 조사하고 경험했던 미국의 교육제도를 참고로 만들어졌다. 이전의 학제가 유럽의 교육제도를 모델로 만들어졌다면, 다나카의 교육령은 모델이 미국으로만 바뀌었을 뿐 서

17 쓰지모토 마사시 외 지음, 이기원·오성철 역, 앞의 책, 356쪽.

양 교육제도를 기초로 만들어진 정책이라는 점에서는 크게 다르지 않았다. 그러나 연방제나 각 주의 자치를 인정하는 미국의 교육법을 모델로 한 새로운 교육령은 많은 부분 개인과 교육의 자율성을 보장했으며, 그런 의미에서 '자유교육령'이라 불리기도 했다.[18]

다나카는 미국인 학감 머레이(David Murray, 1830~1905)[19]의 도움을 받아 자유주의·권학주의적인 교육제도를 구상했다. '교육령'에서는 강제 취학과 정부의 간섭을 최대한 배제했고, 앞에서 말했듯이 획일적인 '소학교칙'을 폐지하고 각 학교에 교칙편성권을 위임하는 등 47조로 구성된 자유교육법령을 마련했다. 교육 목표 또한 개인의 입신이 아닌 '국가의 복지'에 두었다. '덕육'을 수반하지 않는 문명개화가 지닌 위험성을 경계하면서 '덕육'과 '지육'을 국민교육의 내용으로 삼았다. 요컨대 '교육령'은 국민의 공공의식 형성에 중점을 둔 것이었다.[20]

그러나 이런 교육령을 접한 일반 국민은 정부가 교육에 대한 의지를 포기했다고 판단했다. 그도 그럴 것이 당시 아직 지방자치가 실시되지 않은 상황에서 교육자치라는 개념을 일반 국민이 이해할 수도 없었고, 교육재원 절감을 위해 소학교를 없애거나 통폐합하는 일이 이어졌기 때문이다. 다나카의 교육령은 당시 실정과는 맞지 않는 이상주의적인 교육제도로, 이는 취학률 저하로 귀결되었다. 이에 대한 책임을 지고 문부경 기도

---

18 이권희, 앞의 논문, 『日本思想』 21, 169~172쪽 참조.

19 머레이는 미국주재 대리공사 모리 아리노리(森有礼)에게 일본 교육에 관한 의견을 제출한 것이 계기가 되어 이와쿠라 사절단 일행의 관심을 받게 되었고, 1873년 문부성의 고문으로서 초빙되어 독학관(督學官, 이후 학감)으로서 메이지 초기의 문부 행정의 중심적 지위에 있던 다나카 후지마로를 도와 학제 개정에 일조했다.

20 쓰지모토 마사시 외 지음, 이기원·오성철 역, 앞의 책, 361쪽.

다카요시와 다나카는 자리에서 물러나고, 상황을 타개하기 위해 이른바 '개정교육령'이라 불리는 두 번째 교육령이 만들어졌다.[21]

1885년 이토 히로부미 내각의 초대 문부대신 자리에 오른 모리 아리노리(森有礼)는 독실한 개신교 신자였던 만큼 교육목표를 박애주의 정신의 함양과 애국심 고양을 통한 국가주의 형성에 두었다. 모리는 1886년에 기존의 교육령을 대신하여 학교 종별로 '소학교령'·'중학교령'·'사범학교령'·'제국대학령' 네 개의 개별 정령을 반포하고, 학교 종별로 차별되는 교육목표를 명확히 제시했다. 국민은 지위나 신분 또는 능력에 따라 교육목표를 달리해야 한다는 모리의 교육 신념에 기초한 것이었다.

제국대학은 일본 근대화의 필요에 따라 서양의 실학적 학문을 수학한 고급 관료를 키우기 위한 기관으로서 여러 특권과 학문의 자유를 부여받았다. 중학교는 제국대학에 입학하기 위한 학문적 소양과 자격을 갖추기 위한 준비 기관이었으며, 소학교는 심상(尋常)과 고등(高等) 두 단계로 나누고 심상소학교 4년 과정에 취학하는 것을 국민의 의무로 명시했다. 사범학교는 장래의 교원들에게 철저한 국가주의적 이데올로기를 교육하기 위한 기관으로서 특히 중시되었다.

다나카가 국가주의 형성을 위해 국어와 역사 교육을 강조했다면, 모리는 '천황제'에 주목했다. 즉, 1880년의 '개정교육령' 반포 이후의 교육 이념은 당시 일본 사회 전반에 걸친 '구화사상(歐化思想)'에 대한 자성의 목소리와 전통 유학과 '존황사상'을 합체시켜 강력한 신민을 형성할 수 있

---

21 '교육령'은 1880년과 1885년에 두 차례 개정된다. 1880년의 개정교육령은 다나카 후지마로를 중심으로 추진된 자유화 정책을 부분 수정한 것이고, 1885년의 개정은 지방 재정 악화에 따른 세부 규칙의 부분 개정이었다.

는 새로운 '황도주의 이데올로기의 형성'이었다.[22] 모리의 교육 이념은 종래의 입신출세주의·실용주의적 교육에 '수신주의'적 교육을 조화시킨 '국가주의' 확립이었는데, 이러한 신념은 1879년 메이지 천황의 명의로 발표된 『교학성지(教学聖旨)』와 무관하지 않았다. 『교학성지』는 메이지유신 이후 서양의 실학적 교육사조를 비판하고, '인의충효'의 전통적 유교주의를 바탕으로 하는 '덕육교육'을 강조하는 내용으로 구성되었다. 앞으로의 교육이 천황 중심의 절대주의 국가에 적합한 '신민 만들기'라는 이념의 구현 방식으로 전개되리라는 사실을 예고하는 것이었다.

> 교학의 핵심은 인의충효를 분명히 하고 지식 재예를 연마해 인간의 도리를 다하는 것으로, 이것은 우리 조상으로부터의 가르침이고 국전의 큰 뜻으로, 상하 일반을 교화하는 것이다. 그러나 근래에 들어 오로지 지식 재예만을 중히 여겨 아직도 문명개화만을 쫓아 풍속을 어기고 해치는 자가 적지 않다. 그런 자들은 주로 예로부터의 나쁜 습관을 타파하고 넓은 세상의 탁견으로 일시 서양의 장점을 취해 일신의 효과를 보려 했지만, 그런 유폐들은 인의충효를 뒤로 하고 헛되이 양풍, 이것을 경쟁하니 장래가 두렵고, 군신부자의 대의를 깨닫게 하려 해도 그 방법을 알 수 없다. 이것은 우리나라 교학의 본의가 아니기에 앞으로는 조종의 훈전에 기초해 오로지 인의충효의 길을 분명히 하고, 도덕의 가르침은 공자를 주로 하여 사람들이 성실한 품행을 존중하고 그런 뒤 각 분야의 배움은 그 재기에 따라 더욱 외장하고, 도덕재예

22 1880년 문부성에서 교과서로 사용이 부적합한 서적 목록이 발표되었다. 그 대부분이 이전 시대의 계몽적 양학자의 서책이었다는 사실은 '학제'의 교육 이념에 대한 부정이라는 의미를 갖는다. 후쿠자와 유키치의 『通俗国権論』, 『通俗民権論』, 미쓰쿠리 린쇼(箕作麟祥)의 『泰西 勧善訓蒙』, 가토 히로유키(加藤弘之)의 『立憲政体論』 등이 대표 사례이다. 中村紀久二, 『教科書の社会史-明治維新から敗戦まで』(東京, 岩波新書, 1992), 49쪽.

의 본말을 갖추어 대중지정(大中至正)의 교학을 천하에 포만시키려 함은 우리나라 고유의 정신이어서 세계에 부끄러움이 없을 것이다.[23]

모토다 나가자네(元田永孚)가 기초한 『교학성지』는 「교학대지(教学大旨)」와 「소학조목 2건(小学條目二件)」으로 구성되어 있다. 천황의 시강(侍講)이었던 모토다는 1879년 천황의 호쿠리쿠(北陸), 도카이(東海) 지역 순행(巡幸)이 있은 후 천황의 교육에 관한 시찰 의견이라며 당시 내무경(内務卿)이었던 이토 히로부미와 문부경이었던 데라지마 무네노리(寺島宗則)에게 『교학성지』를 제출했다. 「교학대지」에서는 교육을 크게 '인의충효(仁義忠孝)'와 '지식재예(知識才藝)'를 위한 교육으로 구분했고, '지식재예'보다는 '인의충효'를 우선시했는데 교육은 모름지기 '인의충효'를 분명히 하고 '지식재예'를 연마하여 인간의 도리를 다하게 하는 것이라 정의했다. 또한 문명개화 이후 만연하던 '양풍존중사상'을 경계하고, 유교, 특히 공자의 가르침을 도덕 교육의 기본으로 삼아야 할 것을 강조했다. 이것은 봉건적 유교주의, 황도주의의 관점에서 실학주의사상을 비판한 대표적 사례로 절대 권력에 의한 교육의 정의였으며, 교육에서의 '유교주의 정신'이 부활한 것이라고 평가할 수 있다. 「소학조목 2건」의 내용은 아래와 같다.

인의충효의 마음은 모든 사람이 갖고 있다. 그러나 어릴 적부터 그것을 뇌리로 감각하고 배양하게 하지 않으면 다른 여러 것들이 이미 귀에 들어오고 선입견이 주가 될 시에는 후에 어찌할 수가 없다. 그런 연유로 현재 소학교

23 山住正己, 『教育の体系 日本近代思想大系 6』(東京, 岩波書店, 1990), 78~79쪽(원본은 国立国会図書館憲政資料室藏, 「元田永孚関係文書」).

> 에 급도를 갖고 있으니 그에 준해 고금의 충신의사 효자절부의 화상, 사진을 걸어 아이들이 학교에 처음 입학했을 때 우선 이 화상을 보여주고 그 행사의 개요를 설명해 가르치고 충효의 대의를 첫째로 뇌수에 감각할 수 있게 하는 것이 중요하다. 그런 다음 여러 물건의 이름을 알게 하면 후래 사효의 성으로 양성하고 박물을 듦에서 본말을 그르치는 일이 없어야 할 것이다.
>
> 지난가을 각 현의 계교를 순람하고 친히 학생들의 예업을 시험해보니 농상의 자제가 대답하는 것의 대부분은 고상한 공론만 많고, 서양말을 잘한다지만 이것을 우리말로 번역하지도 못했다. 이 아이들이 훗날 학교를 졸업하고 집에 돌아가 다시 본업에 종사하기 어려울 것이고 또한 고상한 공론을 지닌 관리가 된들 아무짝에도 쓸모가 없을 것이다. 그 박문함을 자랑하고 윗사람을 깔보고 현관의 방해가 되는 자 또한 적지 않다. 이것은 모두 교학의 참된 길을 얻지 못한 폐해이다. 이에 농상에는 농상의학과를 만들고 고상함에만 빠지지 말고 실지에 기초해 훗날 학업을 이룰 시에는 본업으로 돌아가 더욱 더 그 업을 성대케 하는 교칙이 있었으면 한다.[24]

서양 학문에 경도되어 있는 현실을 비판하면서 소학교 교육을 통해 전통적 도덕관을 가르치는 일이 무엇보다 중요하다는 점을 강조한 것이다. "고금의 충신·의사·효자·절부의 화상, 사진을 걸어 아이들이 학교에 처음 입학했을 때 우선 이 화상을 보여주고 그 행사의 개요를 설명해 가르치고 충효의 대의를 첫째로 뇌수에 감각할 수 있게 하는 것이 중요하다"는 구체적 교육 방법을 제시하고, '인의충효'의 정신을 어린 시절부터 아이들의 뇌리에 각인시키라고 제시했다. 『교학성지』를 통한 교육 내용

---

24 위와 같음.

의 전환 배경에는 메이지헌법(대일본제국헌법)의 제정 · 반포(1889)로 인해 통치대권(1조)과 신성불가침권(3조), 군대의 통수권(11조1)을 부여받게 되었고, 수상임명권과 예산안 재가권을 갖는 등 사실상 모든 권력이 천황에게 집중되는 정치적 흐름과 무관하지 않으며, '충군사상'을 유교적 정신으로 뒷받침하려는 의도가 있었다. 즉, 국체사상 형성을 위한 유교주의적 교육을 확립하려는 시도였다.

『교학성지』가 나온 또 다른 배경으로 당시 대두하기 시작한 자유민권운동에 대한 억압을 들 수 있다.[25] 메이지 정부는 자유민권운동에 대한 민중교화책으로 유교주의적 도덕 교육을 적극적으로 활용했다. 이는 '자유교육령'에 의한 자유주의 교육사조로부터 정부에 의해 강제되고 통제되는 '간섭주의' 교육으로의 완벽한 회귀를 의미했다. 1880년의 '개정교육령'을 통해 소학교의 교과목에 처음으로 '수신', 즉 '도덕'이 포함된 것은 이 『교학성지』의 정신을 실천적으로 구현한 것이었다.

이와 같은 모리의 이념, 나아가 메이지 정부의 교육 이념은 1890년 10월 30일 '교육칙어'를 공포함으로써 더욱 강화되었다. 교육칙어는 유교의 교의나 일본의 고전에서 추출해낸 이념에 따라 국민의 행동 규범을 제시하고, 천황절대주의에 기초한 국체관을 분명히 밝히고 있다. 또한 교육은 '인의충효'를 절대시하는 국민사상의 통일을 위한 수단에 불과하고, 교육의 목적 또한 진리 탐구나 개성의 신장이라는 근대 교육의 보편적 가치의 실천이 아니라 헌법으로 보장하고 있는 국체, 즉 천황에게 충실한 신민의 육성, 천황에 대한 충성과 애국심 강화에 있었다.

---

25 山住正巳, 『日本教育小事』(東京, 岩波書店, 1987), 36쪽.

짐이 생각건대 우리 황조황종(皇祖皇宗)이 나라를 연 것이 굉원(宏遠)하고 덕을 세움이 심후(深厚)하다. 우리 신민이 지극한 충과 효로써 억조창생(億兆蒼生)의 마음을 하나로 하여 대대손손 그 아름다움을 다하게 하는 것, 이것이 우리 국체(國体)의 정화(精華)이고 교육의 연원이 실로 여기에 있다. 그대들 신민은 부모에게 효도하고 형제간 우애하며, 부부 서로 화목하고 붕우 서로 신뢰하며 공검(恭儉)하고, 박애를 여러 사람에게 끼치며, 학문을 닦고 기능을 익힘으로써 지능을 계발하고 덕기를 성취해 나아가 공익을 널리 펼치고 세상의 의무를 넓히며, 언제나 국헌을 존중하고 국법을 따라야 하며, 일단 위급한 일이 생길 경우에는 의용(義勇)을 다하며 공을 위해 봉사함으로써 천양무궁의 황운을 부익(扶翼)해야 한다. 이렇게 한다면 그대들은 짐의 충량한 신민이 될 수 있을 뿐만 아니라 그대들 선조의 유풍(遺風)을 현창하기에 족할 것이다.

이런 도는 실로 우리 황조황종의 유훈으로 자손과 신민이 함께 준수해야 할 것들이다. 이것을 고금을 통하여 어긋나게 해서는 안 될 것이다. 이를 중외에 베풀 때 도리에 어긋남이 있어서는 안 될 것이다. 짐은 그대들 신민과 더불어 권권복응(拳拳服膺)하며 널리 미치게 하고, 그 덕을 함께 공유할 것을 바라 마지않는다.[26]

이렇듯 메이지 초기에 지향했던 근대 서양의 합리주의 정신에 기초한 실학적 지식주의 교육은 1880년 '개정교육령' 이후 철저히 유교적 정신에 입각한 인간 형성의 원리와 '덕교사상' 교육으로 전환되었다.

모리 아리노리에게 계몽된 국민이란 교육을 통해 무지몽매한 인간이 계발되어 사리분별 능력을 갖추고, 정사선악(正邪善惡)을 구별할 수 있는

26 『官報』 1890년 10월 31일 자(国立国会図書館デジタル化資料, 2013년 4월 25일 열람).

주체적이며 자립적인 인간이 아니라, 국가주의라는 테두리 안에서의 '선량한 신민'을 의미했다. "제국 신민으로서의 의무를 충분히 다하고", "기질이 확실하고 국역에 힘쓰며, 또한 신분에 따라 기능하는" 인간이었다.

모리가 이상으로 생각했던 국민은 국가의 방침에 비판 없이 복종하는 인간이었다. 교육이야말로 '국가부강의 근본'이라 생각했던 모리는 자신이 직접 체험한 선진화된 서구 제국의 정치·경제·문화·교육 현황에서 일본의 근대국가 건설에 필요한 방법론을 찾으려 했지만, 일본의 풍토·역사·민족성을 고려해야 한다는 미명 아래 1886년에 종래의 '교육령'을 대신하는 '소학교령'·'중학교령'·'제국대학령'·'사범학교령' 등의 개별 학교령을 발령하는 것으로 학교 체계를 구축했다. 국가주의 체제를 공고히 뒷받침한다는 그의 교육사상과 구체적 실천은 이후 1945년 패전까지 군국주의의 색채를 더 강화해 나갔다.

4. '애국심' 배양 장치로서의 역사 교육

일본의 근대 교육은 다른 제도의 개혁과 마찬가지로 메이지 신정부의 교육 개혁의 일환으로 추진되었다. 근대 국민국가로서 일본의 완성은 교육제도 개혁과 그 제도를 바탕으로 하는 국민교육의 구체적 가치 설정, 그리고 이를 실천해 나아가는 과정에서 배출된 인재들의 활약 덕분에 가능했기 때문이다. 여기에서 한 가지 주목해야 할 것은 앞에서도 서술한 '인의충효사상'을 육성하는 과정이 주로 학교를 중심으로 비합리적·정서적·심리적 측면으로 이루어졌다는 점이다. 역사 교육은 '학제' 반포 이후 교육과정에서 단연 중요한 역할을 담당했다. 일본의 소학교용 역사 교과서가 시기별로 어떻게 변용되었는지를 살펴봄으로써 '애국심' 배양 장치로서의 역사 교육의 실태를 살펴보자.[27]

1) 메이지 초기의 개화·계몽주의 역사 교과서

1872년 '학제' 반포 이후에 문부성은 소학교용 역사 교과서로 『사략(史略)』(1872년), 『만국사략(萬国史略)』(1874년), 『일본약사(日本略史)』(1875년)의 3부작을 저작·간행했다. 3부작 가운데 당초 『사략』은 현재 5학년 2학기에 해당하는 상등소학(上等小学) 제7급용, 『일본약사』와 『만국사략』은 제6급 이상용이었다. 메이지 초기 소학교 역사 교육 커리큘럼은 『사략』을 통해 초보적인 역사 지식을 배우고, 그것을 바탕으로 일본 역사와 외국 역사를 교습시키는 구조였다.[28]

『사략』은 어린 학생에게 일본사와 외국사를 암송시키기 위한 교과서였다. 내용은 권 1 「황국」, 권 2 「지나」, 권 3·4 「서양」 상·하로 구성되었다. 일본, 중국, 서양의 순서로 역사 지식을 넓히는 형태였다. 「황국」은 신대(神代)로부터 인대(人代)로의 전환을 강조하는 것으로, 인대의 시작은 진무천황(神武天皇)이고, 122대에 걸친 천황가의 역사였다. 근대 소학교 일본

27 이 글에서의 역사 교과서 시기 구분은 기마타 기요히로(木全清博)의 구분에 따른다(木全清博, 『近代日本の教科書のあゆみ』(東京, サンライズ出版, 2006). 또 가라사와 도미타로(唐沢富太郎)는 국정 역사 교과서를 "자본주의 흥륭기의 근대적 교과서(제1기 국정 교과서)", "가족국가 윤리에 기초한 수신 교과서(제2기 국정 교과서)", "다이쇼 데모크라시 시기의 교과서(제3기 국정 교과서)", "파시즘 대두기의 신민 교육의 강화(제4기 국정 교과서)", "초국가주의와 밀리터리즘의 교과서(제5기 국정 교과서)"로 구분했다. 唐沢富太郎, 『日本の近代化と教育』(東京, 第一法規出版社, 1978) 참조.

28 山村俊夫, 앞의 논문, 41쪽.

역사 교과서의 최초의 출발점이 신의 세계에서 시작한 천황의 역사였음을 강조했다.[29]

일본의 역사뿐만 아니라 동양과 서양의 역사로도 시야를 넓혀 세계의 역사적 발전 방향을 배우자는 의도에서 소학교용 상급 『만국사략』이 간행되었다. 『만국사략』은 아시아, 유럽, 미국 등에 대한 각국의 역사를 간략하게 서술하는 형식이었다. 이 교과서는 당시 번역, 보급되었던 『팔리 만국사(パーレー萬国史, *Parley's Common School History of the World*)』와 기타 서양 역사서의 원전을 아동용으로 재편집한 것으로 알려져 있다. 만국사에는 정쟁과 전쟁, 정복 등의 내용이 많이 담겨 있었다.

『일본약사』 사범학교 편집 기무라 마사코토(木村正辞) 편은 범례에서 소학교 수업 시간이 짧기 때문에 간략하게 서술했다고 밝히고 있다. 그러나 실제로는 매우 상세한 '천황 역대사'의 기술을 통한 일본 통사였다. 『일본약사』는 고사기와 일본서기에 기초하여 신대 부분을 제외한 제1대 진무 천황의 사적을 서술하는 것으로부터 시작한다.[30]

메이지 초기 문부성 저작 교과서의 기본적 성격은 계몽주의(=개명주의) 교육에 있었다. 소학교 역사 교육으로 외국사, 지리 교육으로 외국 지리 교과서가 사용되어 지식을 폭넓은 세계에서 찾았다. 메이지 초기에는 역사 과목은 독립된 과목으로 설정되지 못하고 '문답'이나 '읽을거리' 과목 안에서 실시되는 형태였다. '문답'과 '읽을거리' 역사 교과서로서 암송을 교육 방법의 유력한 수단으로 수업이 전개되었다.

---

29 文部省, 『史略 1 皇国』 1872(国立国会図書館 近代デジタルライブラリー 소장).

30 文部省編纂, 『日本略史』, 積玉圃, 1878(国立国会図書館 近代デジタルライブラリー 소장).

2) 메이지 중기의 존왕·애국주의 역사 교과서

메이지 시기 역사 교육은 메이지 천황이 문부성에 지시를 내린 사항이 역사 교육에 직접 영향을 미쳤다. 앞에서도 언급한 1879년의 『교학성지』는 그 대표적인 사례이다. 『교학성지』는 교육 전체 방향에 대해 구미의 교육사상 편중을 지적하고 인의충효의 가르침을 중시하면서 "도덕의 가르침은 공자를 주로 하여 사람들이 성실품행을 존중하고 그런 뒤 각 분야의 배움은 그 재기에 따라 더욱 외장하고, 도덕 재예의 본말을 갖추어 대중지정(大中至正)의 교학을 천하에 포만시킬 수 있는"[31] 일본의 교학을 확립해야 한다고 강조했다. 이를 계기로 모든 소학교 교과 과정은 '인의충효를 중시하는 성지'에 따른 내용으로 개조되기 시작했다.

1881년의 『소학교 교칙 강령(小学校教則綱領)』은 이를 구체화한 것이었다. 역사 교육의 목적은 "힘써 생도가 연혁의 원인과 결과를 깨닫고 특히 존왕과 애국의 의지를 양성하는 것이다."[32]라고 규정했다. 내용 항목도 정해져 "건국의 체제, 진무 천황의 즉위, 닌토쿠 천황(仁徳天皇)의 근검, 엔기(延喜)와 덴랴쿠(天暦)의 정치, 겐페이(源平)의 성쇠, 남북조의 양립, 도쿠가와 씨(徳川氏)의 치적, 왕정복고 등 긴요한 사실"과 "고금 인물의 현부(賢否)와 풍속의 변경 등의 대요"를 가르쳐야 한다고 규정되었다.

이 가운데 패전 이전 역사 교육의 목적이 된 '존왕·애국의 의지' 양성이라는 항목은 바로 이 시기에 규정된 것이었다. 『교학성지』는 강렬한 천

---

31 山住正己, 『教育の体系 日本近代思想大系 6』(東京, 岩波書店, 1990), 78쪽(원본은 国立国会図書館憲政資料室蔵, 「元田永孚関係文書」).

32 黒羽弥吉編, 『小学校教則綱領』(東京, 黒羽弥吉, 1881), 2쪽(国立国会図書館 近代デジタルライブラリー 소장).

황제 이데올로기의 발로였는데 역사 교육은 이러한 이데올로기를 지탱하는 교과목으로 중요시되었다. 1881년의 『소학교 교칙 강령』 이후 '역사과'는 독립된 교과가 되었다. 기존의 소학교 외국사 교육은 폐지되어 소학교에서는 일본 역사만으로 결정되었다.

메이지 시기 역사 교과서에 관한 중요한 사실은 1881년부터 채택 교과서를 감독관청에 보고하는 '개신제(開申制)'라는 신고 제도가 시작되었다는 점이다. 이전에는 자유 발행과 자유채택제가 채용되었다. 교과서 제도의 변천은 '개신제'라는 제1단계부터 1883년의 '인가제', 1886년의 '검정제', 1904년의 '국정제'로 점차 국가 통제가 강화되었다.[33]

역사 교육의 목적은 1891년 단계에서는 "국체의 대요를 알리는 것"과 "국민의 지조를 기르는 것"으로 규정되었다. '존왕·애국'의 정신을 형성하기 위해 국체 관념의 내용을 교육하여 국민적 도의심을 육성하려는 의도였다.

'소학교 교칙 대강'이 발포된 1891년은 '검정제' 교과서 제도가 확립된 해였다. 역사 교과서의 내용은 "향토에 관한 사담(史談)을 비롯해 점차 건국의 체제, 황통의 무궁, 역대 천황의 성업, 충량현철(忠良賢哲)의 사적, 국민의 무용, 문화의 유래 등의 개요를 가르쳐 시초부터 현시에 이르기까지의 사력(事歷)의 대요를 알려야 한다"는 규정에 따라 편집되었다.[34] 역사 교육의 내용은 천황을 중심으로 충량현철의 인물을 전기적으로 다루어 천황과 국가에 대한 충성심을 육성하는 것에 중심이 놓였다. 말하자면

---

33 谷雅泰,「日本近代教育法制史概説」,『福島大学教育学部論集』7, 2001.

34 黒羽弥吉編,『小学校教則綱領』(東京, 黒羽弥吉, 1881), 8쪽(国立国会図書館 近代デジタルライブラリー 소장).

'인물주의에 의한 역사 교수'의 형태로 역사상 '위대'하고 '영웅'적인 인물과 중요 사건을 언급하는 방식이었다.

검정기 역사 교과서의 대표격은 야마가타 데이자부로(山県悌三郎)의 『제국소사(帝国小史)』였다. 이 교과서는 1893년 2권으로 발행된 것으로 서두에 "아동이 기억하기 쉽도록 만들기 위해…… 그 시절에 이름 높은 인물을 표제로 삼아 그 가운데 당시의 두드러진 사실을 기록했다"[35]고 밝히고 있다. 권 1에서는 "우리나라", "진무 천황", "야마토 다케루노미코토(日本武尊)", "진구 황후(神功皇后)", "닌토쿠 천황", "쇼토쿠 태자(聖徳太子)", "덴지 천황(天智天皇)", "와케노 기요마로(和気清麻呂)", "간무 천황(桓武天皇)", "스가와라노 미치자네(菅原道真)", "무라사키 시키부(紫式部)", "하치만타로 요시이에(八幡太郎義家)" 등이 등장했다.

『제국소사』는 역사적인 인물을 묘사할 때 "올바른 인물과 잘못된 행위를 한 인물을 대조시켜 아동에게 잘잘못을 느낄 수 있도록 편집"[36]했다. 인물의 성격과 인격에 대해 '충성심'과 '도의심'을 중심으로 서술한 것이고, 시대와 사회 속에 위치한 해당 인물의 행동에 대한 서술은 이루어지지 않았다. '수신'에 대한 환원화 경향이 강한 역사 교육으로 천황에 대한 충성심의 고저가 인물 평가의 척도로 사용되었다.

---

35 山県悌三郎編, 『帝国小史補 甲号』(東京, 文学社, 1895).

36 위와 같음.

3) 메이지 후기의 '국정' 역사 교과서 – 국정 제1기·제2기

1903년 1월 문부성은 일본 역사 교과서의 국정화 방침을 결정하고 최초의 국정 역사 교과서『소학 일본 역사』1·2를 고등소학교 제1·2학년용으로 같은 해 10월에 발행했다. 국정 역사 교과서의 편집 작업에는 일본사의 실증주의학자 미카미 산지(三上参次)와 사토 조지쓰(佐藤誠実) 등이 협력했다. 국정 역사 교과서의 채용은 이듬해 1904년으로, 이 때부터 '국정제'가 시작되었다.[37]

최초의 국정 교과서는 1904년에 수신·국어·지리·역사의 네 교과로 시작되었다. 이후 '국정제'는 다른 교과로 확대되어 1905년 산술·도화(圖畵)·쓰기, 1911년에는 이과가 국정제로 전환되었다. 먼저 지정된 네 교과는 국민의 사상과 문화에 영향력이 있고 천황제 이데올로기를 강제하는 교과로 중시되었다.

최초의 국정 역사 교과서『소학 일본 역사』의 편집 작업은 매우 단기간에 이루어졌고, 기존의 검정기에 민간이 편찬한 일본 역사 교과서를 참고하면서 편집되었다고 전해진다. 이미 검정기에 정착된 '인물과 역사적 사건'을 중심으로 서술하는 방법이 주종이었다.

제1기 국정 역사 교과서는 1886년부터 많은 검정기 교과서가 '신대(神代)'를 생략한 것을 수정하여 일부러 '신대'부터 시작하는 역사 교육을 부활시켰다. 민간에서 편찬한 역사 교과서에는 고고학적 사실로부터 시작하는 일본 역사의 서술이 주류가 되었는데, 국정에서는 '아마테라스 오미카미(天照大神)'를 역사의 출발점으로 삼았다. 신화와 사실의 혼동이라는 비

---

37 窪田祥宏,「明治後期における公教育体制の動揺と再編」,『教育学雑誌』17, 1983.

합리적인 역사 교육이 이후 반세기 동안 역사 교과서에서 이어진 것이다. '아마테라스 오미카미'는 '건국의 체제, 황통의 무궁'이라는 국체 관념을 창출시키고, 교과서에서 "아마테라스 오미카미는 우리 천황 폐하의 선조입니다."[38]라고 서술함으로써 천황제 이데올로기를 불가결한 지식으로 강요한 것이다.

제1기에 이어 제2기의 국정 역사 교과서 『심상소학 일본 역사』 권 1·2가 발행된 것은 1909년이었다. 이 교과서는 1907년의 '소학교령' 개정에 따른 것으로 의무교육 연한이 4년에서 6년으로 연장됨에 따라 심상과 제5·6학년에서 역사과를 배우는 것에 대응하여 편집되었다. 그러나 이 교과서는 발행 후 곧바로 수정되어 1911년에 수정본이 발행되었다. '남북조 정윤 문제(南北朝 正閏問題)'[39]가 일어났기 때문이다.

러일전쟁 이후 국수주의사상은 역사학과 역사 교육에 '밖으로부터'의 충격을 주었다. 남조 정통론자가 중의원 본회의에서 문제로 삼아 정치 문제로서 '국체의 정통성'을 논하고 문부성은 이를 받아들여 교과서를 수정하는 과정을 겪었다. 그런데 메이지 말년의 『심상소학 일본 역사』 1909년 판과 1911년 판은 제2기 국정 교과서로서 제1기 이후의 새로운 사실을 첨가했다. 「메이지 37·8년 전역」, 「평화조약과 한국 병합」이 그것이다. 이들 두 과는 물론 다른 과에서도 러일전쟁 승리의 의의를 '국체사상'에서 찾아 더욱 국체 관념과 충군애국을 강화하려는 의도에서 나온 것이었다.

---

38 예를 들면 神谷由道編, 『高等小学歴史 三冊』(東京, 文部省, 1891).

39 '남북조 정윤 문제'는 일본의 남북조 시대에서 남북 어느 쪽을 정통으로 바라볼지에 관한 논쟁이다. 요컨대 교토의 천황과 요시노의 천황 중 누가 정통인가를 놓고 벌어진 논쟁이다. 정윤론 사건은 국가 권력의 개입이라는 잘못된 형태의 정치적 사건으로 비화했다. 村田正志, 『村田正志著作集 第1巻 増補 南北朝史論』(東京, 思文閣出版, 1983) 참조.

제2기의 특징 중 하나는 삽화가 많이 등장한다는 점이다. 예를 들면 '진무 천황 동정' 등 본문 교재와 조응한 상상도가 다수 등장한다. 삽화 교재는 사실의 진위와 관계없이 "이런 삽화가 아동에게 깊은 인상을 주어 쉽게 기억하게 하고 이해를 돕는다면 좋다는 생각"에서 나온 발상이었다. 삽화의 도입은 건국 체제와 '국체', 천황과 충신열사 등의 이해를 강요하기 위한 것이고, 아동에게 인물과 사실에 대한 감각적인 인상을 남기려는 장치로 활용되었다.

4) 다이쇼 시기의 인물 중심주의 역사 교과서 – 국정 제3기

제3기 국정 역사 교과서는 『심상소학 국사』 상권(1920년), 하권(1921년)으로 간행되었다. 이 교과서는 다음 개정판이 나온 1934년까지 사용되어 패전 이전의 국정 교과서 가운데 가장 오래 사용되었다. 기존에 소학교 역사과를 '일본 역사'로 부르던 것을 '국사'로 개정하여 국가주의사상을 강조하기에 이르렀다.

제3기 다이쇼 시기부터 쇼와 초기에 걸친 교과서의 특색은 '인물 중심의 서술'로, 철저하게 인물 중심의 역사 교육을 실시한다는 점에 있었다. 「국사 교과서 편찬 취의서」에는 "인물 중심의 사실을 더 많이 언급한다. 주로 인물로부터 과제를 세울 뿐만 아니라, 왕왕 교훈으로 삼아야 할 어린 시절 일화부터 이야기를 시작하여 그 성장 과정에 이르기까지 언급한다. 아동이 경앙(景仰)의 마음을 지님과 동시에 사실의 개요를 알리려 한다"[40]고 밝히고 있다.

---

40 文部省編, 『尋常小学国史編纂趣意書』(東京, 国定教科書共同販売所, 1924), 3쪽(国立国会図書館 近代デジタルライブラリー 소장).

『심상소학 국사』의 52장 가운데 48장에서 언급된 인물이 172명이고, 이름만 언급된 숫자까지 모두 300명 이상의 인물이[41] 언급되었다는 사실을 보더라도 인물 중심의 역사 교육이 어느 정도였는지를 알 수 있다. 인물은 사전에 선정되었고, 적당하지 않은 인물은 역적으로 취급받는 등 천황제 이데올로기에 따라 인물을 엄격히 평가했다. 헤이안 시대 중기의 정치가로 후지와라 씨 전성기의 최정점에 선 인물인 후지와라 미치나가(藤原道長)는 '평가할 수 없는 인물'로 취급받아 장의 제목에조차 언급하지 않고 "후지와라의 전횡"이라고 표현했다.

인물 서술은 아동에게 친근감을 주기 위해 그 인물의 유년 시대 에피소드 등을 주로 다루었다. 예를 들어 메이지 천황 항목에서 '메이지유신'의 내용은 '메이지 천황의 어린 시절'을 이렇게 서술했다.

> 메이지 천황은 고메이(孝明) 천황의 두 번째 황자(皇子)로 1852년 태어나시고 영명하고 의지가 굳세었습니다. 어린 시절 부친 천황을 따라 교토고쇼(京都御所)의 황궁 문 앞에서 번병(藩兵)의 연습을 관람하셨을 때, 대포와 소총 소리가 요란하여 마치 천둥과 벼락이 한꺼번에 떨어지는 것 같아 사람들은 몸을 떨며 두려워했습니다. 그러나 천황은 평소처럼 얼굴색 하나 변하지 않고 자연스럽게 열심히 병사들의 운동을 보셨다고 합니다.[42]

---

41 海後宗臣, 『歷史教育の歷史』(東京, 東京大学出版会, 2000).

42 滋賀大学附属図書館編, 『近代日本の教科書のあゆみ-明治期から現代まで』(東京, サンライズ出版, 2006), 46~47쪽에서 재인용.

유아기의 일화와 성장 과정을 언급하면서 소학생에게 인물에 대해 친근한 실감을 불러일으켜 인상을 남기려는 수법이다. 어린 시절의 에피소드뿐만 아니라, 그 인물의 업적과 관련된 일화나 이야기도 종종 등장한다. 메이지 천황 항목의 '세이난 전쟁(西南の役)'에서는 '사이고 다카모리(西鄕隆盛)의 전사'를 서술한 다음, "헌법 발포일, 천황은 다카모리의 유신 당시의 공훈을 고려하시어 오명을 씻고 정3위를 내리셨다"고 서술했다. 더욱이 교과서에서는 이어서 다음과 같이 '황실의 은혜'를 강조했다.

> 이 전쟁에 즈음하여 천황은 오사카 육군병원에 행차하시어 황공스럽게도 부상병을 위문하셨습니다. 황태후와 황후는 몸소 붕대를 만드셔서 부상병에게 하사하시어 황실의 깊은 은혜에 모두 감격의 눈물을 흘렸습니다. 또 사노 쓰네타미(佐野常民) 등이 박애사(博愛社)를 세워 관군과 적군을 구별하지 않고 부상자를 치료한 것은 실로 우리나라 적십자의 기원이다.[43]

다이쇼 시기 제3기 국정 역사 교과서는 '메이지 천황'에 대한 서술에 많은 쪽수를 할애했다. 근대를 '진보와 발전의 연속 시대'로 삼아 위대한 '메이지 천황과 그 충신'을 예찬했다. 반면 교과서에 자유민권운동과 같이 민중이 자유와 권리를 주장한 사실은 전혀 언급되지 않았다.

---

43 滋賀大学附属図書館編, 앞의 책, 47쪽에서 재인용.

5) 쇼와 전시기의 초국가주의와 군국주의 역사 교과서 – 국정 제4기~제6기

1945년까지의 전시기 역사 교과서는 제4기, 제5기, 제6기 국정 교과서가 있다. 제4기의 『심상소학 국사』 상권(1934년)과 하권(1935년), 제5기의 『소학국사 심상과용』 상권(1940년)과 하권(1941년)은 1931년 만주사변 이후의 사회 정세 변화에 대응하여 본격화하는 중일전쟁을 맞이하여 개정된 것이다. 두 시기의 개정은 제4기 만주사변, 제5기 중일전쟁과 각각 관련되었다. 전쟁과 파시즘에 어린 학생들을 동원하고 전쟁 체제를 수행하기 위한 역사 교육의 개정이었다. '국체 명징' 사상을 역사 교과서에 도입하여 '일본 정신'에 기초한 '황국 교학 정신'을 학생들에게 주입하려는 의도였다.

제4기 국정 교과서부터는 그 이전의 교과서가 문어체였던 것을 구어체로 변경했다. 또 하권의 마지막에는 만주국의 승인을 반영하여 '국민의 각오'를 다음과 같이 서술했다.

> 지나(支那)가 우리 남만주철도를 폭파하여 만주사변이 일어났고 극동의 형세가 급변하여 1932년에 새롭게 만주국이 세워졌다. 우리나라는 맨 먼저 만주국의 독립을 인정하고 예전부터 우리나라의 주의(主義)인 동양의 평화를 더욱 확고히 하기를 바랐다. 그런데 국제연맹은 우리의 정당한 행위를 받아들이지 않았기 때문에 어쩔 수 없이 1932년 단호하게 이탈을 통고하여 연맹과 손을 놓게 되었다.[44]

44 滋賀大学附属図書館編, 앞의 책, 48쪽에서 재인용.

제5기 국정 역사 교과서는 상·하권 모두 책머리에 천손강림의 '신칙(神勅)'을 게재했다. 종래의 교과서에 전혀 보이지 않던 '신칙'은 황실 중심, 국체 관념의 명징, 거국일치, 황운부익, 경신숭조 등의 사고방식을 전면에 내세우면서 등장했다. 경신숭조의 교육을 강화하기 위해 황실과 신궁, 신사의 관계를 밝히려는 교재가 부가되었다. 또 일본 문화의 독자성(=일본정신의 우수성)을 주창하는 사고방식이 강제되었다. 일본 문화는 고대부터 일관되게 존재한 조선과 중국으로부터의 이입과 모방 등을 부정하면서 자립적이었다는 점을 강조했다. 더욱이 외교사와 관련된 항목에서는 배외주의적인 내셔널리즘을 노골적으로 내세웠다.

요컨대 동양과 세계에서 일본의 지도적 위치와 역할을 적극적으로 강조하기 위해 역사적 사실을 왜곡하여 서술한 것이다. 예를 들면 원나라의 일본 정벌 기술에서는 호조 도키무네(北条時宗)가 "적군에 대비함과 더불어 나아가 적지를 공격할 계획도 세웠다"고 서술하고 있지만, 기존의 제4기까지는 "적군이 공격해오면 언제라도 맞이할 준비를 했다"는 방어전의 기술뿐이었다. 또 일본인의 '해외 진출'에 대해서는 에도 시대부터 아시아 각국에 폭넓게 진출한 야마다 나가마사(山田長政)의 에피소드나 혼다 도시아키(本多利明)와 사토 노부히로(佐藤信淵)의 사상을 새롭게 소개하거나 서술함으로써 쇼와 시기의 아시아 침략을 정당화시켰다.

아시아의 맹주인 일본, 동양 평화에 노력하는 일본, 황실을 품은 일대가족 국가 일본, 만고불역(萬古不易)의 국체인 일본 등 모든 것에 대한 의문과 비판을 허용하지 않고 현재 체제만을 유일하고 절대적인 것으로 정당화하는 역사 교육이었다. 역사 교과서의 절정은 1943년에 편찬된 제6기의 『초등과 국사』 상·하의 편찬이었다.

1941년부터 소학교는 국민학교로 명칭을 변경하고 역사 교육은 『국민과 국사』로 개편되었다. 『국민과 국사』는 기존 교과서 이상으로 전쟁체제에 봉사하는 역사 교육을 강제했다. 『국민과 국사』는 서두에서 "우리나라의 역사에 대해 그 대요를 이해시켜 황국의 역사적 사명을 자각시키려 한다"고 서술했다.

『초등과 국사』의 내용 편성은 기존의 인물 본위의 장절 구성을 전면적으로 개정하여 황국발전사의 흐름을 파악하는 것이었다. 일본 역사를 일관되게 '건국 정신'의 발전사로 서술하려는 의도였다. 『초등과 국사』는 학생들에게 '읽을거리'로 친숙해질 수 있도록 도중에 '사적 감동으로부터 사적 이해로'라는 항목을 설정했다. 문체는 경어체로 변경되는 등 역사 서술과 표현 형태의 다양화가 시도되었다.

제1장 「신국」은 "궁궐의 소나무는 왕이 다스리는 세상의 번성을 축하하고, 이스즈 강(五十鈴川)의 맑은 물은 일본의 옛 모습을 그대로 전하고 있습니다."라는 구절로 시작된다. 그 근저에는 '신국 의식'을 자각시켜 아무 의심 없이 '신국 일본'과 심정적인 일체감을 느끼게 하려는 의도가 작용했다.

아시아 태평양전쟁이 한창이던 시기에 편찬된 『초등과 국사』의 중점 교재는 전쟁사(=군사 교재)였다. 고대부터 현대에 이르는 전쟁 관련 서술이 기존의 교과서에 비해 크게 변경되었다. 이는 현대와 직결시켜 과거의 전쟁을 마음대로 해석하여 학생들의 뇌리에 주입하려는 의도였다.

규슈와 쓰시마 지방을 지키던 사키모리(防人)의 서술에서는 "다시 돌아올 수 없다는 각오로 대군(大君)을 위해 기쁨에 넘쳐 떠났다"는 한 동국(東国) 병사를 서술하여 다자이후(太宰府) 방위의 중요성을 강조했다. 막말 부분에는 일부러 「해방(海防)」 장을 설정하여 해상 방어가 국토방위를 위해 중요하다는 점을 기술했다. 청일전쟁과 러일전쟁을 언급한 「동아를 지킨다」라는 장은 '대동아공영권' 사상의 논리를 정당화하기 위한 서술이었다. 『초등과 국사』는 중일전쟁부터 아시아 태평양전쟁으로 이어지는 전쟁과 파시즘에 전면적으로 봉사하기 위해 작성된 교과서였다고 말할 수 있다. 이는 동시에 제1기 국정 역사 교과서 이후의 '황국 사관'을 집대성한 교과서였다. '황국 사관' 교과서를 파산시킨 것은 1945년 8월 15일의 패전이었다.

5. 역사 지식의 장악과 국가주의

여기에서는 1872년의 '학제' 제정과 더불어 시작된 메이지 신정부의 교육 체제 확립 과정과 개인주의적 · 공리주의적 실학사상을 바탕으로 하는 메이지 초기의 교육 이념이 어떻게 국가주의 · 군국국의 사상으로서의 교육 이념으로 변했는지를 살펴보았다.

일본의 근대 학제와 역사 교육은 메이지 신정부의 교육에 관한 개혁의 일환으로 추진되었다. 메이지 신정부는 막번 체제를 무너뜨리고 천황을 통치 수반으로 하는 중앙집권적 통치 구조의 변혁을 이루어냈다. 신정부가 설정한 교육 이념은 흔히 '학제 서문'을 통해 알 수 있듯이 실용적이며 자유주의적인 근대 실학교육사상과 공리주의에 입각한 '국민개학'과 교육의 기회균등 등이었다. 그러나 당시 일본 사회는 학제를 수행할 만큼 근대화되어 있지도 않았고, 세부 규칙에서 정하고 있는 교육제도조차 완성되지 않았다. 교과서 또한 대부분 서양 서적을 번역한 것을 그대로 사용했기 때문에 교육 내용이 너무 서양적이라는 비판에 직면했다. 무엇보다도 일본의 전통적 교육 이념, 즉 국체 형성의 사상적 기반이었던 '유가사상'을 철저히 무시했던 점이 커다란 부담으로 작용했다.

이후 '학제'의 강제적 취학과 정부의 간섭을 최대한 배제하고, 많은 부분 개인과 교육의 자율성을 보장하는 취지의 이른바 '자유교육령'이 만들어졌다. 그러나 이 또한 당시의 실정과는 맞지 않는 이상적 교육제도였기에 '개정교육령'이라 불리는 두 번째 교육령이 만들어지게 되었다. 여기에는 일본 사회 전반에 걸친 '구화사상'에 대한 반성과 전통 유학과 '존황사상'을 합체시켜 강력한 신민을 형성한다는 '황도주의 이데올로기의 형성'이라는 정치적 의도가 작용했다.

1890년 모리에 의해 만들어진 교육칙어는 천황을 절대복종의 귀일적 신앙의 대상으로 만드는 데 일조한 교육의 절대 규범으로 자리 잡았다. '대일본제국'의 신민에게 천황의 신성성과 불가침성의 관념을 유년시절부터 정신적으로도 육체적으로도 공유시키기 위해 정치적으로 창출된 의식을 통해 교육칙어는 국민도덕의 절대적 기준으로, 또는 최고의 교육이념으로 신성시되었으며, 역사 교과서는 천황의 신성함을 주입하는 내용으로 개정되었다.

일본교육사의 흐름에서 볼 때 일본의 역사 교육은 각종 정령 공포를 통해 '애국심 배양'에 그 목표를 두었고, 천황주의 이데올로기 강화로 맞추어졌다. 이는 근대 일본의 제국주의화의 특성과도 일치한다. 청일·러일전쟁이라는 국운을 건 대외 팽창전쟁을 수행하기 위해 '황도주의사상'이나 '국체사상' 등과 같은 군국주의사상의 확립이 절실했기 때문이다. 천황을 중심으로 한 '국민 의식'의 결집이라는 필요성은 국가주의적인 교육을 통해 충족되었고, 특히 역사 교과서의 통제와 관여를 바탕으로 '국민'의 역사 지식을 장악함으로써 일본은 국가주의, 더 나아가 군국주의로 나아가는 행로를 준비해 나간 것이다.

제3장

일본 식민정책학의 전개와 '식민론'

1. 식민정책학의 계보

식민정책학(colonial studies)은 식민지를 효과적으로 통치하기 위한 제반 정책을 연구하는 학문으로, 1945년 이전 구미와 일본에서 정책과학 또는 사회과학의 한 분야로 형성되었다. 식민정책학은 법학이나 정치학적인 통치 형식의 비교·검토를 비롯해 이민·식민·개발에 따른 사회·자연현상 등 광범한 영역을 연구 대상으로 삼았다.

일본의 식민정책학은 메이지유신 이후 홋카이도(北海道) '개척' 과정에서 형성되어, 청일전쟁에서 승리한 뒤 외국 식민지로 처음 획득한 타이완에 대한 연구에서 본격적으로 이루어졌다. 러일전쟁 전후에는 제국대학과 사립 고등교육기관에서도 식민정책학 관련 강좌를 개설함으로써 학문적 체계가 정비되었다. 유럽의 식민 정책 연구를 모델로 삼은 일본의 식민정책학 육성에 대한 필요성이 국가적으로 요청되었기 때문이다. 1945년 패전 이후 GHQ의 지령에 따라 각 대학의 식민정책학 강좌는 폐지되었다. 식민정책학은 제국 일본의 운명과 같은 길을 걸었다.

초기의 식민정책학은 정책과학이라기보다 농학적인 '척식학'의 성격이 강했다. 일본의 대외 침략과 더불어 식민정책학의 관심 영역 역시 확대되어 갔다. 조선과 만주를 비롯한 식민지 권역에 대한 연구는 물론, 제국주의에 대한 이론적 연구와 식민지 본국과 식민지와의 관계를 둘러싼 연구도 진행되었다. 영국형 '자치주의', 프랑스형 '동화주의' 같은 구미 제국의 통치 형식에 대한 비교·검토를 비롯하여, 사회현상으로서의 '식민'을 분석하기에 이르렀다. 1910년에 발족된 '식민학회(殖民学会)'와 1942년의 '대일본척식학회(大日本拓殖学会)'는 각종 강연회를 개최하고 식민지 실지 조사를 위해 식민지에 회원을 파견하는 등 식민 정책 입안의 브레인으로서 시정에도 적극적으로 참여했다.[1]

최근 일본학계의 식민지 연구는 제국과 식민지를 개별적 관계로 파악하던 종래의 연구 방법에서 벗어나 '제국 일본'이라는 범주를 통해 식민 본국과 식민지 사이의 상호작용에 주목하면서, 일본제국주의 그 자체에

---

1 일본 식민정책학의 특징에 대해서는 다음 연구를 참조할 수 있다. 淺田喬二,「日本植民史研究の現状と問題点」,『歴史評論』300, 1975 ; 金子文夫,「日本における植民地研究の成立事情」, 小島麗逸編,『日本帝国主義と東アジア』(東京, アジア経済研究所, 1979) ; 原覚天,『現代アジア研究成立史論-滿鐵調査部·東亜研究所·IPRの研究』(東京, 勁草書房, 1984) ; 淺田喬二,『日本知識人の植民地認識』(東京, 校倉書房, 1985) ; 金子文夫,「日本の植民政策学の成立と展開」,『季刊三千里』41, 1985 ; 山本有造,『日本植民地経済史研究』(名古屋, 名古屋大学出版会, 1992) ; 임성모·박상현·조규헌·유병관,「제국 일본의 문화권력과 학지-연구사적 고찰」,『한림일본학』18, 2011.

포괄적으로 접근해야 한다는 점을 강조한다.[2] 이런 문제의식은 '국내(=제국 일본)'와 '국외(=식민지)'라는 고전적 이분법을 상대화하는 중층적 관계로서의 제국의 구성을 밝히는 데 유용하다고 판단된다. 근대 일본의 국민국가 건설 과정은 홋카이도 '개척'에서 드러나듯이 '내국' 식민부터 시작되어 '제국화'와 더불어 외연부로 확장되었다. 따라서 식민정책학은 본국으로부터 식민지로의 일방적인 권력의 확대 과정에만 초점을 두지 않고, 양자의 상호 규정적인 관계성을 파악하는 것 역시 중요한 연구 영역이다.

그런데 식민정책학의 계보를 무엇으로 볼 것인가를 두고 연구자마다 논란의 여지가 있다. 그 이유 중 하나는 기존 연구가 1913년 도쿄제국대학 경제학부에 개설된 '식민 정책' 강좌와 이를 담당한 니토베 이나조(新渡戸稲造)와 야나이하라 다다오(矢内原忠雄)를 식민정책학의 출발점으로 바라보았기 때문이다.[3] 또 다른 한편의 연구자들은 교육기관에서 보자면, 1891년 삿포로농학교(札幌農学校)를 거점으로 한 '홋카이도대학파'가 일본 최초의 '식민학' 관련 강좌를 개설했다는 사실을 강조한다. 물론 니토베가 일본 식민정책학을 하나의 분과 학문으로 정착시키는 데 지대한 영향을 미친 것은 사실이지만, 이를 계승한 야나이하라가 보다 엄밀한 의미에서 식민정책학을 체계화한 인물이라는 것이다. 이런 면에서 식민정책학의 계보와 관련된 연구를 재검토할 필요성이 대두된다.[4]

---

2 예를 들면 駒込武,『植民地帝国日本の文化統合』(東京, 岩波書店, 1996) ; 酒井哲哉外編,『岩波講座「帝国」日本の学知 1~8』(東京, 岩波書店, 2006).

3 大内兵衛,「日本植民学の系譜」, 南原繁他編,『矢内原忠雄-信仰·学問·生涯』(東京, 岩波書店, 1968).

4 식민정책학의 계보와 더불어 삿포로농학교의 인적 계보를 둘러싼 논의도 필요하다는 지적도 있다. 竹野学,「植民地開拓と『北海道の経験』-植民学における『北大学派』」,『北大百二十五年史 論文·資料編』(札幌, 北海道大学出版会, 2003) 참조.

연구 범주를 둘러싼 논의도 식민정책학의 계보 획정에 영향을 미쳤다. 예를 들면, 아사다 교지(淺田喬二)는 연구 대상의 기준으로 식민정책학이라는 이론적·방법적 시각의 명확한 제시, 제국 일본의 식민지인 타이완·조선·'만주'에 대한 언급, 그리고 일본제국주의와 식민지 지배에 대한 비판적 입장을 분석 대상으로 삼았다.[5] 따라서 식민정책학에 대한 체계적인 저작을 남기지 않았거나, 조선과 타이완에 대한 '비판적 입장'의 언급이 알려지지 않았던 '홋카이도대학파'는 연구 대상에서 주목받지 못했다.

그러나 이런 연구 경향에 대해, 식민정책학의 계보를 삿포로농학교로 거슬러 올라가야 한다는 주장이 여전히 맞서고 있다. 삿포로농학교의 후신인 홋카이도대학의 '100년사 편찬 사업'의 일환으로 이루어진 일련의 연구가 그것이다.[6] 이들 연구는 일본의 식민정책학의 계보는 메이지유신 이후 새롭게 영유한 홋카이도의 개척 과정에서 그 기원을 찾을 수 있고,

---

5 아사다가 분석한 학자들은 니토베 이나조, 이즈미 아키라(泉哲), 야나이하라 다다오, 호소카와 가로쿠(細川嘉六) 등 국가주의 또는 자유주의적 식민정책학자와 더불어 오자키 호쓰미(尾崎秀実), 나카니시 쓰토무(中西功), 오가미 스에히로(大上末広) 등 마르크스주의자들을 포함하고 있다. 그는 관련 학자들의 저술을 식민 개념 규정과 식민지 통치 정책을 중심으로 개관하면서 그것이 조선, 타이완, '만주'에 어떻게 적용되었는지를 언급하고 있다. 淺田喬二,『日本知識人の植民地認識』(東京,校倉書房,1985);淺田喬二,『日本植民地研究史論』(東京,未来社,1990).

6 田中愼一,「植民学の成立」,北海道大学編,『北大百年史 通説』(札幌,北海道大学出版会,1982);井上勝生,「佐藤昌介『植民論』講義ノート-植民学と札幌農学校」,『北海道大学文学研究科紀要』46-3,1998;井上勝生,「札幌農学校と植民学」,北海道大学編,『北大百二十五年史 論文·資料編』(札幌,北海道大学出版会,2003);竹野学,「植民地開拓と『北海道の経験』-植民学における『北大学派』」,『北大百二十五年史 論文·資料編』(札幌,北海道大学出版会,2003);井上勝生,「佐藤昌介『植民論』初期講義ノート(上~下の2) 札幌農学校と植民学(2~5)」,『北海道大学文学研究科紀要』115~123,2005~07;竹野学,『樺太農業と植民学-近年の研究動向から』(札幌,札幌大学経済学部附属地域経済研究所,2005);井上勝生,「札幌農学校と植民学の誕生—佐藤昌介を中心に」,酒井哲哉編,『「帝国」日本の学知 1—「帝国」編成の系譜』(東京,岩波書店,2006).

중심적인 역할을 담당한 것은 1876년 홋카이도의 통치 기구인 '개척사(開拓使)'가 설립한 삿포로농학교라는 점을 강조하고 있다. 요컨대 이들의 주장으로는 일본의 식민정책학은 계보학적으로 '내국' 식민화를 위한 연구와 인재 양성을 목적으로 설립한 삿포로농학교가 1891년부터 일본 최초로 식민정책학 강좌를 개설함으로써 관학 아카데미즘으로 정착되기 시작했다는 것이다.

삿포로농학교의 식민정책학 연구자는 동문인 사토 쇼스케(佐藤昌介)와 니토베 이나조, 그리고 다카오카 구마오(高岡熊雄) 등이었다. 미국과 독일 유학파 출신인 이들은 이른바 '홋카이도대학파'를 형성하고 식민정책학의 선구적 역할을 수행했다.[7] 특히 니토베 이나조는 삿포로농학교를 떠나 교토와 도쿄제국대학에서 식민정책학 강의를 담당함으로써 식민정책학의 토대를 구축했고, 이후 식민정책학은 그의 제자인 야나이하라 다다오에 의해 학문적으로 정립되었다. 따라서 '홋카이도대학파'의 식민정책학은 니토베 이나조와 야나이하라 다다오에 앞선 식민정책학의 디딤돌에 해당한다고 말할 수 있다. 일본 식민정책학의 계보를 파악하기 위해 '홋카이도대학파'에 주목해야 하는 이유도 바로 여기에 있다.[8]

---

7 삿포로농학교는 1876년 홋카이도 개척을 위한 인재 육성을 목적으로 설치되었다. 전신은 1872년 개설된 개척사가학교(開拓使假学校)였다. 나중에 삿포로농학교는 도호쿠제국대학 농과대학과 홋카이도제국대학으로 확대되었는데, 1907년 6월의 칙령 제240호 '도호쿠제국대학 농과대학 강좌의 종류와 그 수(東北帝国大学農科大学講座ノ種類及其ノ数)'에 기초하여 '농정학 식민학 강좌'가 개설되었다. 이는 일본 최초의 식민정책학 강좌로 도쿄제국대학의 식민 정책강좌보다 2년 먼저 개설되었다. 도쿄제국대학 경제학부에 설치된 '식민 정책' 강좌는 니토베 이나조가 초대 주임교수(1909~20년)로 부임했고, 이어 그의 제자였던 야나이하라 다다오(1923~37년)가 이를 담당했다. 田中愼一, 앞의 논문, 1982.

8 삿포로농학교의 '식민책'·'식민사'·'식민론'과 같은 식민정책학 관련 강의는 사토 쇼스케가 1890년도와 1893년도 그리고 1896년도부터 1904년도까지, 니토베 이나조가 1894년도와

여기에서는 '홋카이도대학파'를 형성한 사토 쇼스케와 야나이하라 다다오의 식민정책론이 성립된 배경과 구체적인 논리의 전개 그리고 식민지와의 연관성 등을 살펴봄으로써 근대 일본의 조선 인식의 특징과 식민정책론의 상호 관계를 고찰하려 한다. 이런 논의는 식민정책학이라는 학문 계보를 검토하는 작업일 뿐만 아니라, 근대 일본과 식민지와의 관계, 특히 일본의 통치 구조와 이를 뒷받침한 사상과 이데올로기를 총체적으로 바라보는 데 필요불가결한 작업이 될 것이다.

2. '내국식민론'과 '외국식민론'

삿포로농학교의 식민정책학은 홋카이도를 기점으로 식민지 권역으로 확대한 근대 일본의 대외 팽창 구도와 함께 형성되었다. 그 첫걸음을 내디딘 인물은 삿포로농학교 제1기인 사토 쇼스케(1856~1939)였다. 그는 일본 정부의 초청을 받아 동교에 부임한 윌리엄 스미스 클라크(William Smith Clark)의 제자였다. 졸업 후, 쇼스케는 1882년 미국으로 건너가 존스 홉킨스대학에서 약 2년간 경제학자인 리처드 엘리(Richard T. Ely)에게 경제학을 배웠다. 엘리는 독일 역사학파의 영향을 받은 보호무역론자로 알려져 있는데, 그의 영향을 받은 사토는 삿포로농학교에 독일적인 농학과 경제학을 도입했다.

사토는 귀국 이후 1886년 삿포로농학교 교수로 부임했고, 1899년 한

1895년도, 다카오카 구마오가 1905년도와 1906년도에 각각 식민정책학 강의를 담당했다. 사토 쇼스케가 식민정책학 강의의 대부분을 담당했음을 알 수 있다. 田中愼一, 앞의 논문, 1982.

해 후배인 니토베 이나조와 함께 일본에서 처음으로 농학박사 학위를 받았다. 1907년 도호쿠제국대학 농과대학 학장에 취임했고, 1918년 홋카이도제국대학으로 확대, 개편되면서 총장에 취임했다. 사토는 약 40여 년에 걸쳐 삿포로농학교와 인연을 맺으면서 삿포로농학교를 제국대학으로 승격시키기 위해 노력한 인물로 '홋카이도대학 육성의 아버지'로 불렸다.[9]

사토는 자신의 식민정책론을 출판된 형태가 아니라 두 개의 강의 노트 형태로 남겼다. 하나는 1891년 「식민사 강의(植民史講義)」라는 표제로 작성된 뒤, 1896년 사토 본인의 증보를 거친 「식민론 강의 원고(植民論講義原稿)」이고, 다른 하나는 1900년 삿포로농학교 졸업생 한자와 준(半沢洵)이 사토의 강의를 필기한 것이다.[10]

사토 쇼스케는 귀국 직후부터 농업 잡지와 식민 잡지, 농회보, 신문 등에 식민에 관한 논설을 발표했다. 그의 식민론의 특징은 '인구 문제 해결을 위한 식민론'을 내세웠다는 점이다. 그의 첫 논문인 「대농론(大農論)」[11]에서는 일본의 좁은 국토와 농가 인구의 과잉 문제로 인한 고액의 소작료 문제를 지적하면서, 일본 농민의 궁핍과 농촌 문제를 해결할 방안으로 홋카이도 이민론, 즉 '내국 식민'을 주장했다. 농촌의 궁핍 문제 해결이 그의 농정학의 출발점이었다. 사토는 이렇게 주장했다.

---

9 藤井茂,『北の大地に魅せられた男-北大の父 佐藤昌介』, 岩手日日新聞社, 2006 ; 佐藤昌彦,『佐藤昌介とその時代(増補·復刻)』, 北海道大学出版会, 2011.

10 이들 자료는 이노우에 가쓰오(井上勝生)에 의해 활자화되었다. 井上勝生,「佐藤昌介『植民論』講義ノート-植民学と札幌農学校」,『北海道大学文学研究科紀要』46-3, 1998 ; 井上勝生,「佐藤昌介『植民論』初期講義ノート(上~下の2) 札幌農学校と植民学(2~5)」,『北海道大学文学研究科紀要』115~123, 2005~2007.

11 佐藤昌介,「大農論」,『農学会会報』3, 1888년 11월. 사토의 '대농론'에 대해서는 矢島武,「佐藤昌介の『大震論』とその背景」,『経済論集』21-4, 1974 참조.

> 나는 이미 홋카이도가 장래 농업의 낙토라는 것을 알고 있다. 그러나 부현(府県) 농민의 대다수는 홋카이도에서 농업을 경영할 자재(資財)가 궁핍하여 낙토(樂土)로 들어갈 수 없다. …… 즉 홋카이도의 식민은 본방 과소농(過小農)의 폐해를 바로잡음으로써 본방 농업의 개량을 도모함에서 실로 밀접한 관계가 있다. …… 농업을 개량하는 길은 외국 식민에 있지 않고 내국 식민, 즉 홋카이도 식민에 있다.[12]

사토는 일본 농업의 폐해를 '과소농(過小農)'에서 파생하는 문제라고 진단하면서, 홋카이도 식민을 통한 "독립적인 자작농"의 형성을 주장했다. 또 농촌 문제의 구체적인 해결 방안으로 '낙토'인 홋카이도 이민 정책을 구상했는데, 홋카이도야말로 그가 주창한 '대농론'을 실현할 수 있는 대상이었다. 이것은 그가 유학 시절에 본 미국 대농장의 실상에서 영향을 받은 것으로 판단된다. 사토의 '대농론'은 독립 자영과 자작농의 대농업 경영 창설을 추구한 것이었다.

그러나 사토의 식민정책론은 1900년 전후로 변화했다. 이노우에 가쓰오(井上勝生)의 일련의 연구에 따르면,[13] 사토는 귀국 직후 2년간 내국 식민을 주장하면서 외국 식민을 비판했지만, 이후 외국 식민을 부정하지 않고 특히 '만한'을 중심으로 한 외국 농업 식민을 적극적으로 추진해야 한다는 논의를 전개했다. 즉 '내국식민론'에서 '외국식민론'으로 전환된 셈이다. 사토는 러일전쟁 중에 해외 이주를 주장하면서 다음과 같이 말했다.

---

12 佐藤昌介,「日本農業の改良と北海道殖民との関係」,『殖民雑誌』2, 1889, 4~5쪽.

13 井上勝生,「佐藤昌介『植民論』講義ノート-植民学と札幌農学校」,『北海道大学文学研究科紀要』46-3, 1998 ; 井上勝生,「札幌農学校と植民学の誕生ー佐藤昌介を中心に」, 酒井哲哉 編,『「帝国」日本の学知 1ー「帝国」編成の系譜』(東京, 岩波書店, 2006).

식민을 번성시켜 과잉 인구를 해외로 이주하도록 해야 한다. 식민 사업은 국가의 정치 권력과 언제나 관련된 것은 아니다. 또 식민할 곳의 문명의 우열 정도를 고려할 필요도 없다. 만한(滿韓) 지방이 우리 식민 사업의 세력 범위라는 것은 말할 필요도 없다. 나아가 호주, 남북 미국, 아프리카에 우리나라 사람을 많이 식민시켜 농목(農牧) 사업을 일으키고 상공업을 경영하여 그 지방에 우리 국민의 세력을 확립시켜야 한다. 식민 두수(頭數)를 늘려 다수가 그 지방 사람들을 이겨야 한다. 나는 일정 기간 다른 곳에 가서 돈벌이하는 이주만을 장려하지 않는다. 때로는 국적을 바꾸지 않으면 사정이 좋지 않을 수도 있다. 그런 경우에는 오히려 그 지방에 귀화하여 그 지방의 실익과 일치시킬 필요가 있다. 이런 수단은 임기응변의 조치에 맡기면 된다. 아무튼 둥근 지구 곳곳에 우리 야마토 민족의 식민지를 개척하는 일은 우리의 국권 확장의 근저를 만드는 것임은 말할 필요도 없다. 실로 우리나라의 부력을 증진할 때 막대한 효과가 있다. …… 이에 성공하지 못하는 나라는 국부를 증진할 수 없고, 세계의 열패자가 된다. 우리나라가 만약 국력을 충실히 하여 세계 열강의 반열에 들어가려면, 우리 국민의 전후 경제 정책으로서 진정으로 열심히 식민 정책에 힘을 쏟아야 한다.[14]

사토가 러일전쟁이 벌어지고 있는 사이 "만한 지방이 우리 식민 사업의 세력 범위라는 것은 말할 필요도 없다"고 주장한 것은 주목할 필요가 있다. 사토는 식민 사업이 '국가의 정치 권력'의 확장과 직접 관련된 것은 아니라고 변명했지만, 내국 식민에서 출발하여 외국 식민으로 전환한 식민론이었다. 사토는 '대농론'에 바탕을 두되 인구 과잉과 토지가 협소한 것을 이유로 식민의 필연을 주장한 것으로 받아들여진다.

14 佐藤昌介, 「戦後の経済政策」, 『北海タイムス』 1905년 1월 1일 자.

사토는 정치적 식민의 논의를 회피하면서도 "둥근 지구 곳곳에 우리 야마토 민족의 식민지를 개척하는 일은 우리의 국권 확장의 근저를 만드는 것임은 말할 필요도 없다. 실로 우리나라의 부력을 증진시킬 때 막대한 효과가 있다"고 말하면서, '세계 열강의 반열'에 들어가겠다는 국권 확장의 논의로 이어지는 식민 주장이 세계적 규모의 문제라고 제기했다. 사토의 식민정책론의 기저에는 농업 식민의 전개, 경제적 부국의 확립, 국권 확장이라는 회로가 작동한 것이다.

사토의 인식이 전환된 배경의 하나로 지적할 수 있는 것은 그의 해외 시찰과 왜곡된 대외 인식의 결과이다. 사토는 러일전쟁 전후로 조선과 만주를 두 번에 걸쳐 방문했다. 첫 번째는 1903년 50여 일에 걸친 시베리아, 만주, 중국, 조선 시찰이었다. 조선에서는 인천, 서울, 목포, 부산 등지를 횡단했다. 두 번째는 한국 강점 이후 1913년 농업경제학과 식민정책학 전문가로서의 조선 시찰이었다. 사토는 두 번째 시찰 이후 다음 담화를 발표했다.

> 나는 이번 조선 여행을 계기로 만주 지방도 시찰했다. 이번이 두 번째로 1903년에 한 번 같은 지방을 여행한 적이 있다. 먼저 안봉선(安奉線)을 거쳐 펑텐(奉天)에 도착하여 북상한 뒤, 다시 남하하여 만철 연선을 자세히 시찰했다. 조선은 누구라도 그 땅에 한걸음 내디뎌보면 곧바로 똑같은 감상을 받을 것이다. 눈에 보이는 것은 모두 황량하고 풍물은 처참하다. 이는 오랜 기간 산야와 자연의 은덕을 학대하고 방임한 결과이다. 산은 높고 뼈를 드러내고 있으며 논밭은 하염없이 거칠다. 제방은 붕괴되었고 도로가 없어 눈에 보이는 것은 그저 바람 부는 소리와 우거진 들판 광경뿐이다. 또 인민은 수세기에 걸친 극심한 악정과 압박으로 생활은 최악이다. 실로 그 모습은 참담하

다. 다행히도 우리나라와 병합 이후 선정이 착착 시행되어 인민의 행복이 넘쳐나고 있다.[15]

사토에게 조선의 실상은 "눈에 보이는 것은 모두 황량하고 풍물은 처참하다"는 문장에 집약되어 있었다. '황량함과 처참함'의 근본 요인은 일본의 한국 강점에 있지 않았다. 조선의 피폐는 "수세기에 걸친 극심한 악정과 압박" 때문이었다. 사토는 오히려 한국 강점 이후 "선정이 착착 시행되어 인민의 행복이 넘쳐나고 있다"고 바라보았다. 사토는 조선을 '미개의 땅'으로 간주하여 외국 식민을 정당화하기에 이르렀다.

사토의 외국 식민 주장은 그의 식민학 강의를 수강한 제자들을 통해 현실화되었다. 사토는 농상무성의 식민지 관료와 인맥이 깊었던 니토베와 협력하여 졸업생을 한국통감부에 파견했다. 예를 들면, 1906년 통감부 권업모범장 기사로 조선에 건너갔다가 식민지 지주로 변신한 사토 마사지로(佐藤政次郎)는 쇼스케와의 긴밀한 연락을 통해 조선에서의 향후 진로를 선택했다.[16] 사토의 외국식민론은 삿포로농학교 졸업생의 식민지관료로서의 조선 진출과 소작제 농장 경영을 통해 구체화되었다.

---

15 佐藤昌介,「鮮滿旅行土産(上)」,『北海タイムス』1913년 9월 13일 자.

16 井上勝生,「札幌農学校と植民学の誕生—佐藤昌介を中心に」, 酒井哲哉編,『「帝国」日本の学知 1—「帝国」編成の系譜』(東京, 岩波書店, 2006). 한편 사토 마사지로는 조선 진출 이후 진도 지역 동학농민군 지도자의 유골을 일본으로 반출한 인물로 알려져 있는데, 여기에는 사토와 니토베가 깊이 관여했다. 北海道大学文学部古河講堂「旧標本庫」人骨問題調査委員会,『古河講堂「旧標本庫」人骨問題報告書』1997 ; 井上勝生,「北大で発見された東学農民軍指導者遺骨の調査と返還について」,『歴史地理教育』57-7, 1998 ; 박맹수,「동학군 유골과 식민지적 실험-일본 홋카이도대학의 동학군 유골 방치 사건」,『歴史地理教育』23, 2004.

3. '동화주의 식민 정책'과 '자주주의 식민 정책'

다음으로 '홋카이도대학파'를 형성한 사토 쇼스케의 뒤를 이어, 일본 식민정책학의 또 다른 한 축을 수립한 야나이하라 다다오의 식민정책론을 살펴보자.[17] 1910년 도쿄의 제일고등학교에 진학한 야나이하라는 당시에는 고등학교 교장이었다가 이후 도쿄제국대학 교수로 부임한 니토베를 만난다. 니토베의 식민정책론 강좌는 야나이하라의 학문적 관심에 지대한 영향을 주었다.[18] 특히 대만총독부 민정장관의 최고 브레인으로 활약하던 그의 경험은 식민정책론에 관한 많은 시사점을 주었을 것이다. 야나이하라는 그와의 만남을 '운명적'이라 회고하면서, 니토베를 통해 자유 정신과 인격의 존엄함을 배웠으며, 식민지에 관심을 가지게 되었다고 한다. 그는 "인격 존중의 관념과 이에 바탕을 둔 식민정책론은 나를 가장 감명시킨 선생의 가르침이었다"[19]는 감사의 글과 함께 저서 『식민과 식민정책』을 스승 니토베에게 바쳤을 정도였다.

야나이하라는 식민 정책의 이상을 자주주의에 두고 식민지 의회 설치를 구체적인 목표로 설정했다. 이런 사고는 그의 연구 영역이 조선에 한정되지 않고 대만, 사할린, 남양군도로 확대됨에 따라 더욱 확고해졌다. 야나이하라 식민정책론의 특징은 민족자치주의 입장에서 일본제국주의의 식민지 지배 정책인 '동화주의'를 비판했다는 점이다. 야나이하라

---

17 야나이하라 다다오의 식민정책론과 관련된 인용문 일부는 이규수, 「야나이하라 다다오의 식민정책론과 조선 인식」, 『대동문화연구』 46, 2004를 인용했음을 밝혀둔다.

18 야나이하라와 니토베와의 관계에 대해서는 飯沼二郎, 「新渡戸稲造と矢内原忠雄」, 『三田学会雑誌』 75, 慶應義塾経済学会, 1982, 참조.

19 「植民及植民政策」(1926), 『全集』 1, 5쪽.

는 일본의 식민 통치 정책의 일반적 특징을 '관치적 내지연장주의', '동화주의'로 규정했다.[20] 그는 '동화주의'의 구체적 내용을 이렇게 설명했다.

> 동화 정책은 원주자(原住者) 사회의 법제, 언어, 관습, 종교 등에 대한 파괴적 간섭을 의미한다. 따라서 원주자의 반란을 도발하여 진압을 위한 무력이 필요한 경우가 적지 않다. …… 그래서 군사적 지배와 동화주의는 서로 동반되며, 군사적 통치 시기에 동화주의는 가장 사려 없이 수행되었다. …… 양자에 공통된 기초는 본국 중심의 절대적 지배주의이다. 동화 정책은 그 문화적 표현이고, 군사적 정책은 그 무력적 표현이다.[21]

즉 야나이하라는 식민 통치 정책을 '동화주의 식민 정책'에 바탕을 둔 군사적 탄압 정책으로 파악했다. 야나이하라는 '동화주의 식민 정책'에 대해 조선을 사례로 들어 설명한다. 조선은 일본과는 다른 '역사적 사회'이고, 조선을 통치 정책에 의해 동화시키는 것은 불가능하기 때문에 동화 정책은 오류라고 비판했다.[22] 그리고 일본의 식민지에 대한 동화 정책은 만주 침략 이후 급격히 강화되었으며, 구체적으로는 신사 참배의 강요, 일본식 성명 강요, 조선어 사용 금지, 지원병 모집 등이 경찰관에 의해 이루어졌다는 사실을 비판했다.[23]

야나이하라는 '동화주의 식민 정책'의 대안으로 '자주주의 식민 정책'

---

20 야나이하라는 '관치적 내지연장주의'에 대해 "관치적은 부권적 보호주의를 의미하고, 내지연장주의는 동화주의이다."라고 말했다(『全集』 4, 307쪽).

21 「軍事的と同和的 · 日佛植民政策比較の一論」(1937), 『全集』 4, 290쪽.

22 「植民及植民政策」(1926), 『全集』 1, 741쪽.

23 「嘉信」, 3-3, 1940년 3월, 『全集』 25, 642쪽.

을 제창하고, 그 구체적 방안으로 식민지 의회 개설을 강조했다. 식민지 의회를 통해 식민지 주민에게도 지배 정책에 대한 의사표시 기회를 부여해야 한다는 주장이었다. 식민지 의회는 식민지 주민이 장래에 희망을 지닐 방안이자 공고한 식민 통치의 기반을 확보할 방안이라며, 야나이하라는 다음과 같이 말했다.

> 야만 미개한 종족이 아닌 한, 주민의 참정권을 인정하는 것은 식민지 통치를 건전하고 공고하게 하는 한 가지 요건이다. 대만과 조선처럼 인구도 많고 역사도 오래된 사회에 주민의 참정권을 인정하는 것은 정의가 요구하는 것이며 동시에 제국적 결합을 공고히 만드는 데 필요하다. 다만 그 참정권 승인의 형태는 제국 의회 대표의 형식에 의할 것인지 아니면 식민지 의회 개설 형식에 의할 것인지의 문제가 남을 뿐이다. …… 조선인의 조선 통치에 대한 참여는 조선 의회 방식에 의할 수밖에 없다. 이를 통해 비로소 민의를 창달하고 조선인의 전도에 자신과 희망을 획득할 수 있다. 일본은 조선인을 '제물'로 삼는다는 의혹에서 벗어날 수 있다. 조선인의 불안과 의혹이 없어질 때, 적어도 이를 줄일 수 있는 희망이 들었을 때, 비로소 조선 통치는 공고한 기초를 얻을 수 있다.[24]

이와 같이 야나이하라는 식민지 사회의 특수성을 인정하여 식민지의 자주 발전을 원조하는 정책을 확립할 것을 주장했다. 식민지 주민을 식민 통치 정책에 참가시키기 위해서는 식민지 의회 개설이 필요하며, 이것은 정의의 요구라고 강조했다. 야나이하라가 '자주주의 식민 정책'과 그 실행

---

24 「植民及植民政策」(1926), 『全集』 1, 284, 742쪽.

방안으로 제시한 식민지 의회 개설은 일본제국주의와 식민지 대만, 조선과의 강고한 결합을 원했기 때문이었다. 일본의 식민 지배를 전제로 삼은 '자주주의 식민 정책'의 제창자인 야나이하라의 입장에서는 아주 당연한 주장이었다.[25]

그런데 야나이하라는 왜 식민지의 평화적 분리와 독립을 승인하기에 이르렀을까. 그것은 야나이하라가 제국주의에 의한 식민 지배는 필연적으로 자기를 적대하는 세력을 만들고 그들에게 자신을 해방하기 위한 수단과 방법을 제공함으로써 제국주의에 의한 식민 지배의 영구화는 불가능하다고 생각했기 때문이다. 야나이하라는 항구적인 식민 지배는 불가능하다며 다음과 같이 말했다.

> 식민국이 식민에 의한 경제적 이익을 얻기 위해서는 식민지의 생산력을 함양시켜야만 한다. 식민지의 생산력이 함양될 뿐만 아니라 원주자의 생산력도 발전됨으로써 결과적으로 경제적 지위는 식민국과 동등한 영역에 근접할 것이다. 식민국이 영구히 식민지를 착취하는 것은 한마디로 불가능하다.[26]

25 우부가타 나오키치(幼方直吉)는 야나이하라의 식민정책론의 방법적 특징에 대해 "그리스도교적 형태의 반(反)파시즘적 입장을 취하고 있지만 기본적으로는 근대 합리주의였다. 야나이하라의 조선에 관한 식민지정책론은 한마디로 말한다면 '세계 으뜸의 총독부 전정(專政)제도'를 근대 합리주의 입장에서 통렬히 비판하고, 그 해결책으로 민족자치로서의 조선 의회 설치를 주장한 점에 있다. …… 비판 방법은 제국주의자의 반성을 촉구하는 점에 역점이 놓여 있다. 식민지 민중의 반제국주의적 사상을 긍정하는 것은 아니었다"고 지적했다. 幼方直吉, 「信仰の論理と政治の論理-金教信と矢内原忠雄の場合」, 『仁井田博士追悼論文集 日本法とアジア』(東京, 勁草書房, 1970), 90~96쪽.

26 「植民及植民政策」(1926), 『全集』 1, 191쪽.

야나이하라가 이후에도 일관되게 주장하고 있는 식민정책론은 '동화주의 식민 정책'의 부당성을 강조하기 위해 '자주주의 식민 정책'을 제기한 것이다. 그런데 여기서 주목할 것은 야나이하라가 제국주의에 의한 식민지배의 자기모순을 인식하고 식민지의 평화적인 분리와 독립을 인정했다고 하지만 식민지 민중의 민족자결권을 긍정하고 승인한 것은 아니었다는 점이다.[27] 야나이하라는 어디까지나 제국주의의 '자주주의 식민 정책'을 주장하기 위해 식민지 의회를 개설하여 식민지 주민에게 최대한의 자치를 제공해야 한다고 주장했다. '자주주의 식민 정책'은 "결코 식민지 포기를 주장하거나 독립을 예상하는 것은 아니다. 오히려 식민지와의 협동을 통해 결합을 공고히 하는 것이다. 한편으로 집단적 인격의 존중, 또 한편으로는 일대 제국적 결합의 근세적 필요가 이 기대를 합리적으로 만들 것이다."[28]라는 내용이 요체이다. 야나이하라는 결코 식민지독립론자가 아니었다. 또한 야나이하라가 주창한 식민지의 평화적 분리와 독립론은 제국주의의 정치적, 경제적 본질을 정확히 파악한 견해라고 말하기 어렵다. 왜냐하면 제2차 세계대전 이후 전개된 수많은 식민지 국가의 독립이라는 사실이 그의 견해가 잘못됐다는 것을 증명하기 때문이다.

야나이하라의 식민정책론이 가진 또 하나의 중요한 문제는 제국주의에 의한 식민지 지배 문제를 민족 문제로 파악하려는 관점이 희박하다는 점이다. 즉 식민지 문제를 제국주의에 의한 식민지의 정치적 영유, 타민족 억압의 문제로 파악하려는 관점이 미흡하다. 이는 야나이하라가 식민

27 幼方直吉,「矢内原忠雄と朝鮮」,『思想』495, 1965, 46쪽.

28 「植民及植民政策」(1926),『全集』1, 735쪽.

을 "사회군이 새로운 지역에 이주하여 사회적·경제적으로 활동하는 현상"[29]이라고 바라보았기 때문이다. 그는 이 이주 사회군의 사회적·경제적 활동은 "실질적 이민"이고, 식민의 정치적 종속 관계, 식민지 지배와 영유 관계의 성립은 "형식적 식민"으로 구분했다. 그리고 "식민 연구의 주요 대상은 언제나 그 지역에서의 실질적 이민의 사회적 관계이다."[30]라고 강조했다.

즉 그의 식민정책론에서는 식민의 '사회적·경제적 활동'이 일방적으로 중시된 반면, 식민의 정치적 지배 관계는 상대적으로 경시되었다. 따라서 야나이하라는 "식민이라는 사회 현상 그 자체에 대한 사회적·실질적 의미를 탐구하기 위해서는 지역의 정치적 귀속이 꼭 필요한 요소라고 볼 수 없다"[31]고 주장했다. 이런 식민정책론은 제국주의의 식민 지배에서 최대 문제인 민족 문제가 경시되는 한계를 지닐 수밖에 없다.

또 그의 식민정책론은 식민 정책의 이상을 식민 본국과 식민지와의 자주적 결합, 즉 '자주주의 식민 정책'에서 찾았기 때문에 제국주의의 식민지 지배 방식 자체에 대한 비판에 머무를 수밖에 없었다. 야나이하라는 '자주주의 식민 정책'에서의 식민에 대해 "식민에 관한 압력이나 강제도 없다. 각 사회군 생존의 필요는 완전히 조화를 이루어 식민지 영유 관계는 성립되지 않는다. 더구나 실질적 식민이 완전히 실행될 수 있을 것이다."[32]라고 전망했다.

---

29 위의 책, 14쪽.
30 위의 책, 24쪽.
31 위의 책, 18쪽.
32 위의 책, 470쪽.

이런 견해는 조선뿐만 아니라 대만에 관한 태도에서도 나타난다. 야나이하라는 대만 식민 정책 연구에 대해서 "본도인(本島人)이 반항할 정당한 이유가 없는 식민 정책을 연구하고 실행한다"[33]는 것을 강조했다. 이런 인식은 그가 제국주의의 식민 지배 방식을 비판한 '시민적 식민정책학자'였기 때문에 도출되었을 것이다. 요컨대 야나이하라가 주장한 '자주주의 식민 정책'은 어디까지나 당시 '동화주의 식민 정책'으로 식민지 지배를 강행하던 일본에 대한 비판에 불과했다.

더욱이 야나이하라의 식민정책론은 제국주의가 식민지로부터의 수탈을 강화하기 위해 실시한 정치·경제 제도의 개선, 식민지 경제 개발, 문화·교육·위생 상태의 개량을 "원주자에 대한 식민의 이익"으로 바라보았다. 이는 야나이하라가 비판한 '동화주의 식민 정책'에 의한 식민 통치를 부분적으로 긍정하는 주장으로 받아들여질 수도 있다. 야나이하라는 1948년 10월 일본의 식민지 통치에 대해 다음과 같이 말했다.

> 나는 일본의 식민지 통치가 전적으로 유해한 것이었다고 생각하지는 않는다. 적어도 경제 개발과 보통교육의 보급은 식민지 사회에 영속적 이익을 가져다 주었다고 본다. 새로운 정세 아래 놓인 일본의 구식민지는 일본 통치의 득과 실을 새롭게 검토하고 비판할 것이다. 다만 사상적 동화 정책에 관해서만은 구식민지 민족 그 누구라도 이에 호감을 가질 사람은 없을 것이다.[34]

33 『帝国主義下の台湾』(1929),『全集』2, 330쪽.

34 「管理下の日本」(1948),『全集』19, 407~408쪽.

인용 부분을 보면 식민지의 경제 개발과 보통교육의 보급이라는 점에서 '동화주의 식민 정책'이 식민지 사회의 발전에 기여했다고 긍정적으로 평가하고 있다. 조선인에 대한 동정의 자세를 그의 저작 곳곳에서 찾아볼 수 있지만, 그의 연구 시각은 지배 민족의 책임이라는 관점에서 나약한 조선 민중을 구원하는 방향으로의 식민 정책 개선이었다. 앞에서도 지적한 것처럼, 식민지 지배 체제 자체를 정면에서 반대한 것은 결코 아니었다.

4. 일본과 식민지의 '결합'

'동화주의 식민 정책'을 반대하고 '자주주의 식민 정책'을 제창한 야나이하라는 그 구체적인 실현 방안으로 식민지 의회 설치를 주장했다. 여기서는 식민지 의회를 둘러싼 그의 참정권 논의를 살펴보자.

야나이하라는 식민지 통치 정책을 구체적으로 비교·검토하면서 먼저 식민지 본국과 식민지 간의 정치적 연결을 두 가지 형태로 파악했다. 즉 '동화주의에 의한 식민지 본국과의 합체'와 '자주적 식민지와 식민지 본국과의 연결'이 그것이다. 전자의 대표적 사례는 프랑스와 알제리의 관계이다. 참정권의 참가 형식은 알제리인이 직접 프랑스 의회에 참가하는 것이었다. 후자의 대표적 사례는 영국과 인도의 관계이다. 이 경우는 총독 밑에 식민지 의회를 개설하고 이를 통해 식민지 민중의 참정권을 인정하는 형태이다.[35]

---

35 「植民及植民政策」(1926), 『全集』 1, 268~270쪽.

야나이하라가 식민지 의회 개설을 주장한 이론적 근거는 그의 식민 정책상의 방침인 종속주의, 동화주의, 자주주의에 대한 이해에 기반을 두었다. 식민 정책상의 초기 단계인 종속주의는 본국중심주의이고 식민지의 희생을 통해 식민지 본국의 이익을 추구하는 것이다. 동화주의는 식민지를 경제적, 사회적으로 동화시키면서도 정치적 권리를 인정하지 않는 것이다. 야나이하라는 종속주의나 동화주의에 의한 식민지 유지 정책을 비판하면서, 참정권의 가장 합리적인 형태가 후자, 즉 식민지 의회 개설이라고 주장했다. 야나이하라는 영국이 캐나다에 대해 실시한 자주주의를 가장 선진적인 예로 들면서, 조선에서 식민지 의회의 실시를 주장했다. 야나이하라는 일본의 식민지 조선과 대만과의 정치적 연결은 앞의 '동화주의에 의한 식민지 본국과의 합체' 또는 '자주적 식민지와 식민지 본국과의 연결'에 의하지 않는 '식민지 총독 또는 장관의 독단 전행'[36]이라 규정하며 다음과 같이 말한다.

> 현재 조선이 정치에 참여한 것은 1920년에 개설된 도부면협의회(道府面協議会)이다. 이 협의회는 단순한 자문기관이기 때문에 정당한 의미의 참정제도일 수 없다. 하지만 앞으로 조선인이 이 제도의 운용을 열망하여 지방자치제도로 발전될 것으로 예상한다. 그런데 조선총독부에 대해 민의를 대표할 수 있는 중앙기관으로서는 의결권이 있는 입법의회는 물론 자문기관조차도 설립되어 있지 않다. 또 장래에 대한 약속도 없다. 중추원과 같은 것은 유명무실한 명예적인 관제에 불과하다. 이런 연유로 조선의 중앙행정은 총독의 독단 전제에 불과하다. 이 식민지 통치제도는 세계에서도 유례를 찾아

36 위의 책, 266쪽.

볼 수 없다. 더구나 면적, 인구, 역사에서 소규모가 아닌 식민지를 본다면 아마 세계 유일한 전제적 통치제도이다.[37]

그리고 현실적인 일본의 식민지 문제와 본국과의 결합을 위해 식민지 의회 개설을 통한 해결 방안을 다음과 같이 주장한다.

아일랜드가 웨스트민스터 의회로부터 탈퇴하여 어려움 끝에 도미니언의 지위를 획득했지만 이에 전혀 만족하지 못하고 있다. 이처럼 이민족의 본국 의회 대표제는 성립되기 곤란하다. 소수의 식민지 의원을 본국 의회에 보내더라도 식민지 통치상 주민 이익 보장의 실효는 거둘 수 없다. 또한 만약 상당히 많은 수의 의원을 선출했을 때는 그들의 투표로 본국 정치가 좌우될 경우도 발생한다. 이런 연유로 식민지 의회 개설을 통해 주민 참정을 가장 합리적으로 해결해야 한다.[38]

야나이하라가 주장한 식민지 의회의 개설은 일본의 식민지의 경우 대만에서는 1921년 2월 대만 의회 설치운동으로 전개되었다. 하지만 야나이하라 스스로 밝혔듯이 대만 의회 청원운동은 일본으로부터의 분리를 목적으로 한 것이 아니었다. 심지어는 대만 총독의 위임입법권과 특별회계예산 범위 내에서의 참정을 요구하는 운동도 충분히 고려되지 못했고 때로는 범죄시되는 상황이었다.[39]

37 위의 책, 739쪽.

38 위의 책, 292쪽.

39 위의 책, 282쪽; 『帝国主義下の台湾』(1929), 『全集』 2, 379~380쪽.

한편 조선에서도 3·1운동 이후 문화 통치 단계에 들어간다. 이 시기 민족개량주의자들 대부분이 독립을 단념하고 총독부와 타협하여 산업개발을 통한 생활의 향상을 추구하는 '자치운동'으로 운동 내용을 전환했다. 그 대표적인 사례는 민원식(閔元植)을 중심으로 한 국민협회의 참정권 요구운동이었다.[40] 그들이 참정권 요구의 모델로 자주 인용한 것이 아일랜드 문제였다. 즉 그들은 아일랜드가 경제적인 진보와 더불어 식민지 의회를 설치하고 결국 독립했다는 주장을 펼쳤다. 그러나 조선과 아일랜드는 사회 구조뿐만 아니라 식민지 본국과의 정치 관계도 전혀 다르다. 이는 앞의 인용문을 보더라도 분명하다. 그럼에도 불구하고 자치운동이 아일랜드를 목표로 삼는다면 정치적으로는 식민지 의회의 개설로까지 나아가야 할 논리상의 필연성이 존재한다. 그런데 참정권운동은 주지하듯이 정책적으로 전혀 받아들여지지 않았다.

이 시기에 총독부 통치 방침에 대한 야나이하라의 비판이 나왔다. 그는 먼저 문화 통치, 즉 총독부의 전제정치를 다음과 같이 비판하면서 자신의 의견을 피력했다.

> 조선과 대만에서 민의를 대표하는 참정 기관은 존재하지 않는 것이나 마찬가지이다. 세계 어떤 식민지에서도 거의 유례를 찾아볼 수 없을 정도의 총독부 전제정치가 이루어지고 있다. 나는 결코 총독부의 악의를 추정하려 함이 아니다. 하지만 이런 제도는 부지불식간에 일본 또는 일본자본가의 이익으로 귀결되는 정책을 실시하기 쉽다. 그래서 식민지 사회는 문화정치 밑에

---

40 국민협회의 참정권운동에 대해서는 幼方直吉, 「朝鮮参政権問題の歴史的意義」, 『東洋文化』 36, 東京大学東洋文化研究所, 1964 ; 김동명, 『지배와 저항 그리고 협력』(서울, 경인문화사, 2006) 등을 참조.

서 오히려 빈민화되는 현상이 생긴다. …… 적어도 보호무육(保護撫育)의 표방을 통해 식민지 민심을 수습하여 일본과의 결합 관계를 강고히 만들려면 식민지인의 참정권을 인정하는 것이 근본적으로 필요하다. 그리고 식민지도 본국 의회에 대표를 보낼 것인지 아니면 식민지 의회를 특설해야 할지의 문제에 관해 나는 결정적으로 후자를 주장한다. 이는 본국 의회에 대한 식민지 참가의 기초인 식민지 사회의 동화는 수백 수천 년의 자연적 과정을 기다려야 할 문제로 단기일에 이루어질 수 없기 때문이다.[41]

여기서 야나이하라는 식민 정책이 일본과 식민지와의 결합 관계를 확고히 만들기 위한 것이라는 인식을 분명히 밝히고 있다. 특히 참정권 문제에 대해서는 반복하여 조선 의회 설립 이외에는 어떠한 해결 방안이 없다고 거듭 강조한다. 야나이하라는 조선 통치 정책의 기초를 조선 의회 개설 또는 적어도 개설의 방침에 두어야 한다고 다음과 같이 역설했다.

문제는 조선의 대의사를 제국 의회에 보낼 것인가 아니면 조선 의회를 특설할 것인가이다. 내 기억으로는 와카쓰키(若槻) 수상이 이전 의회에서 식민지 의회의 특설과 같은 일은 있을 수 없다고 언명했다. 일본 정치가의 견해는 대개 제국 의회로의 합병설로 기우는 모양이다. 하지만 나는 이에 대해 근본적으로 반대이다. 사할린처럼 주민 대부분이 일본인이고 인구 총수도 적은 식민지에서는 일본에 포용하여 제국 의회에 의원을 선출시키는 것이 적당하다. 하지만 조선은 전혀 사정이 다르다. 조선은 일본과 동일한 의회에 대표를 보낼 만할 사회적 기반을 지니지 못함을 알아야 한다. 제국적 정치에 대한 조선의 참여는 이차적 문제이다. 먼저 조선 내정에 대한 조선인의 참여

41 「日本の植民政策」(1926),『全集』5, 80~81쪽.

> 문제를 해결해야 한다. 그리고 조선의 내정은 조선인을 주체로 한 의회에서 결정해야 한다. 일본의 내정은 일본인 의회에서 결정하는 것처럼 말이다.[42]

이처럼 야나이하라는 '시민적 식민정책학자'의 입장에서 조선 통치의 근본 문제는 조선 의회 개설에 있다고 주장했다. 그는 또 인용문에 나온 것처럼 조심스럽게 "조선의 내정은 조선인을 주체로 한 의회에서 결정해야 한다"는 견해를 피력하며 식민지의 자주성을 존중하는 입장에서 식민지의 평화적인 분리와 독립을 전망했다. 식민지 주민의 자치를 평화적으로 추진함으로써 조선의 일본으로부터의 분리와 독립 가능성을 타진한 것이다. 물론 이것은 야나이하라가 자신의 견해를 바꾼 것이 아니라, 식민지 문제를 탐구하는 과정에서 조선 의회 개설이 현실적으로 독립과 결부될 수밖에 없다고 판단했기 때문일 것이다.

> 가령 자주 조선이 완전히 일본으로부터 분리 독립하려 하는 것이 정말로 일본에 슬픈 일인가. 영유 관계가 평화적으로 종료될 경우에는 이후 우호적 관계 유지를 기대할 수 있다. 가령 조선이 아국으로부터 분리된다 하더라도 아국의 적국이 아님은 당연하다. …… 아국의 통치 아래서 활력을 얻고 독립국가로서 일어설 실력을 함양할 수 있다면 이는 식민 정책의 성공이자 일본 국민의 명예가 아닌가. 조선 통치의 책임을 완전히 이루어낸 것으로서 만족할만할 일이 아닌가.[43]

42 「植民及植民政策」(1926),『全集』1,740~741쪽.

43 위의 책,284,742~743쪽.

야나이하라의 조선 의회 개설 방침은 조선의 독립을 통해 비로소 조선과 일본의 우호가 이루어질 수 있다는 내용까지 전망한 것으로 당시로써는 나름의 진보성을 지닌 사고였다고 말할 수 있다. 총독부의 문화 통치에 대한 비판의 일환으로 조선 의회 개설을 주장했다는 면에서도 긍정적인 측면을 읽어낼 수 있다. 또 어떤 의미에서 야나이하라가 주장한 조선 의회 개설은 부르주아 민주주의에 바탕을 둔 것으로 평가할 수 있다. 그의 주장은 참정권의 범주에 머물지 않고 나아가 독립사상과 결부될 가능성도 없지 않았다. 따라서 총독부 당국은 야나이하라의 주장에 민감할 수밖에 없었다. 야나이하라가 1924년 처음으로 조선을 방문하고 식민 정책에 대한 비판과 더불어 지배 정책의 대안으로 조선 의회 개설을 주장한 이후 그의 두 번째 방문은 줄곧 실현되지 못했다. 그러다가 1940년 그것도 그가 대학에서 추방당한 이후에야 조선 방문이 이루어진 것도 야나이하라의 주장에 대한 총독부의 견제와 무관하지 않을 것이다.

그러나 야나이하라는 조선 민족 독립론자가 아니었으며, 다만 부르주아 민주주의의 입장에서 궁극적인 자치의 형태로서 조선 의회 개설을 주장했을 뿐이다. 식민지 문제에 대해 부르주아 민주주의를 주장하는 것은 결국 자치보다는 자결, 즉 독립으로 나아갈 수밖에 없다. 독립의 주체와 진행 방식에 따라 그 형태가 다를 뿐이다. 조선 민중은 어떠한 형태의 참정권도 거부당했으며, 정치적인 무권리 상태에 놓여 있었다. 평화적 방법에 의한 참정권 획득의 길도 원천적으로 차단당했다. 조선 민중은 참정권요구운동 대신 일본에 대항하여 직접적인 무장투쟁을 전개할 수밖에 없는 객관적 상황을 맞이하기에 이른다. 조선 의회 개설을 통한 조선인의 참정권 획득 주장은 독립사상이나 '해방' 논리로까지 발전되지 못함으로써 조선인 대다수의 찬동을 얻지 못한 한낱 식민 정책의 논의로 끝나고 만 것이었다.

5. 식민정책학과 식민정책론

식민정책학은 러일전쟁 이후 아카데미즘 속에 위치를 차지하여 1907년 도호쿠제국대학에 식민학 강좌가 개설되었다. 일본의 초기 식민 정책학은 국민국가 일본의 국민 통합 정책과 연동되는 형태를 취하면서 정주 식민지로의 이주 대책을 위주로 구축되었다. 초기 식민정책학은 홋카이도를 무대로 국민 통합과 새로운 정주지 지배 기구 수립이라는 측면에 주안점을 두었다. 그러다가 청일전쟁 결과 국내식민지 홋카이도에 이어 외국 식민지 타이완을 영유하게 되면서 식민정책론은 전환되기 시작했다. 이때 '홋카이도대학파'의 초석을 마련한 사토 쇼스케는 종래의 '국내식민론'을 대신해 특히 '만한'을 중심으로 한 외국 농업 식민을 적극적으로 추진해야 한다는 '외국식민론'을 주창했다. 이렇듯 삿포로농학교 출신자가 조선에 진출하여 '외국식민론'을 구체화했다는 점에 주목할 필요가 있을 것이다.

국내식민지 홋카이도 '개척' 경험이 본격적인 식민지 영유의 전사였음을 고려할 때, 일본 식민정책학의 계보는 삿포로농학교에서 그 기원을 찾을 수 있다는 게 필자의 견해이다. 사토 쇼스케와 동 세대였던 니토베 이나조는 일본의 식민정책학이 하나의 분과 학문으로 발전해 가는 데 지대한 영향을 미쳤고, 이를 계승한 야나이하라 다다오는 보다 엄밀한 의미에서 식민정책학을 체계화시킨 것이다.

근대 일본의 식민정책학을 체계화한 연구자로 일컬어지는 야나이하라는 일본의 식민 지배 정책을 철저히 비판한 '시민적 식민정책학자'라는 긍정적인 평가를 받고 있다. 일본의 식민 지배 정책을 '동화주의 식민 정책'으로 규정하고, 이는 필연적으로 군사적 힘으로 지배할 수밖에 없다는 점을 지적했기 때문이다. 또 야나이하라는 '동화주의 식민 정책'의 대안으로 '자주주의 식민 정책'을 제창하면서, 그 구체적 방안으로 식민지 의회의 개설과 운영을 제안했다. 식민지 의회를 통해 식민지 민중에게 식민 지배 정책에 대한 의사표시의 기회를 주어야 한다는 것이다. 당시 다른 일본 지식인의 식민지 인식과 비교하면 선진적인 주장이었다. 식민지 의회 개설 주장은 조선 참정권운동의 이론적 근거로 자주 인용되었고, 그가 말하는 식민지의 자주성을 조중해야 한다는 주장은 궁극적으로 일본으로부터의 평화적인 분리와 독립으로 이어질 것으로 받아들여졌다.

그러나 그의 '시민적 식민정책론'은 많은 문제점을 내포하고 있다. 일본의 식민 지배 방식에 대한 야나이하라의 비판은 부분적으로 수용할 수 있지만, 그것은 어디까지나 지배 방식의 차이를 둘러싼 논의에 불과했다. 그의 사상에는 제국주의에 의한 식민지 지배 문제를 민족 문제로 파악하려는 관점이 희박했다. 즉 식민지 문제를 제국주의에 의한 식민지의 정치적 영유, 타민족 억압의 문제로서 파악하지 못하는 한계를 지녔다. 또 그의 식민 정책의 전개 과정을 개별적으로 살펴볼 때, 정책 상호 간의 내적 연관성이 불분명하다는 점도 지적되어야 한다. 요컨대 야나이하라에게도 조선의 독립은 선택지가 아니었다. 조선인의 '인격의 자주독립'을 존중하고 조선의 '자주적 지위'를 용인한 다음의 참정권 부여이고, 조선과 일본과의 '제국적 결합'을 '견고'하게 하기 위한 식민지 통치론이었다.

식민지의 외연 확장은 홋카이도대학을 거점으로 형성되었던 식민정책학의 성격에도 큰 변화를 가져왔다. 당연하게도 식민지 통치 조직이 현지 이민족 사회를 대상으로 국제 관계 속에서 어떻게 수립, 운용되어야 하는가 하는 측면에 식민정책학의 주안점이 놓이기 때문이다. 따라서 식민정책학의 대상 역시 본국의 식민지 관리 기구뿐 아니라 제국의 법제적 구조, 다른 식민제국과의 이해 관계 처리 방식 등으로까지 확장되어야 했다.

제2부

일본 지식인과 언론의 한국 인식

제1장

안중근 의거에 대한 일본 언론계의 인식

1. 안중근 의거와 국내외 반향

1909년 10월 26일, 일본 사회는 일찍이 경험하지 못한 충격과 놀라움에 휩싸였다. 이른바 '메이지의 원훈(元勳)'으로 추앙받던 추밀원 의장 이토 히로부미가 만주 하얼빈에서 암살당했기 때문이다. 이토를 비롯한 수명의 수행원이 중경상을 입었다는 사실과 현장에서 붙잡힌 '암살자'가 조선인 청년으로 판명된 것은 일본인을 경악시키기에 충분했다. 일본의 각종 언론 매체는 '흉보(凶報)'나 '비보(悲報)'라는 타이틀로 일제히 속보를 내보내면서 사건의 정황을 면밀히 보도했다. 머나먼 이역 땅에서 이토 히로부미가 조선인에 의해 '객사(客死)' 당했다는 사실은 조선을 둘러싼 동아시아의 정세를 급전시킨 미증유의 사건으로 기록되었다. 이토 히로부미는 사살된 후 한 등급 승진하여 종1위(從一位)에 추서되었고, 내각의 주청에 따라 장례는 국장으로 치러졌다. '메이지의 원훈'에 걸맞은 대우였다.

거사를 실행한 안중근은 독립운동의 대표적 인물이었던 만큼, 그동안 그에 대해 다양한 영역에 걸친 연구가 이루어졌다. 공판 기록 관련 자료와 관헌 측 자료는 물론, 안중근이 남긴 자전적 기록과 신문 자료 등을 활용한 기초 연구가 활발히 진행되었고, 독립운동사에서 안중근 의거가 지니는 의의, 안중근의 집안 내력, 천주교의 수용 과정과 민권 의식, 계몽 운동, 의병 투쟁, '동양평화론'을 둘러싼 사상적 배경, 의거를 둘러싼 국내외의 인식, 국제 정치적 배경, 공판 투쟁 등에 관한 연구도 이루어졌다.[1]

최근 안중근 연구는 온라인을 통한 자료의 순차적 공개라는 연구 여건의 변화와 더불어 새로운 단계에 접어들었다. 특히 주목받는 것은 한국의 '한국역사정보시스템'과 일본의 '아시아역사자료센터'를 비롯한 안중근 관련 자료와 일본 관헌의 입장을 반영한 자료이다. 일본의 자료는 관헌 자료라는 성격상의 한계가 있긴 하지만, 그동안 알려지지 않았던 사건 관련자의 회고록과 일부 미간행 자료도 많이 포함되어 흥미롭다.[2] 또 국내외 신문 자료의 발굴과 관련 자료집의 간행도 안중근 연구를 심화시키는 데 크게 기여할 것으로 보인다. 노령의 『대동공보(大同公報)』, 미주의

---

1 그동안 국내외에서 연구·축적된 안중근 관련 서적과 논문은 100여 편이 훨씬 넘는다. 기존 연구 현황에 대해서는 조광, 「안중근 연구의 현황과 과제」, 『한국근대사연구』 12, 2000 ; 안중근의사기념사업회 편, 『안중근과 그 시대(안중근 의거 100주년 기념논문집 1)』(서울, 경인문화사, 2009) ; 안중근의사기념사업회 편, 『안중근 연구의 기초(안중근 의거 100주년 기념논문집 2)』(서울, 경인문화사, 2009) 등 참조.

2 일본의 아시아역사자료센터(アジア歴史資料センター, www.jacar.go.jp)는 국립공문서관, 외무성 외교사료관, 방위성 방위연구소의 소장 자료를 통합 공개하고 있다. '안중근'을 키워드로 검색하면 4,000건 이상의 문건이 검색되는데, 앞으로도 순차적으로 공개될 예정이다. 그동안 알려지지 않은 의외의 자료가 공개될 가능성이 있음으로 눈여겨 살펴볼 필요가 있다.

『신한민보(新韓民報)』·『신한국보(新韓国報)』 등 해외의 한인 신문 이외에, 최근 자료집으로 간행된 일본어 신문 『경성신보(京城新報)』·『만주일일신문(滿洲日日新聞)』 등의 관련 기사는 안중근 의거를 둘러싼 국내외의 반향을 살펴볼 수 있는 기초 정보를 제공한다.[3]

여기에서는 그동안 상대적으로 미진했던 안중근 의거에 대한 일본 언론계, 특히 잡지에 표출된 조선 인식의 실태에 주목한다. 안중근 의거를 둘러싼 일본 언론계의 인식은 이토 히로부미를 사살한 안중근과 그를 배출한 조선에 대해 부정적인 시각으로 일관했다. 잡지 대부분의 논조가 안중근을 '광견(狂犬)'으로 비유하여 폄하하거나, 의병을 '폭도(暴徒)'로 규정한 것 등이다. 나아가 일본 정부와 통감부에 이토 히로부미의 죽음에 대한 '복수'를 요구하면서 의병의 완전한 '소탕(掃蕩)'을 통한 조선의 강제 합병을 주장했다. 이하에서는 안중근 의거를 둘러싼 잡지의 논점을 의거에 대한 각계의 반응, 안중근에 대한 인식, 의거 이후의 조선 정책을 둘러싼 여론의 추이 등으로 나누어 차례로 검토하면서, 일본이 이 사건을 계기로 조선 식민지 경영을 어떻게 전환해 나갔는지 확인해 보기로 하겠다.

3 신문 자료를 활용한 연구로는 안중근의사기념사업회 편, 앞의 책(안중근 의거 100주년 기념논문집 2), 2009에 수록되어 있는 신운용, 「안중근에 관한 신문 자료의 연구 - 『만주일일신문』을 중심으로 -」; 한상권, 「안중근 의거에 대한 재미동포의 반응-『신한민보』를 중심으로」; 박 보리스 드미트리에비치/박 벨라 보리소브나, 「안중근 의사의 위업에 대한 러시아 신문들의 반응」; 김춘선, 「안중근 의거에 대한 중국의 인식」 등을 참조. 또한 최근에 간행된 김도형 편, 『대한국인 안중근 자료집』(서울, 선인, 2008)에는 『만주일일신문』과 『경성신보』의 관련 기사가 발췌 수록되어 있다.

2. 흉탄에 쓰러진 '메이지의 원훈'

1909년 10월 26일 아침, 안중근의 영웅적인 위업은 전 세계로 타전되었다. 사건은 특히 일본, 조선, 러시아, 중국의 여론에 커다란 영향을 미쳤다. 도쿄에서도 당일 곧바로 이토 히로부미의 사살 소식이 속보로 전해졌다. 일본 여론은 러시아 철도관리부가 국빈 이토 히로부미를 경호하기 위한 대책에 소홀했음을 노골적으로 비난했다. '메이지의 원훈'을 잃었다는 사실을 그대로 받아들이기 어려운 심정이었을 것이다. 서울의 러시아 총영사인 소모브가 본국에 보고했듯이 "일본인들은 복수심에 휩싸였고, 일본 신문들은 장례식을 지내고 3일간 조선인들을 죽이게 허락할 것"을 노골적으로 요청할 정도였다.[4] 하지만 일본은 이토 히로부미의 죽음을 현실로 받아들일 수밖에 없었다.

일본 언론계는 이토 히로부미의 죽음을 어떻게 받아들였을까. 신문 등 각종 미디어는 이토 히로부미에 대한 애도 기사를 연이어 게재했고, 잡지는 임시 증간호를 발행하여 여론을 선도했다. 먼저 『조선(朝鮮)』은 조선 침략을 정당화하거나 국제 여론과 국민 여론을 호도하는 글들로 편집·발간되던 잡지였는데, 이 잡지의 발행인 샤쿠오 이쿠오(釈尾旭邦)는 의거 다음 날인 10월 27일에 탈고한 「아! 이토 공」이라는 시사 평론을 통해 이토 히로부미가 사살된 정황을 자세히 묘사했다.[5]

---

4 안중근 의거에 대한 러시아의 반응에 대해서는 박 벨라 보리소브나, 「안중근 의거에 대한 조선과 해외의 반응-러시아, 조선과 일본 사료를 중심으로-」, 안중근의사기념사업회 편, 앞의 책(안중근 의거 100주년 기념논문집 2), 2009, 참조.

5 「噫伊藤公」, 『朝鮮』 3-8, 1910년 10월호. 샤쿠오의 식민정책론에 대해서는 최혜주, 「한말 일제하 샤쿠오(釈尾旭邦)의 내한 활동과 조선 인식」, 『한국민족운동사연구』 45, 2005 ; 최혜주, 「잡지 朝

먼저 샤쿠오는 이토 히로부미에 대해 "공은 결점도 많으면서 또한 가장 위대한 인물이다. 박람강기(博覽强記), 원모달식(遠謀達識), 기지종횡(機智縱橫)하다. 항상 인도주의, 문명주의에 종시(終始)하여 세계의 행복과 진보에 공헌했다"[6]며 '근대의 위인'으로 평가한다. 그리고 사건을 목격한 신문기자의 말을 빌려 "당했다", "총알을 맞았다", "아! 조선을 위했는데……" 라는 이토 히로부미의 마지막 말마디를 소개하면서, 이토 히로부미 자신도 이런 사태를 예상하면서 숨을 거두었다고 전한다.

『일본과 일본인(日本及日本人)』은 「이토 공의 명복을 빈다」에서 이토 히로부미는 "일본 문명의 대표자"이자 "영걸(英傑)"로서 추앙받아 마땅하고, 객지에서의 "횡사(橫死)"는 오히려 "공이 죽기에 걸맞은 사처(死處)를 찾은 것"[7]이라며 그의 죽음을 영웅시했다. 그리고 독일의 '철혈 재상'으로 불리는 비스마르크(Bismarck, 1815~1898)와 빗대어 이토 히로부미를 일본의 비스마르크로 비유했다. 이토 히로부미가 일본의 근대적 국민국가를 완성하는 과정에서 보여준 '탁월한 지도력'은 그가 모델로 삼은 독일의 '국민국가 건설 프로젝트'에 총력을 기울였던 비스마르크와 같은 존재였다는 것이다.

『실업지세계(実業之世界)』도 이토 히로부미 관련 특집을 기획했다. 『실업지세계』사 사장인 노요리 슈이치(野依秀一)는 "세계가 대 영웅의 죽음을 통해 얻은 교훈은 '인생무상'이라는 네 글자"라며 이토 히로부미의 암살을 애석해하고, 또 한편으로 "이토 공과 같은 국가의 원훈, 대권위의 죽음

鮮(1908~1911)에 나타난 일본 지식인의 조선 인식」, 『한국근현대사연구』 45, 2008, 참조.

6 「噫伊藤公」, 『朝鮮』 3-8, 1910년 10월호, 3쪽.

7 「伊藤公を弔ふ」, 『日本及日本人』 520, 1909년 11월 1일, 133쪽.

은 필히 사회에 일신(一新)의 시기를 긋는 것으로, 국가를 위해서는 조금도 슬퍼할 일이 아니다."라고 주장한다.[8] 이토 히로부미의 죽음은 국가를 위한 것이니 조금도 슬퍼할 이유가 없다는 것이다. 그리고 이토 히로부미와의 두 번에 걸친 면담을 통해 받은 인상은 "백년지기도 쉽게 알 수 없는 세계적 경륜"으로 일각에서 제기되는 그에 대한 사생활 논란은 전혀 문제될 게 없다고 옹호한다.

이어서 『도쿄 아사히신문(東京朝日新聞)』의 주필인 이케베 기치타로(池辺吉太郎)는 이토 히로부미를 "문명적 정치가"이자 "평화적 정치가"의 전형이라고 평가하면서, "이토는 권세를 믿고 사람을 협박하는 일은 없었다"며 이른바 '문치파(文治派)'로서의 이토 히로부미의 공적을 높이 추켜세웠다. 그리고 향후 일본 정계에 야마가타 아리토모(山県有朋), 가쓰라 다로(桂太郎), 데라우치 마사타케(寺内正毅) 등의 '무단파(武斷派)'가 득세할 것이라는 의견에 부정적인 견해를 내놓는다.[9] 이케베는 이토 히로부미로 대표되는 원로제도가 외국에는 유례가 없는 일본의 독특한 제도로서, 현실적으로 원로의 동의를 얻지 않으면 그 어떤 정책도 실행할 수 없다고 판단했기 때문일 것이다.

이토 히로부미의 죽음은 원로제도의 향후에 관한 논의를 불러일으켰

8 野依秀一, 「前後唯二回の面談によりて余が伊藤公より受けたる印象」, 『実業之世界』 6-13, 1909년 11월 15일, 10~11쪽. 노요리는 이토 히로부미의 사생활을 문제 삼아 장례식의 국장 거행에 반대하는 논조에 대해서 "이번에 설령 이토 공이 茶屋에서 돌아오다가 졸도하여 그대로 죽고 말았다면 어땠을까…… 異邦의 흙을 물들인 이토 공의 피는 정말로 私行 상의 결점을 씻었다"(11쪽)고 평가했다.

9 池辺吉太郎, 「藤公の死によりて生すべき元老制度の変化如何」, 『実業之世界』 6-13, 1909년 11월 15일, 12~13쪽. 원로를 역임했던 대표적인 인물로는 헌법을 기초한 이토 히로부미, 군대를 현대화시킨 야마가타 아리토모, 그리고 마지막 원로였으며 가장 자유주의적이었던 사이온지 긴모치(西園寺公望) 등이 있다.

다. 원로제도의 지속을 예견한 이케베와는 달리 원로제도의 존폐 문제를 언급한 사람은 야마지 아이잔(山路愛山)이다. 원로는 주지하는 것처럼 메이지유신과 이후의 신정부 구성에 지도적인 역할을 한 인물들이다. 원로는 헌법이 공포된 이후에도 천황의 개인적인 자문 역할을 수행하는 등 실제적으로 관료 정치를 관장했다. 야마지는 「원로의 현재와 미래」에서 당시로써는 결코 언급하기 쉽지 않은 원로제도의 연원과 현상을 개관하면서, "일본 정치계의 특유물인 원로라는 기관은 결국 없어질 것인가, 아니면 영원히 존속할 것인가. 이는 현대사 연구에서 가장 깊이 생각할 점이다."[10]라고 원로 문제의 폐해를 간접적으로 제기했다.

이어 야마지는 「부론(附論)」으로 대표적인 원로였던 이토 히로부미의 암살에 대해 '이토 공을 죽인 자는 누구인가'라는 제목으로 조선의 문제를 언급한다. 야마지는 먼저 "이토 히로부미를 무뢰한 한인이 죽였다는 것은 단지 피상적인 견해이다. 우리는 진상을 통찰해야 한다"고 말한다. 이토 히로부미를 죽음에 이르게 한 원인은 따로 있다는 흥미로운 문제 제기이다. 야마지는 "한국에서 식견이 있는 인사는 이토 공을 많이 신뢰한다. 오해처럼 인생의 참극을 초래하는 것은 없다"며 암살은 오해에서 비롯된 것인데, "일부 한인은 사실 일인을 오해했다. 일인 또한 그 눈과 귀가 된 일본당(日本黨)의 한인에 속아 상당히 한인을 오해했다. 피아의 오해는 결국 그 은인인 일본의 대정치가가 무참한 죽임을 당하는 간접적인 원인이 되었다. 이야말로 정말 슬픈 일이다."라며 조선과 일본의 상호 오해가 이토

10 山路愛山,「元老の現在及び未来」,『太陽』15-16, 1909년 12월 1일, 37쪽.

히로부미 암살의 간접적인 원인이라는 진단을 내린다.[11]

또 야마지는 예외적으로 '일본당'을 표방하는 친일 단체 일진회(一進會)를 비판했다. 나아가 앞으로의 대책으로서 "오늘날 우리의 급선무는 한인의 진상을 올바로 아는 것에 있다고 믿는다. 그리고 이를 위해서는 가능한 한 한국의 언론을 개방하여 자유롭게 하는 것에 있다"며 언론의 자유를 주창한다. 『국민신문(国民新聞)』 기자가 된 이후 일본의 사회운동에 깊숙이 관여한 야마지다운 의견 표출이었다.

그렇다면 이토 히로부미가 암살당한 직접적인 원인은 어떻게 비쳤을까. 야마지는 이 글을 통해 직접적인 원인을 명확히 밝히고 있지 않다. 단지 "우리는 공의 죽음을 정말로 슬퍼한다. 따라서 한국에 대한 정책의 진일보를 바라 마지않는다"며 조선과 일본의 "감정의 소통"이라는 피상적인 말로 끝을 맺는다.[12]

『실업지세계』에서는 이토 히로부미의 정적(政敵)인 오쿠마 시게노부(大隈重信)의 회고담을 게재했다. 먼저 오쿠마는 "이토 공과 나는 정치상의 견해가 달랐지만, 인간으로서의 관계는 아주 친밀하고 너무 사이가 좋아 다툼이 생겼다"고 전제한 뒤, "공에 관한 나의 생각은 아직 의견다운 의견으로 발표하기까지 정리되지 않았다"고 말한다. 오쿠마의 이런 반응은 1881년 정변을 계기로 오쿠마 시게노부를 몰아내고 제국헌법을 제정, 1885년에 내각제를 창설하고 초대 내각 총리대신과 귀족원(貴族院) 의장으로서 메이지 정권의 최고 실력자로 부상한 조슈(長州) 번벌(藩閥)의 후

11 山路愛山,「元老の現在及び未来」,『太陽』15-16, 1909년 12월 1일, 39~40쪽.

12 山路愛山,「元老の現在及び未来」,『太陽』15-16, 1909년 12월 1일, 41쪽.

계자인 이토 히로부미와의 정치적 역학 관계를 반영한 것으로 여겨지는데,[13] 이는 역으로 일본 국내적으로는 정치적 대립 관계에 있었으나 조선 문제를 포함한 일본의 대외 문제에 대해서는 서로 일치했다는 것을 말해주고 있다.

니토베 이나조는 "일본인은 유래로 사람을 존경하는 마음이 결여되어 있다"고 말하면서 이토 히로부미를 "세계 최대의 정치인(statesman)"으로 평가할 수 있다고 극찬했다. 또 이토 히로부미는 "피로 자신의 언행을 다했다"며 "내가 보건대 이토 공의 죽음은 시간과 장소가 정말로 이상(理想) 그대로 이루어졌다. 그 피를 통해 오늘날까지 이토 공이 한 일은 모두 살아났다"며 안중근의 의거가 오히려 이토 히로부미에게는 "행복한 흉변(凶変)"이었다고 보았다. 독실한 그리스도교 신자인 니토베는 "이토 공은 일본의 평화주의 정치가로서 구미에 널리 그 이름을 알렸다. 그래서 나는 세계적인 대정치가를 기념하기 위해 신(神)으로서 봉사(奉祀)하고 싶다"며 이토 신사의 건립을 주장했다.[14]

『실업지일본』도 이토 히로부미 관련 특집호를 발행했는데, 특히 「우

---

13 大隈重信,「吾輩は何故今伊藤公に就いて多く語らざる乎」,『実業之世界』6-13, 1909년 11월 15일, 14~15쪽. 오쿠마는 같은 달에 『실업지일본』에 개재된 「나는 이토 공을 이렇게 본다」라는 글에서 "이토 공이 말하길 나를 아는 자는 오쿠마뿐이다", "이토 공은 나의 연설에 눈물을 흘렸다", "凶変의 밤에 나도 잠들 수 없었다", "이토 공은 훌륭한 재정가이다" 등 자신과 이토 히로부미와의 친분 관계를 강조하고 있을 뿐, 이토 히로부미에 대한 정치적인 평가를 유보하고 있다(大隈重信,「我輩は伊藤公を斯の如く観察す」,『実業之日本』12-24, 1909년 11월 15일, 18~21쪽).

14 新渡戸稲造,「五十年後に於ける伊藤公の歴史的価値如何」,『実業之世界』6-13, 1909년 11월 15일, 16~18쪽. 또 니토베는 같은 달에 『실업지일본』에 게재된 글에서도 "공의 생존 중, 그 진가를 알지 못한 사람은 이번 기회를 이용하여 공의 진가를 인지하고 상당한 경의를 표하기 바란다. 이것이 국민의 정치적 도덕의 향상에 일조하고, 또한 공의 영(靈)을 위로하는 것이다.(新渡戸稲造,「三たび伊藤公爵と語りし当時の追懐」,『実業之日本』12-24, 1909년 11월 15일, 8쪽)"라고 말했다.

리는 이토 공의 죽음에서 무엇을 배워야 하는가」라는 사설을 통해 "애도와 비평은 원래부터 다르다. 성패로 영웅을 논할 수 없다. 공은 비범한 장점과 이상(異常)한 공업(功業)을 지님과 동시에 희유의 행운과 많은 결점을 지니고 있다"고 평가한다. 이토의 죽음이 주는 교훈에 대해 "지금은 이전에 비해 우리 국민의 대외사상은 치열하다. 만한(滿韓)의 경영은 국민의 열혈(熱血)을 집중시키고 있다, 그 성패가 곧바로 국가의 운명을 결정한다는 사실은 어린아이도 잘 알고 있다…… 공의 죽음은 국가를 대신한 것이다."라고 주장한다. 그리고 이토 히로부미의 죽음이 주는 교훈에 대해 "우리가 공으로부터 배워야 할 점은 그 죽음, 아니 사지(死地)를 향해 매진(邁往)하는 정신, 바로 그것이다."라고 말한다. 요컨대 일본인이 "국가에 보답하는 길"은 "세상을 위해 국가를 위해 분투하는 것"임을 강조했다.[15]

『태양(太陽)』도 이토 히로부미 특집으로 임시 증간호를 발행했다. 먼저 표지에는 메이지 천황의 조사인 「이토 공에게 바치는 뇌사(誄詞)」를 게재했다. '뇌사(죽은 사람의 생전의 공덕을 칭송하며 애도하는 말)'에서는 이토 히로부미의 왕정복고와 헌법제정, 한국의 '지도' 등 생전의 공덕을 칭송했다.[16] 또 「이토 공 조난과 국장」에서는 이토 히로부미의 조난 상황과 사후 처치, 그리고 국장의 식순 등을 구체적으로 설명했다. 국장에 걸맞게 일본의 주요 인물들의 조사와 외국사절의 조문을 구체적으로 소개하고 있다.[17]

「외교 무대에서의 이토 공」에서는 문자 그대로 이토 히로부미의 외교

15 「吾人は伊藤公の死より何を学ぶべきか」,『実業之日本』12-24, 1909년 11월 15일, 9~10쪽.
16 「伊藤公ニ賜ハリシ誄詞」,『太陽』15-15, 1909년 11월 10일, 1쪽.
17 「伊藤公遭難と国葬(伊藤公の終焉)」,『太陽』15-15, 1909년 11월 10일, 2~8쪽.

가로서의 활약을 소개했는데, 주로 청일전쟁 이후 시모노세키 조약의 체결을 둘러싼 이토 히로부미의 활약상을 부각시켰다. 그의 외교적 업적에 대해서 "이토 공은 재정에는 우활(迂闊)하고 또는 거의 무능하지만, 외정(外政)에서는 무엇보다 믿을 만한 능력을 갖추고 있다. 더불어 수완보다도 전체를 통하는 안식(眼識)이 더 비범했다"고 높이 평가했다.[18]

「만년(晩年)의 공업(功業)」에서는 통감부 설치 이후 통감으로서의 업적을 추앙하면서도 이토 히로부미의 조선 활동을 총괄한다. 즉 이토 히로부미의 지위에 대해 "공의 일거수일투족은 곧바로 제국보호권의 흥체소장(興替消長)과 관련되고, 또 한국 사직(社稷)의 사활과도 관련되었다. 공은 곧 한국, 한국은 곧 공이라고 말할 수 있는 지중지대(至重至大)한 신지보(新地歩)를 점했다"고 평가한다. 특히 통감의 지위는 "세계에 유례가 없는 일종의 특별한 것이었고, 각별히 그 지위가 중시되었다"고 전제한 뒤, "그러나 전후의 사정, 장래의 경영으로부터 보아 전체적으로 판단하면, 특히 공의 공적이라 할 만한 것이 없어 유감스럽다. 오히려 공의 특별한 지위에서 말한다면 실망과 실패로 끝났다"고 바라본다. 그리고 이토 히로부미가 통감으로 부임한 것은 "한국을 본위로 공의 시설을 관찰하면 달리 판단할 수밖에 없다. 한국 측에서 본다면 공이 당초 통감으로서 한국에 온 것은 바라지도 않은 행복이었다. …… 그러나 광말흉폭(狂昧凶暴)한 한인은 이 큰 은인을 암살하여 통쾌를 외쳤다"며 이토 히로부미의 암살은 조선인이 은혜를 모르고 한 행위라고 비판한다.[19]

---

18 「外交舞台に於ける伊藤公(伊藤公の一生)」, 『太陽』 15-15, 1909년 11월 10일, 113쪽.
19 「晩年の功業(伊藤公の一生)」, 『太陽』 15-15, 1909년 11월 10일, 118~121쪽.

또 『태양』에서는 이토 히로부미에 대한 각 계층의 평가를 연재했다. 영문학자로 일본 신극운동의 지도 원리를 확립한 시마무라 호게쓰(島村抱月)는 이토를 "국보적(國寶的) 인간"이라고 평가했고, 소설가 우치다 로안(内田魯庵)은 "요즘 수일간 신문만 읽으면 정말로 개벽 이래의 일대 위인이라는 느낌이 든다"고 말하면서, "조선인은 공을 모르기 때문에 공을 죽였을 것"이라 말했다.

한편 당시 여론이 이토 히로부미에 대해 찬양 일색이었던 것은 아니었다. 소수이긴 하지만 이토에 대해 냉정한 판단은 내린 사람도 없지 않았다. 가네코 지쿠스이(金子筑水)는 이토 히로부미에 대해 의외의 평가를 한다. "정치가로서의 공은 위대하지만, 인간으로서의 가치에서는 무언가 부족하다"고 말하면서, "세상의 동정, 칭찬, 명예와 같은 것이 얼마나 얕고 뇌동적(雷同的)이며 부질없는가"가 증명되었다고 말한다. 바바 고초(馬場孤蝶)는 이토 히로부미를 "제국주의의 순교자"라는 말로 표현하며 그가 얼마나 위대한 사람인지 모르겠지만, "조선을 일본의 보호국으로 삼는다는 것은 일종의 제국주의의 실행이다. 조선인은 이토 공을 제국주의 실행의 장본인으로 보았기 때문에 죽였을 것이다."라고 말했다.[20]

이렇듯 안중근 의거 이후, 이토 히로부미 관련 특집을 앞다투어 발행한 잡지의 전체적인 견해는 이토 히로부미의 죽음을 애도하면서, 그가 근대 일본에 남긴 족적을 회상하는 것이었다. 이토 히로부미는 '메이지의 원훈', '문명적 정치가', '평화적 정치가' 등 온갖 미사여구로 치장되었다. 그리스도교를 신봉하는 학자마저 신사를 건립하여 신으로 모셔야 한다는

---

20 「名士の伊藤公観」, 『太陽』 15-15, 1909년 11월 10일, 220~225쪽.

제안을 했을 정도였다. 이토 히로부미의 죽음이 일본 사회에 안겨준 충격과 슬픔의 정도를 잘 말해준다. 이런 상실감은 궁극적으로는 이토 히로부미를 암살한 조선인 청년 안중근과 그 배후 세력에 대한 적개심으로 표출된다. 어느 정도 충격과 슬픔이 가신 뒤, 여론의 시선은 '암살자' 안중근은 어떤 인물인지, 의거 이후의 심문과 재판 상황 등이 어떻게 전개될지, 그리고 일본의 대한 식민지 정책은 어떻게 바뀌어 나가야 할지로 옮겨 나갔다.

3. '배일(排日)의 광견(狂犬)' 안중근과 조선, 조선인

이토 히로부미의 암살 소식은 '근대 일본의 아버지'를 잃었다는 충격에 그치지 않았다. 보다 큰 충격은 조선인 청년 안중근의 존재였다. 조선을 보호국으로 편입시키고 초대 통감으로서 일본의 위상을 높인 이토 히로부미가 일본 내부의 반대파도 아닌 조선인에 의해 암살당했다는 사실은 형용하기 힘든 치욕이었다. 언론계는 당국에 안중근이라는 인물에 대한 정확한 정보와 그 배후 세력에 관한 철저한 조사와 응징을 요구하면서 안중근에 대한 기사를 보도하기 시작한다.

자극적인 표제어로 여론을 들끓게 한 것은 『조선』이다. 잡지 발행인 샤쿠오 이쿠오는 "공은 결국 사견(飼犬)에게 물렸다", "공을 살해한 것은 배일의 광견이다."라며 적개심을 표출하고, "공이 밤낮으로 회유·지도·동정한 한국 백의인(白衣人)의 독수(毒手)에 화를 입은 것은 마치 소위 기르던 개한테 손을 물린 것과 같은 기화(奇禍) 이다."[21]라고 말한다.

안중근에 대해서는 "이토 공을 격살(擊殺)한 안응칠(安應七)이라는 자의 소성(素性)과 그 연루자는 아직 확실한 보도를 접하지 못했지만, 안응칠은 평양 출생으로 어릴 적 부모를 잃고 고아가 되어 거의 시정의 무뢰한들과 어울려 성인이 되었다고 들었다. 이후 가톨릭에 들어가 지방을 나돌다가 재작년 봄, 지금의 서북학회(西北學會) 회계주임 김하달(金河達)의 아들 김세하(金世河)와 함께 블라디보스토크로 건너가 그곳에 있는 배일주의 결사 동의회(同義會)에 들어가 배일주의를 고무하는 것을 직업으로 삼은 자이다. 작년 스티븐스를 미국에서 격살한 것도 이들과 동일한 계통이다. 동의회는 지금 러시아의 다른 도시로 몸을 숨겼는데 친로당(親露黨)인 이범진(李範晉)과 이범윤(李範允) 등이 음으로 지도하고 있다"[22]고 말한다.

샤쿠오는 황해도 해주 출신인 안중근의 고향을 평양으로 잘못 표기하고, 안중근을 부모가 누군지도 모르는 고아인 것처럼 묘사하고 있다. 고아라는 성장 배경을 지닌 안중근이 이토 히로부미를 사살한 '무뢰한'으로 성장한 것을 강조하기 위함이었을 것이다. 또 안중근이 망명 전에 서북학회에 가입하여 국채보상운동에 관여한 것과 동의회와의 관계를 강조하면서 그 배후 세력에 대한 의혹을 증폭시켰다.

『태양』도 안중근에 대해 "범인은 안중근이라는 한인으로 노령 블라디

21 「噫伊藤公」, 『朝鮮』 3-8, 1909년 10월호, 2쪽.

22 「噫伊藤公」, 『朝鮮』 3-8, 1909년 10월호, 4~5쪽. 샤쿠오는 같은 글에서 안중근을 운지안(雲知安)으로 잘못 표기했다. 이는 안중근이 망명 생활 중 줄곧 사용한 아명이자 字인 안응칠을 의거 직후 조선어가 서툰 러시아인 통역이 운지안으로 오역한 것을 그대로 인용했기 때문이다.

보스토크(포세트에서 3리)에 거주하는 최세형(崔歲亨)의 부하이다. 최세형은 40년 전 북간도로 넘어가 러시아에 귀화하여 러시아 공직에 올라 지금은 10만에 이르는 부(富)를 지녔다. 늘 배일(排日)에 고심하여 무뢰한을 모아 통감정치를 방해하는 데에 힘썼다. 또 이토 공을 비롯한 일본의 무단파와 일한협약에 조인한 다섯 대신을 암살할 계획으로 작년 봄 결사한 부하 14명에게 왼손 무명지를 잘라 서약하게 했는데, 이번 흉행자 안중근도 그 중 한 사람이다. 안중근은 3년 이내에 한국 밖에서 필히 이토 공을 암살하겠다며 만약 그 기간 내에 이를 이룰 수 없다면 자살하여 자신의 무능함에 사죄하겠다고 말했다"고 전한다.[23]

최세형은 1904년 러일전쟁 때 러시아 해군소위로 경무관 부속 통역관이 되어 활동하는 한편, 남부소집회감독(南部所集会監督)으로 러시아 군부의 지원 아래 조선인을 규합하고 동의회 회장으로 활약한 최재형(崔在亨)의 오기이다. 또 안중근을 비롯한 14명의 단지에 관한 정보도 게재하고 있는데, 이는 1909년 3월 5일 안중근을 비롯한 12명이 '조국 독립 회복과 동양 평화 유지'를 목적으로 '동의단지회(同義斷指會)'를 결성한 것을 지칭한다.

이처럼 안중근 의거 직후 일본 언론계는 안중근이라는 인물의 성장 과정과 그 배후 세력에 관심을 쏟았다. 그리고 안중근을 '자객(刺客)'으로 취급하여 폄하하는 글을 게재했다. 언어학자이자 역사학자로서 이후 조선총독부로부터 '조선문화공로상'을 수상했던 아유카이 후사노신(鮎貝房之進)은 「한인 자객에 대해서」라는 글에서, "한인은 결코 암살을 좋아하지

23 「伊藤公遭難と国葬(伊藤公の終焉)」, 『太陽』 15-15, 1909년 11월 10일, 3쪽.

않았다"고 전제하면서 "한인 자객은 주의(主義)와 목적이 정말로 분명하지 않다. 불분명하기 때문에 아무것도 얻는 것이 없을 뿐만 아니라, 항상 나랏일이나 세상사와 자기 의사가 배치되어 그 이상(理想)을 달성하는 자가 한 사람도 없다. 단지 선동과 교사를 통해 허영심으로 내몬다. 그런 행동의 결과는 자국의 운명을 더욱 단축할 뿐이다."[24]라며 안중근의 의거를 '선동과 교사'에 의한 '허영심'으로 폄하한다. 조선은 안중근의 의거로 인해 결국 독립이 아니라 일본의 식민지로 전락할 것이라는 주장이다.

다케코시 요사부로(竹越與三郎)는 안중근 의거를 멸망하는 조선의 마지막 몸부림으로 왜소화시켰다. 「국민신문(国民新聞)」의 기자와 잡지 『세계지일본(世界之日本)』의 주필을 거쳐 정치가로 변신한 다케코시는 이토 히로부미의 죽음과 일본 정부의 내정을 분석하면서 안중근에 대해 언급한다. 즉 그는 "조선은 작지만 아무튼 긴 역사를 지닌 일개 독립 국민이다. 따라서 시간이 흘러 한 사람의 연조비가사(燕趙悲歌士) 정도는 나올 수 있지 않을까."[25]라고 평가한다. '연조비가사'는 우국지사를 비유하는 말로 춘추 전국 시대에 연나라와 조나라에서 세상을 비관하여 슬픈 노래를 부른 사람이 많았다는 뜻인데, 다케코시는 안중근을 한낱 '연조비가사'로 비유하여 의거가 지닌 의의를 축소하려 했다.

일반 잡지뿐만 아니라, 아동용 잡지에서도 안중근 의거에 대한 사실을 왜곡하여 보도하였다. 이토 히로부미의 죽음은 '흉악'한 조선인 안중근에 의해 자행되었다는 것을 선전하고, 각종 화보를 게재하여 아동들의 조

24 鮎貝房之進,「韓人刺客に就きて」,『朝鮮』4-4, 1909년 12월호, 32쪽.

25 竹越與三郎,「伊藤公の薨去と武断政治の将来」,『実業之世界』6-13, 1909년 11월 15일, 20쪽.

선 인식에 악영향을 증폭시켰다. 『소년세계(少年世界)』는 「이토 공작」이라는 기념 원고를 통해 "뜻을 이루지 못하고 암살당한 것이 실로 유감스럽다. 일본 국민의 큰 손해이다. …… 더욱이 흉행자가 조선인인 만큼 그 경악(驚愕)의 도가 한층 높다"[26]고 말한다. 또 『조선망국사(朝鮮亡国史)』의 저자인 아사다 고손(淺田江村)은 「이토 공 조난 전말」에서 아동들을 대상으로 이토 히로부미의 사망 장면을 자세히 재현하면서 "단 한발도 빗나가지 않고 흉행의 목적을 달성한 것은 실로 운이 나쁜 남자"라고 말하면서, 지금 뤼순(旅順)의 일본 법정에서 심리를 받고 있는데 "흉한은 정말로 뻔뻔한 놈으로 쉽게 실제 사실을 자백하지 않는 모양이다."라고 전했다.[27] 언론계가 아동을 대상으로 일본의 영웅 이토 히로부미를 암살한 '뻔뻔한 놈'이라는 식으로 안중근과 조선에 대한 왜곡된 인식을 조장하기 위함이었음은 말할 필요도 없다.

언론계는 안중근을 '흉도(凶徒)'나 '흉행자(兇行者)'로 폄하하고 그 배후 세력을 언급함으로써 의거가 국내외에 미칠 여파에 신경을 썼다. 즉 "각종 정보에 따르면 이번의 흉행은 결코 일광한(一狂漢)의 돌차(咄嗟)한 폭행이 아니다. 그 관계자와 연루자는 의외로 넓고, 의외의 곳이 책원지임을 쉽게 예언할 수 있다. 이번 흉행은 아주 책임 있는 자의 기획으로 이루어졌다고 단언할 수 있다. …… 한국은 유래로 상식으로는 단론(斷論)할 수 없는 일이 많다. 저번 헤이그밀사사건이 가장 좋은 사례이다. 설령 책임 있는 자의 음모가 아닐지라도 한국의 상하(上下)에 복재(伏在)하여 온양(醞

26 「伊藤公爵(十五英雄鑑)」, 『少年世界』 15-15, 1909년 11월 10일, 96~100쪽.

27 淺田江村, 「伊藤公遭難顚末」, 『少年世界』 15-16, 1909년 11월 24일, 40~43쪽.

釀)되고 있는 배일사상은 어떤 기회가 되면 폭발할 것이라고 단언하는 데 주저하지 않는다"[28]는 주장은 안중근 의거의 배후 세력에 대한 철저한 응징을 당국에 요구하고 있음을 잘 말해준다.

배후 세력에 대한 응징을 주장한 이면에는 일본의 조선에 대한 '공포심'이 자리 잡고 있었다. 제2의 안중근 의거가 언제 일어날지도 모른다는 두려움이 작용했다. 일본은 이토 히로부미라는 상징적인 인물의 암살에 머물지 않고, 조선에 거주하는 일본인의 신변에 심각한 위협을 느낄 수밖에 없었기 때문이다.

이를 반영하듯 잡지 『조선』은 「아! 이토 공」에서 "이번에 한국은 가장 충실하고 선량한 사우(師友) 이토 공을 격살했다. 이는 필경 한국의 일부에 온양되고 있는 배일사상의 광견과 시대의 도태(陶汰)에 따라 실직실록(失職失祿)한 불평당의 무의식적인 행동이 결국 이런 참극을 일으킨 것이다. 이는 마치 한국에서 지금도 여전히 끊이지 않는 폭도가 저항력이 없는 일본인을 보면 부녀자와 어린아이에 이르기까지 학살과 농욕(弄辱)을 한심하게 일삼는 것과 마찬가지가 아니겠는가. 우리는 이토 공의 횡사를 슬퍼함과 동시에 한국에서 소일본(小日本)을 구축하기 위해 입각지(立脚地)를 쌓고 개척과 경영의 바탕을 만들고 있는 많은 일본 양민이 학살당한 과거와 여전히 학살이 계속되어 용감한 개척자인 우리 동포가 폭도의 희생양이 되고 있는 현세를 통탄해 마지 않는다"[29]며 안중근 의거의 여파를 우려했다. 일본은 러일전쟁 승리와 통감부 설치를 통해 조선의 실질적인 지배자로 군림했고, 조선으로의 광범위한 일본인 이주가 본격적으로 이

28 「噫伊藤公」, 『朝鮮』 3-8, 1909년 10월호, 5~6쪽.

29 「噫伊藤公」, 『朝鮮』 3-8, 1909년 10월호, 6쪽.

루어졌다. 언론계는 안중근 의거를 계기로 조선에서 의병의 '역습'이 가열되어 그동안 구축한 식민지 지배 체제의 기반이 붕괴할 것을 심각하게 우려했다.

『만한지실업(滿韓之実業)』은 안중근 의거에 대한 조선인의 반응을 세 단계로 구분하여 소개한다. "먼저 연령 20세 이상 40세 정도의 청년 중에는 이토 공 한 사람을 자살(刺殺)해서는 아무 일도 못한다. 어차피 죽인다면 모든 일본인의 숨통을 끊어놓지 않는다면, 우리나라의 태평은 바랄 수 없기 때문에 이토 공을 자살하더라도 무익하다고 생각하는 자가 많다. 또 50세 이상의 노인들은 소위 한국혼(韓國魂)의 결정물만 남아서 우리나라를 망국으로 이끈 이토 공을 자살한 것은 공적이자 정말로 바라던 것이라며 '아이고 좋다'고 기뻐서 뛰는 놈도 있다. 그리고 20세 이하의 소년들은 순사와 부형에게 주의를 받아 대개는 입을 다물고 말하지 않는다"는 조선의 정황을 소개한다. 이어 조선인에 대해서는 "한인은 산에 1만 년, 바다에 1만 년 살다가 하늘에서도 1만 년 정도 산 괴물(怪物)이다. 우리 일본인이 도저히 이해할 수 없는 마물(魔物)이다."라는 극단적인 표현을 서슴지 않았다.[30] 일본은 안중근 의거의 영향에 민감한 반응을 보였는데, 특히 '한국혼'으로 무장된 장년 계층은 물론, 청년 계층의 반응은 일본에 두려움으로 다가왔을 것이다. 안중근 의거가 조선인에게 미친 영향의 한 측면을 가늠할 수 있는 대목이다.

이토 히로부미의 죽음과 안중근에 관한 다각적인 평가를 한 언론계는 곧바로 당국을 향해 조선에 대해 특단의 조치를 하려 한다고 요구한

30 吟月生,「韓国下等の民情」,『滿韓之実業』49, 1909년 12월 1일, 33쪽.

다. '배일의 광견'으로 상징되는 안중근 개인에 대해서만이 아니라, 조선에 대한 멸시감과 분노를 조장하는 형태로 이루어졌다.

언론계는 "이토 공을 개죽음(犬死)으로 만들어서는 안 된다"[31]는 자극적인 선동을 통해 조선에 대한 경각심을 유도했다. 예컨대, "한인은 음유(陰柔)하고 아주 참인(慘忍)한 성정(性情)이 세차다. 그들 사회에는 거의 살상 사태(殺傷沙汰)가 없음에도 불구하고, 그들의 정쟁사에는 참혹한 학살이 뒤따랐다. 이조(李朝)의 노론과 소론의 다툼이 가장 적절한 예이다. 최근에는 대원군 일파가 민파(閔派)에 휘두른 악독한 수단이나 보수파가 개혁파를 박해한 참사, 또 김옥균(金玉均) 암살사건과 김굉집(金宏集) 살육과 같은 것은 한인의 만성(蠻性)을 유감없이 발휘한 것이다. 만약 지금 통감의 깃발을 한성에서 내리거나 일본의 경찰권을 한성으로부터 철수한다면, 현 내각의 여러 대신은 물론 조금이라도 일본당이라 칭하는 사람은 배일파와 비개혁파 때문에 학살을 면할 수 있는 사람은 아마 한 사람도 없을 것이다. …… 한국에 무언가를 요구해야 한다. 적어도 앞으로 다시 이런 커다란 손해를 우리 제국에게 입히는 화기(禍機)를 근절시켜야 한다. 한국을 향해 무언가 새로운 대쾌도(大快刀)와 대영단(大英斷)을 내려야 한다. …… 더욱이 흉행자(兇行者)를 직간접으로 사주하는 악굴(惡窟)을 오살구제(鏖殺驅除)할 수 있는 근본적 쾌도를 날림으로써 무지하고 음험한 한인의 심담을 싸늘하게 해야 한다"[32]고 주장했다. 안중근 의거에 대해 '커다란 칼을 휘두르는' 일대 반격을 강력히 주창한 것이다.

---

31 「噫伊藤公」, 『朝鮮』 3-8, 1909년 10월호, 6쪽.

32 「噫伊藤公」, 『朝鮮』 3-8, 1909년 10월호, 4~7쪽.

일본 언론계는 안중근 의거에 대해 신경질적인 반응으로 일관했다. 안중근에 대해서는 '사견(飼犬)' 또는 '광견'이라는 표현을 주저하지 않았다. 또한 안중근으로 상징되는 조선인의 저항에 대해서도 '괴물'이나 '마물'이라는 극단적인 멸시감을 유포했다. 안중근 의거의 후폭풍을 신속히 제거하고 조선의 완전한 식민지 통치를 위해서는 그 근본에 잠재한 항일 분위기를 잠재울 필요성이 급부상했다. 당면 과제는 전국적으로 활발히 전개된 항일 의병에 대한 철저한 토벌이었다. 일본은 의병 토벌이 전제되지 않는다면 조선의 완전한 식민지는 불가능하다는 것을 누구보다 잘 인지했기 때문일 것이다.

4. '폭도를 섬멸하라'는 광기

일본 언론계는 이토 히로부미의 암살 원인을 크게 두 가지 측면에서 바라보았다. 하나는 앞에서도 언급했듯이 안중근으로 대표되는 조선인의 일본에 대한 저항이었고, 또 하나는 통감부 정책의 실책이었다. 그 가운데 먼저 부각된 것은 이토 히로부미가 초대 통감으로서 재직했을 당시의 의병에 대한 미온적인 '대책'이었다. 안중근 의거가 일본 정계에 던진 충격은 상상을 초월했다. 조선의 완전한 식민지 지배에 빨간 불이 켜졌다는 인식이 지배적이었다. 각지의 의병은 전국적인 규모로 일본군과의 공방을 펼쳤다. 안중근 의거에 자극을 받은 의병을 진압하는 것이 일본의 당면 과제로 부상했고, 이에 관한 격렬한 책임 공방도 벌어졌다.

『태양』은 안중근 의거 이후 의병의 현황에 대해 언급했다. 안중근 의거가 일어난 지 3일밖에 지나지 않은 10월 29일의 상황에 대해, "이토 공의 홍거(薨去) 소식이 전해지자 한국 내지 특히 전라도의 산간에 잠복해 있던 폭도가 각지에 집합하여 그 수는 모두 천여 명에 이르렀다. 점차 형세가 줄어들긴 했지만, 그들 가운데 한 무리는 29일 오후 10시 대구와 성탄역의 중간, 추풍령 기슭에 있는 이원역을 습격하여 동 정거장과 관사를 향해 발포했다. 철도원이 피난하자 그들은 정거장을 방화하고 전선과 전화의 포인트 등을 파괴한 뒤 도주했다"[33]고 전했다. 이 시점은 호남 지역과 그 외곽 지대의 의병에 대한 일본군의 초토화 작전인 남한대토벌작전이 마무리되던 시기였는데, 안중근 의거를 계기로 각지에서 재개된 의병 투쟁의 일단을 엿볼 수 있는 대목이다.

『동양경제잡지(東洋経済雑誌)』는 「이토 공의 조난(遭難)」에서 이토가 암살된 원인은 이토가 통감으로서 의병을 방치했기 때문이라며 이렇게 말한다. "공은 위난(危難)을 예방하는 데 가장 용의주도하고 수단이 교묘한 정치가였다. …… 하지만 공은 한국에서 폭도의 취체(取締)에 대해 그 주도한 용의와 교묘한 예방책을 실시하지 못했다. 공 자신도 기차 여행 중 폭도로부터 큰 돌을 얻어맞은 적이 있다. 그런데 공은 통감 재직 3년에 걸쳐 폭도를 섬멸시키지 않았다. 경성과 철도연선을 제외하고 폭도는 8도에 충만했다. 통감부는 한국의 서정(庶政)이 개선됨에 따라 그 원수(員數)를 증가시켰을 뿐만 아니라, 더욱 궁경에 빠질 수밖에 없었다. 즉 통감 정치가 폭도를 섬멸하는 것을 정치의 최대 요무(要務)로 삼지 않고 폭도를 방임했다. 주로 한국의 정치를 개선하는 것에만 힘을 쓴다면, 저격 암살

---

33 「伊藤公遭難と国葬(伊藤公の終焉)」, 『太陽』 15-15, 1909년 11월 10일, 4쪽.

은 앞으로도 누누이 연출될 수밖에 없다"[34]고 진단한다.

심지어는 사건을 방지하지 못한 통감부 당국의 책임론을 제기한다. 『일본과 일본인』에서는 「이토 공의 횡사와 한국 경찰」을 통해 "한국의 경무당국이 일국의 치안을 등한시하여 자객의 횡행을 방지할 수 없었다"[35]며 재발 방지를 위한 강력한 대책을 요구했다. 일본은 안중근 의거의 궁극적인 책원지를 조선 국내로 단정했기 때문이다. 『동양경제잡지』는 이에 대한 대책으로서 의병에 대한 신속한 토벌을 주장한다. 통감부에 대한 대책으로서 "우리는 모든 폭도의 소탕을 통감부에 바란다. 폭도를 섬멸하지 못한다면 통감정치는 더 이상 말할 것도 없다고까지 이토 공에게 극언했음에도 불구하고, 공은 여전히 폭도를 처분하지 않고 결국 통감을 그만두고 귀국하고 말았다. …… 그 목적을 달성하지 않고 결국 그들에게 저격당하여 훙거한 것은 우리 국가에 유감일 수밖에 없다. 사람을 살해하고 금품을 훔치는 등 모든 범죄를 일부러 일삼는 한국 폭도의 행위는 세계 그 어떤 나라도 사면할 수 없는 죄악이다. 우리는 이에 이토 공의 훙거를 애도함과 동시에 한국 폭도를 신속히 소탕해야 함을 통감부에 고할 수밖에 없다"[36]며 의병 소탕을 강조했다.

물론 이토 히로부미가 의병 소탕에 소극적이었다는 평가는 전혀 사실과 다르다. 당시 통감부는 각지의 의병에 대한 지속적인 소탕작전을 감행했다. 1907년 군대 해산 이후에는 농민을 비롯하여 유생과 양심적 관료는 물론, 소상인이나 해산 군인이 의병의 대열에 적극적으로 참여하여 전

---

34 「伊藤公の遭難」, 『東洋経済雑誌』 1514, 1909년 10월 30일, 2쪽.

35 黑潮浪客, 「伊藤公の横死と韓国警察」, 『日本及日本人』 521, 1909년 11월 15일, 82쪽.

36 「伊藤公の遭難」, 『東洋経済雑誌』 1514, 1909년 10월 30일, 3쪽.

투력이 고조되었는데, 이토 히로부미는 확대되는 의병의 물결에 적극적으로 대응해야 했다. 의병 소탕에 관대하거나 소극적인 행보를 보이기는커녕, 엄청난 탄압을 감행하였다. "폭도를 섬멸시키지 못한다면 통감정치는 더 이상 말할 것도 없다"는 의미는 의병의 신속한 진압을 통한 조선의 완전한 식민지를 강조한 것이다.

각 잡지는 의병을 비롯한 조선 내의 반일 세력에 대한 단속을 강화해야 한다는 주장을 연이어 게재했다. 『조선』은 항일운동에 대한 대책으로서 "이들 위험 분자를 양생선동(釀生煽動)하는 배일적 언론의 단속을 위해 단호한 압박과 검속을 실시해야 한다. 배일사상 선동의 혐의가 있는 유생, 학생, 야소교도, 신문기자, 정치가, 무뢰한 등에 대해 이번 기회에 엄상열일(嚴霜烈日)의 태도를 취해야 한다"[37]며 언론을 비롯한 모든 계층에 대한 단속의 강화를 주장했다. 언론계는 안중근 의거를 계기로 당면 시책으로서 조선의 모든 저항 세력에 대한 철저한 탄압을 요구했다.

일본은 국내의 반일 세력 가운데 특히 기독교도의 움직임에 주목했다. 『조선』은 반일 세력의 단속을 강조하면서, "학생에 이어 두려운 것은 유생과 양반이다. …… 원래부터 유생과 양반의 배일사상은 두렵다. 그런데 이보다 훨씬 두려운 것은 야소교도의 배일사상이다."[38]라고 기독교의 항일운동을 경계했다. 외국인 선교사를 등에 업고 이루어지는 것으로 판단되는 항일운동을 철저하게 탄압해야 했다.

『부강의 민(富強の民)』에서는 「이토 공 거후(去後)의 변화」를 통해 "우리

---

37 「噫伊藤公」, 『朝鮮』 3-8, 1909년 10월호, 7쪽.

38 「排日思想根絶の策を立つべし」, 『朝鮮』 4-4, 1909년 12월호, 6~7쪽.

의 소견은 두 가지이다. 하나는 영사재판권을 철거하는 것에 있고, 또 하나는 내치의 권(權)을 완전히 우리가 접수하는 것에 있다"[39]고 주장한다. 기독교를 경계하는 이유는 "국민이 기독교에 들어가는 것은 그 교리에 귀의하는 것이 아니다. 이를 선전하는 외국 선교사에 귀의한다. 그리고 외국 선교사에 귀의하면, 그 인격과 학식에 귀의하지 않고, 오히려 그들이 일본의 세력으로 이를 움직일 수 없는 일종의 지위를 얻으려 한다. 그 지위를 이용하여 일본의 세력에 저항하기 위해 귀의하는 것"[40]이라고 설명했다. 기독교도가 급속히 늘어난 것은 외국 선교사의 특수한 지위인 치외법권을 조선인이 교묘히 활용하여 일본의 탄압을 회피하기 때문이라는 것이다. 이것은 안중근이 가톨릭 신자로 귀의한 상태에서 이토 히로부미를 처단했고, 심문 과정에서 자신의 행동은 종교적으로 살인 행위가 아니라고 주장한 것과도 관련된 것으로 여겨진다.

한편 안중근 의거 이후 조선에 대한 정책의 방향성에 대한 논의도 활발히 전개된다. 이것은 이토 히로부미의 조선에 대한 회유 정책에 대한 비판과 관련되어 전개된다. 당시 일본 국내에서는 회유 정책에서 강경 정책으로 전환해야 한다는 여론이 팽배해졌고, 한국 황실을 일본의 황실로 강제적으로 편입시켜야 한다는 주장이 제기되었다.

『태양』은 「이토 공의 홍거와 한국에 대한 정책」을 통해 향후 정책을 둘러싼 각계의 주장을 게재했다. 먼저 외무상을 역임한 하야시 다다스(林董)는 이토 히로부미의 회유 정책을 성공한 것으로 평가하면서, "왜 회유

39 「伊藤公去後の変化」,『富強の民』1-10, 1909년 12월 1일, 4쪽.
40 「伊藤公去後の変化」,『富強の民』1-10, 1909년 12월 1일, 5쪽.

정책이 실패했다고 말하는지 모르겠다. 이토 공이 살해당했다는 것이 아주 작은 이유가 될지 모르겠지만, 우리의 한국에 대한 정책을 변경할 중대한 이유가 될 수 없다. 지금 강경 정책을 취하면 오히려 인심을 격동시켜 더 분란을 일으킬 것이다. …… 이토 공이 살해당했다는 이유만으로 방침을 변경하는 것은 있을 수 없다"[41]며 강경 기류를 비판한다.

궁내부 고문 등을 역임한 가토 마스오(加藤增雄) 역시 "만약 이토 공의 죽음이 한국에 대한 정책에 영향을 미칠 수 있다면, 그것은 대방침의 변경이 아니라 이를 조절하는 것에 있다. …… 종래 우리 통감부의 방식에서 약간 의문을 품었던 것은 너무나 한국의 왕실과 양반 등에 관심을 두어 인민의 안녕과 복리를 등한시했다는 점이다. …… 한국인이 일본과 떨어질 수 없는 관계라는 것을 알려 진정으로 일본과 조선은 형제의 나라이고, 일한 양 국민은 영원토록 서로 제휴해야 한다는 사상을 양성시켜야 한다"[42]며 오히려 조선에 대한 회유 정책의 강화를 주장한다.

그러나 일진회 고문이었던 모치쓰키 류타로(望月竜太郎)는 기존의 정책을 비판하면서 "이번 흉변(凶変)은 국제적인 문제로 비화될 성질의 것은 아니지만, 또 한편에서 바라보면 기존 회유 정책의 실패를 의미한다. 이토 공이 그렇게 유약한 정책을 펼쳤음에도 불구하고 흉한에게 당한 것은 조선이라는 나라는 도저히 유약한 정책으로 일을 해 나갈 수 없다는 것을 충분히 증명했다. 따라서 이번에 우리의 한국에 대한 정책을 바꿀 필요가 있다"[43]며 강경 정책으로의 전환을 주장한다. 그리고 조선에 대한 정책의

41 「伊藤公の薨去と対韓政策」,『太陽』15-16, 1909년 12월 1일, 75~76쪽.

42 「伊藤公の薨去と対韓政策」,『太陽』15-16, 1909년 12월 1일, 77~79쪽.

43 「伊藤公の薨去と対韓政策」,『太陽』15-16, 1909년 12월 1일, 81쪽.

효율성을 높이기 위해서는 정치 기관으로서의 통감, 황제, 내각을 하나의 기관으로 통합해야 한다고 주장한다. 조선의 실질적인 식민지화를 주장한 것이다.

『조선』도 회유 정책 폐지와 강경 정책으로의 전환을 요구한다. 「아! 이토 공」에서는 "천하는 지금 한민의 무도(無道)와 폭려(暴戾), 험괴(險怪)로 더욱 나빠지고 있다. 아무리 한국 회유파일지라도 앞으로 한인을 회유하고 한인의 비위를 맞추는 것은 어리석다고 말할 수밖에 없다. 회유 완화파의 거두 이토 공을 죽인 한국민은 추상열일(秋霜烈日)의 무단적 보호 정치를 일본에 요구해야 한다"[44]고 주장한다. 또 조선 국내뿐만 아니라 국외의 항일 세력에 대한 탄압도 강조한다. 「배일사상 근절책을 세워야 한다」에서는 "국외에 있는 배일적 한인의 단속에 대해서는 우리 관아에 상당한 기밀비를 제공하고, 특히 배회하는 한인을 엄히 정찰하는 것만큼 좋은 방책은 없다고 믿는다. 요컨대 배일사상의 근절 문제는 초미의 문제이자 장래의 숙제이다."[45]라며 항일 세력의 단속을 강조한다.

이상과 같이 안중근 의거 이후 일본 언론계는 이토 히로부미가 통감으로 재직하던 당시의 조선에 대한 정책 비판을 이른바 '회유주의' 정책에 대한 평가와 결부하여 개진한다. 공통으로 강조된 것은 조선 국내 의병의 신속한 소탕이었다. 일본은 안중근 의거의 책원지를 국내 의병으로 간주했기 때문이다. 또 조선 국내외의 항일 세력에 대한 철저한 감시와 강경 정책으로의 전환을 촉구하는 움직임이 활발했다. 일부에서는 이토 히로

---

44 「噫伊藤公」, 『朝鮮』 3-8, 1909년 10월호, 8쪽.

45 「排日思想根絶の策を立つべし」, 『朝鮮』 4-4, 1909년 12월호, 8쪽.

부미가 견지한 '회유주의' 정책의 유지를 주장하는 의견도 제시되었지만, 이런 주장이 주류가 되기에는 역부족이었다. 현실적으로는 "이토 공을 죽인 한국을 멸망시켜야 한다"는 주장이 더욱 힘을 얻었고, '회유주의' 정책을 지지하던 세력 역시 한국 강점의 정당성을 결코 부인하지 않았다.

근대 한일 관계사의 획을 긋는 안중근 의거에 대한 일본 여론의 전체적인 견해는 이토 히로부미의 죽음을 애도하면서, 그가 근대 일본에 남긴 족적을 회상하는 일이었다. 이토 히로부미는 '메이지의 원훈', '문명적 정치가', '평화적 정치가' 등 온갖 미사여구로 치장되었다. 이토 히로부미의 죽음이 일본 사회에 안겨준 충격과 슬픔, 그리고 상실감은 궁극적으로 이토 히로부미를 암살한 조선인 청년 안중근과 그 배후 세력에 대한 적개심으로 표출되었다. 언론계의 논조는 안중근은 어떤 인물인지, 의거 이후의 심문과 재판 상황 등이 어떻게 전개될지, 그리고 일본의 대한 식민지 정책은 어떻게 바뀌어 나가야 할지로 옮겨 나갔다.

언론계는 당국에 안중근이라는 인물에 대한 정확한 정보와 그 배후 세력에 관한 철저한 조사와 응징을 요구하면서 안중근에 대한 기사를 보도하기 시작한다. 안중근 의거가 일어난 직후 일본 언론계의 반응은 신경증적인 것이라 해도 과언이 아니었다. 안중근에 대해서는 '기른 개' 또는 '미친 개'라는 표현을 주저하지 않았고, 안중근으로 상징되는 조선인의 저항에 대해서도 '괴물'이나 '마물'이라는 극단적인 멸시감을 유포했다. 일본 언론계는 이토 히로부미의 죽음에 대해 곧바로 당국을 향해 조선에 대해 특단의 조치를 하려 한다고 요구한다. 이는 '배일의 광견'으로 상징되는 안중근 개인에 대해서뿐만이 아니라, 조선에 대한 멸시감과 분노를 조장하는 형태로 이루어졌다.

안중근 의거 이후 여론은 일본의 조선에 대한 식민지 정책이 어떻게 바뀌어 나가야 할지에 주목했다. 안중근 의거의 후폭풍을 신속히 제거하고 조선의 완전한 식민지 통치를 위해서는 그 근본에 잠재한 항일 분위기를 잠재우는 일이 급선무였다. 일본 언론계는 이토 히로부미가 통감으로 재직하던 당시의 '회유주의' 정책에 대한 평가를 비롯하여, 조선에 대한 정책을 전반적으로 재검토할 것을 요구했다. 당면 과제는 전국적으로 활발히 전개된 항일 의병에 대한 철저한 토벌이었다. 의병 토벌이 전제되지 않는다면 조선에 대한 철저한 식민 지배는 불가능하다고 판단했기 때문이다. 또 조선 국내외 항일 세력에 대한 철저한 감시와 강경 정책으로의 전환을 촉구하는 움직임은 더욱 힘을 얻었다. "이토 공을 죽인 한국을 멸망시켜야 한다"는 주장은 언론의 비호를 받으면서 더욱 확산되었고, 이후 한국 강점을 주장하는 논리로 발전하게 되었다. 일본 언론계는 안중근 의거를 '선동과 교사'에 의한 '허영심'으로 폄하하면서, 조선은 안중근 의거로 인해 결국 '독립'이 아니라 일본의 '식민지'로 전락할 것이라는 여론을 주도해나갔다.

5. '쏜 자보다 죽은 자의 죄가 크다!'

이토 히로부미는 사살된 뒤 한 등급 승진하여 종1위(從一位)에 추서되었고, 내각의 주청에 따라 장례는 국장으로 성대하게 치러졌다. '메이지의 원훈'에 걸맞은 대우였다. 이토 히로부미에 대한 기억은 사망 이후 곧바로 각종 전기나 도서 등의 간행을 통해 '일본의 영웅'으로 현창되었다.

한국 통감부 시대에 대한 업적도 정리되어 '한국의 은인'으로 칭송되었다. 그러나 이토를 사살한 안중근에 대한 기억은 장기간에 걸쳐 망각되었다. 일본의 자존심과도 관련된 의도적인 망각이었을 것이다. 안중근은 '테러리스트'로 기억될 뿐이었다. 안중근에 대한 기억은 체포 직후 수감된 감옥의 간수나 그 후예 등 소수의 일본인에 의해 전해졌을 뿐이었다.[46]

일본에서 안중근에 대한 연구는 패전 이후에도 장기간 본격적으로 이루어지지 못했다. 안중근 의거는 패전 이후 오랫동안 연표의 한 사항으로서 기술되었을 뿐 연구 대상이 되지 못했다. 일본에서의 안중근 연구는 1970년대 이후 재일조선인에 의해 시작되었다. 그 출발은 대표적인 1세대 역사 연구자인 박경식(朴慶植)이었다. 그는 안중근의 경력과 사상을 개략적으로 서술하면서 관련 문헌 자료를 제시함으로써 연구의 필요성을 제기했다.[47]

이후 안중근 연구는 최서면(崔書勉)과 김정명(金正明, 일본명은 市川正明)의 관련 자료 발굴을 통해 실증적으로 검증할 수 있는 단계에 접어들었다. 최서면은 1969년 12월 일본 간다(神田) 고서점에서 일본어로 번역된 「안중근 자전(安重根自傳)」을 발견하여 반향을 불러일으켰다. 안중근 의거 직후부터 장기간에 걸쳐 '테러리스트', '암살자'로만 인식되던 안중근의 사상과 개인적 삶에 대한 재조명의 필요성이 제기되었다.[48]

---

46 예를 들어 안중근이 중국 뤼순 감옥에 투옥됐을 때 간수였던 일본군 헌병 지바 도시치(千葉十七)는 안중근으로부터 "위국헌신 군인본분(爲國獻身 軍人本分)"이라는 마지막 글을 받기도 했다. 그의 조카인 가노 다쿠미(鹿野琢見) 변호사 등은 이후 '안중근연구회' 결성에 주도적 역할을 담당했다.

47 朴慶植, 「安重根とその思想」, 『未来』 51, 1970년 12월호.

48 建部喜代子, 「安應七歷史(資料紹介)」, 『アジア・アフリカ資料通報(国立国会図書館)』 8-5, 1970. 이 자료의 원문 번역자는 불명이며 현재 일본국회국립도서관 '근대 디지털라이브러리'

김정명은 1972년에 출판한 저서에서 속칭 '도쿄본(東京本)'이라 불리는 별개의 일본어 번역인 옥중 기록 「한국인 안응칠 소회(韓国人安應七所懷)」를 게재했다.[49] 또 1979년의 저서에서는 부록으로 공판 기록, 판결문과 함께 그가 '자필본'이라고 주장한 「안응칠 역사(安應七歷史)」를 게재하여 기초 자료를 제공했다.[50] 이 자료는 1978년 2월에 나가사키에서 발견된 속칭 '나가사키본(長崎本)'인데 자료의 말미에는 "이하 생략"이라고 되어 있다. 또 그는 1979년 9월에 일본국회도서관 헌정자료실의 『시치조 기요미 관계 문서(七條清美関係文書)』에 포함된 사본 합책인 속칭 '국회도서관본'인 『안중근 전기와 논설(安重根傳記及論說)』을 발견했다. 내용은 '나가사키본' 말미의 '이하 생략' 이후의 부분을 포함한 안중근 자서전의 완본과 「동양평화론」의 사본이다.

안중근 연구는 1980년대에 들어와 자료적 뒷받침과 더불어 본격적으로 진행되었다. 그것은 안중근이 단순한 테러리스트가 아니라는 인식으로 이어졌다. 김철앙(金哲央), 강덕상(姜德相) 등의 연구는 개설적인 언급이긴 했지만, 자료 분석 연구라는 점에서 안중근 연구의 수준을 높였다.[51]

이 시기 안중근 연구로 가장 탁월한 활동을 한 연구자는 나카노 야스오(中野泰雄)였다. 나카노는 안중근의 '동양평화론'과 '이토 히로부미 15개

를 통해 그 복사본을 확인할 수 있다(http://kindai.ndl.go.jp/index.html).

49 金正明編著, 『伊藤博文暗殺記録 安重根·その思想と行動(明治百年史叢書 169)』(東京, 原書房, 1972).

50 市川正明, 『安重根と日韓関係史(明治百年史叢書 282)』(東京, 原書房, 1979).

51 金哲央, 「安重根の最後の論説『東洋平和論』をめぐって」, 『統一評論』 178, 1980 ; 金哲央, 「義士·安重根」, 『人物·近代朝鮮思想史』(東京, 雄山閣出版, 1984) ; 姜德相, 「安重根の思想と行動」, 『朝鮮独立運動の群像-啓蒙運動から三·一運動へ』(東京, 青木書店, 1984) ; 姜德相, 「朝鮮と伊藤博文」, 『季刊三千里』 49, 1987.

조의 죄상'을 비교 분석하면서 안중근 연구에 몰입했다. 나카노는 일본의 역사가 청일전쟁부터 러일전쟁까지 제국주의에 휘말리면서, 1910년의 한일병합과 대역사건 이후 돌이킬 수 없는 길에 들어섰다고 인식했다. 그는 안중근의 글을 읽은 뒤 "죽은 자에게 죄가 있다"면서, 안중근 연구에 정력적으로 몰입하여 1982년 첫 논문의 발표 이후 많은 논문과 단행본을 집필했다.[52]

나카노의 연구사적 업적은 첫째, "쏜 자(안중근)보다 죽은 자(이토)의 죄가 크다"는 입장에서 안중근의 활동과 사상, 재판의 성격, 후세 사람들에게 남긴 기억 등에 대해 이전보다 상세히 규명하여 연구 수준을 높였다는 점이다. 그는 '애국적 테러리스트'라는 안중근에 대한 일부의 평가를 비판하면서 안중근이 수감 생활에서 보여준 인격, 법정에서의 당당한 논리 전개, '동양평화론'으로 상징되는 그의 웅대한 사상, 죽음을 받아들일 때의 의연한 자세 등은 결코 사상과 정신이 결여된 '단순한 행동주의자'가 아니라 오히려 사상과 행동이 극명하게 일치된 인물이었음을 입증했다. 또한 안중근은 서예와 학문에서도 높은 경지에 도달하고 있었으며, 평화주의자이며 교육가이며 도덕주의자였다는 것에 주목할 필요가 있다고 말한

---

52 中野泰雄,「歴史と審判-安重根と伊藤博文」,『亜細亜大学経済学部紀要』8-1, 1982 ; 中野泰雄,「『歴史と審判』補遺」,『亜細亜大学経済学部紀要』9-1, 1983 ; 中野泰雄,『安重根-日韓関係の原像』(東京, 亜紀書房, 1984) ; 中野泰雄,「安重根義士と東洋平和」,『亜細亜大学経済学部紀要』10-3, 1985 ; 中野泰雄,「近代ナショナリズムと日韓関係」,『亜細亜大学経済学部紀要』12-2, 1987 ; 中野泰雄,「伊藤博文と安重根」,『亜細亜大学経済学部紀要』14-3, 1989 ; 中野泰雄,「アジアから見た日本近代史」,『亜細亜大学経済学部紀要』15−1, 1990 ; 中野泰雄,「日本人の観た安重根」,『亜細亜大学経済学部紀要』15-2, 1990 ; 中野泰雄,「安重根義士と東洋平和論」,『亜細亜大学国際関係紀要』1, 1991 ; 中野泰雄,「日本における安重根義士観の変遷」,『国際関係紀要』3−2, 1994 ; 中野泰雄,『安重根と伊藤博文』(東京, 恒文社, 1996) ; 中野泰雄,「平和の使徒安重根と日韓関係」,『アジアフォーラム』14, 1997.

다. 한때 안중근은 사숙(私淑)을 설립, 운영하기도 했으며, 의병을 조직하여 일본군과 싸우고 동양의 정세와 조선의 국운을 판단할 수 있었던 명철한 역사의식과 국제 감각의 소유자였다고 평가한다.

둘째, 나카노는 일본 근대사를 안중근의 시점, 즉 동아시아의 시점으로부터 조명함으로써 일본 근대사의 통설을 비판적으로 재검토할 것을 촉구했다. 일본 근대사를 이와쿠라 도모미, 오쿠보 도시미치(大久保利通), 이토 히로부미, 야마가타 아리토모 등을 비롯한 조슈 군벌의 아시아 침략주의론을 중심으로 하는 시각으로부터 가쓰 가이슈(勝海舟), 사이고 다카모리, 나카에 조민(中江兆民) 등을 비롯한 아시아주의자를 중시하는 서술로 전환해야 한다고 주장한 것이다. 이는 안중근이 일본의 온건 세력인 이토 히로부미를 제거함으로써 오히려 한국 강점을 가속화시켰다는 시각에 대한 비판과도 일맥상통한다.

또 다른 연구자 조경달(趙景達)은 종래 이토를 사살한 행위만을 주목하여 안중근을 영웅적으로 평가해 온 경향에 대해, 안중근의 진가는 오히려 뛰어난 사상에 있다며 안중근의 조선 근대 사상의 위치를 명확히 밝혔다. 조경달은 안중근이 천부인권론과 사회진화론에 기초하여 약육강식적인 세계의 현실을 부정하고 '도덕'으로의 회귀를 호소했고, 나아가 '동양평화론'을 저술하여 근대 문명 비판을 전제로 한 아시아 연대의 길을 제창했다는 점을 높이 평가했다. 당시 조선의 부르주아 민족운동이 사회진화론을 수용하여 자강론과 강권론을 제창함으로써 내셔널리즘의 고양을 촉구했지만 제국주의를 비판할 수 없었던 현실 속에서, 안중근의 주장은 제국주의 비판의 논리를 획득할 수 있었다는 점에서 조선 근대 사상사에서 코페르니쿠스적인 전환을 가져왔을 뿐 아니라, 근대 일본의 아시아주

의를 상대화할 수 있는 지평을 열었다고 강조했다.[53]

이처럼 일본에서는 1980년대 이후 동아시아의 평화와 공동 번영을 모색한 사상인 안중근의 '동양평화론'에 주목한 다양한 연구가 이루어졌다. 이런 논의들이 나온 이후, 안중근에 대해 덧쓰인 '암살자', '테러리스트'라는 굴절된 역사 인식이 서서히 수정되기 시작했다. 일본에서 해마다 안중근 의사를 기리는 축제가 개최되고, 1985년에 그의 업적을 연구하는 스터디 그룹인 '안중근연구회'가 결성된 것도 이를 잘 말해준다.

그러나 1990년대 중후반 이후 오움진리교 사건, '거품 경제' 붕괴와 한신·아와지 대지진 등 위기 상황에 놓이자, 보수 이데올로기가 힘을 얻으면서 일본 우익은 자민족 중심의 왜곡된 역사상을 전면에 내세웠다. 이런 움직임은 안중근에 대한 평가에도 드러난다. '새 역사 교과서를 만드는 모임'이 편찬한 교과서나 『만화 혐한류』 등에서는 안중근을 "한국 병합에 신중한 자세를 보인 병합찬성파를 억누르던 이토 히로부미를 살해한 테러리스트", "안중근이야말로 바로 테러리스트다. 한국인이 테러를 찬미하는 것은 정말 비상식적인 일이다. 세계가 테러를 박멸하려 나선 지금, 테러를 찬미한다는 것은 한국인은 인류의 적이다", "안중근이 이토 히로부미를 사살한 것에 대응해 조선을 식민지화했다"며 일방적인 적개심을 유포하고 있다.[54]

---

53 趙景達, 「安重根－その思想と行動」, 『歴史評論』 469, 1989 ; 趙景達, 「朝鮮における日本帝国主義批判の論理の形成-愛国啓蒙運動期における文明観の相克」, 『史潮』 25, 1989.

54 이런 분위기는 네오내셔널리스트의 선동에 편승한 일반인의 반응에서도 잘 드러난다. 예를 들어 한 네티즌은 안중근에 대해 "남조선에서 영웅으로 우표에 등장한 위인 가운데 한 명은 '안중근'이다. 그는 우리나라의 저명한 재상이었던 이토 히로부미를 암살한 비열한 테러리스트이다. 조선은 영웅의 대부분이 테러리스트밖에 없는 국가이다. 그 최대 영웅 중 한 명인 '안중근'은 과연 얼마나 멍청한 테러리스트였는가?"라며 안중근에 대한 왜곡된 인식을 여과 없이 드러내고 있다.(http://www.tamanegiya.com/annjyunnkonnbakatyousenn.html)

한편 가미가이토 겐이치(上垣外憲一), 오노 가오루(大野芳), 운노 후쿠주(海野福壽)는 이토 히로부미 암살사건에서의 안중근 '단독저격설'을 부정하면서 일본 정계가 암약했다는 '복수저격설'을 지적했다.[55] 그러나 이런 주장은 추측에 불과한 것으로 충분한 논거가 없다. 안중근 의거를 둘러싼 기존 연구는 당시의 대한제국과 일본의 반응 모두 안중근의 저격을 전제로 하고 있기 때문이다.

특히 주목할 점은 이토 히로부미의 '통감 통치'를 긍정적으로 평가하는 연구가 대두한다는 것이다. 그 대표적 연구자는 이토 유키오(伊藤之雄)이다.[56] 그는 연구 목적에 대해 "이토 히로부미를 어떻게 평가할 것인가는 일본과 한국의 역사 인식 문제에서 가장 주요한 쟁점 중 하나이며, 그 평가의 차이는 확실히 한국과 일본의 역사 인식 차이를 상징하는 감마저 있다"[57]며 이토 히로부미의 한국 통치와 그 구상에 대해 재검토할 필요성을 강조하고 있다. 관련 자료를 치밀히 분석하면서 '통감 통치' 시기의 다양한 측면을 밝혔다는 점에서 일정한 연구사적인 의미를 갖고 있다고 말할

---

55 上垣外憲一,『暗殺·伊藤博文(ちくま新書 268)』(東京, 筑摩書房, 2000); 大野芳,『伊藤博文暗殺事件—闇に葬られた新犯人』(東京, 新潮社, 2003); 海野福壽,『伊藤博文と韓国併合』(東京, 青木書店, 2004).

56 伊藤之雄,『伊藤博文をめぐる日韓関係-韓国統治の夢と挫折, 1905~1921』(京都, ミネルヴァ書房, 2011). 이 책은 이토 유키오와 이성환을 대표로 하는 연구 그룹이 2006년부터 2008년까지 진행한 공동 연구 결과물이다. 이 책에는 12편의 논문이 수록되어 있는데, 이토의 한국 통치 구상과 통치 사상, 그 구체적인 전개 특히 한국의 사법 정책과 그에 대한 한국인의 반응을 고찰하고 있다. 논자에 따라 이토 히로부미에 대한 평가는 차이가 있지만, 전반적인 경향은 이토를 긍정적으로 평가하고 있다. 자료를 치밀히 분석하면서 '통감 통치' 시기의 다양한 측면을 밝혔다는 점에서 일정한 연구사적인 의미가 있다고 말할 수 있다. 공동 연구는 한·일 양국에서 동시 간행되었다. 일본어판은 伊藤之雄·李盛煥編著,『伊藤博文と韓国統治-初代韓国統監をめぐる百年目の検証』(京都, ミネルヴァ書房, 2009). 한국어판은 이성환·이토 유키오 편저,『한국과 이토 히로부미』(서울, 선인, 2009).

57 伊藤之雄, 앞의 책, ii쪽.

수 있다. 그러나 여기에는 간과할 수 없는 문제점이 발견된다. 그의 주장을 요약하면 다음과 같다.

첫째, 이토의 통치 구상에 대해 "그의 자세는 합방을 목적으로 했다기보다는 한국인의 자발적인 협력을 확보하여 보호국으로서 일본도 저비용으로 한국의 근대화를 실시해 일본, 그 다음으로 한국의 이익을 도모하려는 것이었다"[58]고 한다. 이토의 통치 구상은 한국의 '독립과 부강'을 추구한 것이라는 평가이다. 이어 그는 이토가 한국 강점을 결심한 시점은 1909년 4월 무렵이라며 그 연유는 "이토에게 가장 큰 문제는 많은 한국민이 이토를 믿지 않고 그의 개혁을 지지하지 않은 것"[59]이었고, "한국민이 이토의 통치책을 적극적으로 지지하지 않는다는 것을 알고 이토는 한국 병합이 어쩔 수 없다"[60]고 판단했다고 한다.

둘째, 이토는 한국 강점을 결의한 이후에도 "한국에 '책임내각'과 식민지 의회를 설치하는 형태로 어느 정도의 지방 '자치권'을 부여"[61]하고, "장래 일본의 국정에 조선인을 참가"[62]시키고자 했다. 그의 기본적인 구상은 통감 시대와 유사했지만, 이토의 암살 이후 야마가타(山県)·데라우치(寺内) 등의 강경 노선으로 합병이 이루어졌다고 한다. 그의 말을 그대로 받아들이면 안중근의 이토 히로부미 사살은 이토의 구상을 좌절시켜 병합을 서두른 잘못된 행위가 되고 말았다는 것이다.

셋째, 이토 히로부미의 구상에 대해 "장기적으로는 한국인을 차별하

---

58 伊藤之雄, 앞의 책, 47쪽.
59 伊藤之雄, 앞의 책, 69쪽.
60 伊藤之雄, 앞의 책, 80쪽.
61 伊藤之雄, 앞의 책, 83쪽.
62 伊藤之雄, 앞의 책, 84쪽.

지 않는 통치를 생각했다'[63], "(이토 사후) 실제로 전개된 것은 이토가 꿈꾼 일본인과 조선인이 융화된 제국이 아니었다'[64]는 등 이토를 매우 양심적인 정치가로 평가한다. 이는 만약 그가 생존했다면 한국 강점은 한일 관계에 좋은 영향을 주었다는 논리도 받아들여진다.

받아들이기 어려운 의문점이 많지만, 과연 이토 히로부미에게는 전통적인 조선멸시관은 없었을 것인가? 이에 대해서는 어떠한 언급이 없다. 그의 주장에 따르면 통감 시대 이토의 통치는 제3차 한일협약 등 객관적으로 보면 '독립과 부강'을 명목으로 한국 침략을 추진한 것인데 이를 호의적이라고 말할 수 있을 것인가?

또 한국 강점에 대해 이토 히로부미의 구상이 이상적이었다고 주장한다면, 당시 강경 노선을 펼치던 야마가타 그룹이나 이토를 암살한 안중근이 한국과 일본의 역사를 잘못된 방향으로 바꿔버렸다고 말하려는 것일까? 그의 주장처럼 이토 히로부미의 통치 구상을 명백히 밝히는 작업은 중요하다. 그러나 설령 이토 히로부미가 성실하게 한국의 '독립과 자주'를 추구했다고 가정하더라도 현실적으로 실행된 정책을 객관적으로 살펴보면 '한국을 위해, 동아시아를 위해'라고 말할 수 있는 것은 찾기 어렵다. 이 또한 그가 주장하는 것처럼 "이토가 살아있었다면……"이라고 말할 것인가?

안중근과 이토 히로부미를 둘러싸고 한국과 일본이 상반된 평가를 하고 있다. 이 현상에 대해 일각에서는 역사적으로 형성된 양국의 내셔널

---

63 伊藤之雄, 앞의 책, 78쪽.

64 伊藤之雄, 앞의 책, 161쪽.

리즘 때문이라며 '대립적 내셔널리즘' 또는 '적대적 공범 관계'를 강조하기도 한다. 그러나 양자의 대립을 내셔널리즘 때문이라고 단순화하여 책임이 양자에게 있다고 간단히 말할 수 있을지 의문이다.

안중근과 이토 히로부미에 대한 상이한 평가의 전제에는 일본의 자국 근대사에 대한 긍정적 평가, 일본중심주의적인 뒤틀린 역사 인식에 있다. 다시 말해 일본 근대사를 동아시아 근대사와 관련해서 바라보아야 한다는 시점이 결여된 결과이다. 안중근이 주창한 '이토 히로부미의 15개조'는 당시의 동아시아 정세를 사실 그대로 지적한 것이고, '동양평화론'은 천부인권론이라는 보편적 원리에서 출발한 아시아 연대주의, 나아가 세계평화론으로 이어지는 논리이다. 따라서 안중근과 그의 사상에 대한 정당한 평가는 자국중심주의적인 역사관을 극복하고 동아시아 공통의 역사 인식을 획득함으로써 이루어질 수 있다. 동아시아 구성원이 화해로 나아갈 계기의 마련이라는 측면에서도, 안중근 의거에 대한 보다 구체적이고 객관적인 연구가 뒤따라야 할 것이다.

제2장

민본주의자 요시노 사쿠조의 식민지 인식

1. 두 갈래의 상이한 평가

요시노 사쿠조(1878~1933)는 일본사에서 다이쇼(大正) 데모크라시의 기수로서 확고한 위치를 차지하는 인물이다. 그의 역사적 업적으로 꼽을 수 있는 것으로는 민본주의를 고취하여 보통선거와 정당 정치의 실현에 기여한 점, 우애회(友愛会)와 신인회(新人会)의 창설자들을 원조하여 노동운동의 발전에 공헌한 점, 일본 민주주의의 근원을 찾기 위해 메이지문화연구회를 조직하여 일본 근대사 연구의 기초를 쌓은 점 등이 있다. 천황제 주권에 대해 다른 목소리를 낼 수 없었던 다이쇼 시대에 요시노가 주창한 민본주의는 민주주의 사상의 기저를 이룬 사조로 평가된다.[1] 요시노는 민

1 다이쇼 데모크라시 시기의 요시노에 대한 연구는 마쓰오 다카요시(松尾尊兌)의 일련의 저작을

본주의에 근거하여 일본의 조선 통치를 비판함으로써 조선과 일본의 민중 간 제휴 가능성을 모색한 대표적인 진보적 지식인이며, 식민지 통치 문제를 치열하게 고민한 보기 드문 지식인이었다는 평가도 받는다.

요시노는 대국주의적 민족 차별 의식에 물든 일본인의 조선 인식을 세 가지 면에서 비판하여 충격을 주었다. 먼저 데라우치 마사타케의 헌병정치하에 처음으로 총독 정치의 실태를 폭로하며 동화 정책을 비판했다. 이어 3·1운동을 조선 민중의 내셔널리즘운동으로 간주하며 일본인의 반성을 촉구하고, 독립운동가를 '불령선인'이라 부르는 것은 양심에 꺼린다고 공언했다. 더욱이 간토대지진(関東大地震)이 일어났을 때는 자경단에 저항하여 조선인 학생을 집에 숨겨 주는 등 조선인 학살을 공개적으로 비난했다. 조선의 해방이나 중국과의 불평등조약 철폐까지 주장하지는 못했지만, 요시노는 일련의 비판적 담론과 양심적인 행동을 통해 조선인에게 가장 우호적인 일본인 가운데 한 사람으로 손꼽힌다.[2]

참조할 수 있다. 예를 들어 松尾尊兊,『大正デモクラシーの研究』(東京, 青木書店, 1966) ; 松尾尊兊,『大正デモクラシー』(東京, 岩波書店, 1974) ; 松尾尊兊,『普通選挙制度成立史の研究』(東京, 岩波書店, 1989) ; 松尾尊兊,『大正デモクラシーの群像』(東京, 岩波書店, 1990) ; 松尾尊兊,『大正時代の先行者たち』(東京, 岩波書店, 1993) ; 松尾尊兊,『民本主義と帝国主義』(東京, みすず書房, 1998) 등이 있다. 요시노의 조선과 중국 관련 주요 저작물은 松尾尊兊編,『中国·朝鮮論』(東京, 平凡社, 1970)으로 편집되었고, 그의 전집은 松尾尊兊·三谷太一郎·飯田泰三編,『吉野作造選集(全15巻·別巻)』(東京, 岩波書店, 1995~97)로 간행되었다. 이 글에서는 주로『中国·朝鮮論』에 기초하여 인용했다.

2 예를 들어 마쓰오 다카요시는 요시노의 대외 인식에 대해 "요시노는 제국주의와 정면에서 대결하지는 않았지만, 시종일관 이를 강력히 비판했다. 특히 1919~20년의 단계에서 5·4운동과의 제휴를 주장함으로써 제국주의를 근본적으로 부정하는 방향을 제시했다"며 요시노의 민본주의는 제국주의의 범주에 포함되지 않는다고 주장했다. 松尾尊兊,「吉野作造と朝鮮」,『人文学報』25, 1968. 요시노가 신문과 잡지 등에 기고한 저작물 가운데 조선과 관련된 담론은 50편이 넘는다.『동아일보』가 제국주의 국가의 지식인인 그의 서거를 예외적으로 크게 보도한 것을 보아도 요시노가 당대 조선인에게 어떻게 비쳤는지 미루어 짐작할 수 있다.「吉野作造博士長逝, 東京帝大教授」,『동아일보』1933년 3월 20일 자.

그러나 요시노가 드러낸 조선 인식의 한계를 지적한 견해도 여러 차례 제기되었다. 미야모토 마타히사(宮本又久)는 "요시노의 민본주의는 제국주의 그 자체"라고 비판한다. 미야모토는 요시노의 조선 인식 문제에 대해 "조선인에게 일본의 민본주의에 대한 신뢰감을 품게 하였다. 조선의 독립운동을 민본주의의 틀 안에 가둠으로써 자치권 획득운동 정도로 완화하려 했다"[3]고 평가하면서, 요시노의 민본주의를 제국주의와 동일시했다. 요시노의 제국주의에 대한 태도 자체를 문제 삼은 것이다. 즉 요시노의 민본주의는 원래부터 연약하여 결국 일본제국주의를 옹호하고 중국을 적대시한 측면이 있기 때문에 일본의 대륙 침략 정책을 제대로 인식하지 못했고, 또 일본 민주주의의 전통을 민본주의에서 찾는 것 자체도 무리라는 비판이다.[4]

이처럼 요시노의 조선 인식에 대한 평가는 극명하게 두 갈래로 나뉜다. 물론 후자처럼 제국주의와 민본주의를 사상으로서 완전히 동일시하여 폄하해 버리는 것에는 의문이 남는다. 하지만 전자처럼 요시노가 제국주의에 시종일관 비판적이었다는 평가도 그대로 수긍하기 어렵다. 적어도 요시노의 조선 인식에는 제국주의 이데올로기 단계를 벗어나지 못한 측면이 있기 때문이다.

이 두 가지 측면을 고려하면서, 이하에서는 요시노 사쿠조가 제시한 조선 문제 해결 방안과 일본의 침략 정책이 시대 상황과 어떻게 연결되었

---

3 宮本又久,「帝国主義としての民本主義—吉野作造の対中国政策」,『日本史研究』,91,1967.

4 小林幸男,「帝国主義と民本主義」,『岩波講座 日本歴史(現代 2)』19(東京,岩波書店,1963); 中塚明,「朝鮮の民族解放運動と大正デモクラシー」,『歴史学研究』355,1969; 한상일,『제국의 시선』(서울,새물결,2004) 등 참조.

는지 요시노의 생애와 조선 관련 담론의 재검토를 통해 구체적으로 살펴 보겠다.

2. 한국 강점, 선정주의(善政主義)를 통한 동화

요시노는 지금의 미야기 현(宮城県) 후루카와 시(古川市)에서 상인의 아들로 태어났다. 1884년에 소학교에 입학했고, 1894년 청일전쟁이 일어난 해에는 센다이(仙台)의 현립 중학교 2학년이었다. 1897년에 센다이의 제2고등학교에 입학하고, 이듬해 세례를 받아 그리스도교에 입문했다. 1900년에는 도쿄제국대학 정치학과에 입학하고, 같은 해 목사 에비나 단조(海老名彈正)가 주재하는 혼고 교회(本鄕教会)에 참가하여 교회의 실질적인 기관지인 『신인(新人)』의 편집에도 적극적으로 관여했다. 혼고 교회에서의 활동은 요시노의 인격과 사상 형성에 가장 큰 영향을 미쳤다. 혼고 교회는 시마다 사부로(島田三郎)·우키다 가즈타미(浮田和民)·야마지 아이잔(山路愛山) 등 저명한 자유주의적 정치가와 저널리스트, 아베 이소(安部磯雄)·기노시타 나오에(木下尚江) 등 그리스도교 사회주의자가 모인 당대 진보주의자들의 거점이었다.[5]

1904년에는 정치학과를 수석으로 졸업하고 대학원에 진학했다. 1906년부터 위안스카이(袁世凱)의 장남을 가르치는 가정교사로서 3년간 중국 톈진(天津)에 체류하다가 1909년에 귀국했다. 귀국 후에는 도쿄제국대학의 조교수로 임명되어 정치사를 담당하다가 이듬해부터 정치학을

5 松尾尊兊,『大正デモクラシーの研究』(東京, 青木書店, 1966), 142쪽 참조.

연구하기 위해 만 3년간 유럽에서 유학했다. 1913년 7월 귀국하여 이듬해 다시 도쿄제국대학 교수로 복귀하고 법학 박사학위를 받았다. 요시노는 일본이 침략 행위를 통해 조선을 강점함으로써 제국주의 국가의 위상을 확립하는 때와 맞물려 입신출세의 가도에 들어섰다.

요시노는 제국주의로 부상하는 일본과 그 희생양이 된 조선을 어떻게 바라보았을까. 먼저 그가 중학교 2학년 때 발발한 청일전쟁에 대해서는 말년에 서술한 수필 「청일전쟁 전후(日清戦争前後)」에서 "어린아이의 마음에도 외국의 업신여김을 받았다는 말을 듣고 분개했다"[6]는 소회를 밝힌다. 이것은 김옥균의 암살과 관련된 이야기로, 소년 요시노에게 일본의 손님인 김옥균을 명목상으로 죽인 것은 다름 아닌 청나라와 조선으로 비쳤다.[7] 주지하듯이 이를 계기로 당시 일본의 정계와 언론계는 외국의 업신여김을 받았다며 소동을 벌였고, 일본 정부는 이런 여론을 등에 업고 국민에게 청일전쟁을 합리화했다. 요시노 역시 아무런 의심도 없이 이를 믿으며 성장했다.

이런 인식은 10년 뒤인 러일전쟁 시기에도 변하지 않았다. 요시노는 대학 4학년 때 "러시아가 한번 만주를 경략(經略)하면 조선까지 경략할 것이다. 이는 불 보듯 뻔한 일이다. 우리는 이를 도저히 참을 수 없다. 나는 조선의 독립을 보전하고 제국의 자존(自存)을 안전하게 하기 위해 만주에

---

6 吉野作造, 「日清戦争前後」, 『経済往来』 1933년 1월호.

7 요시노는 소년기부터 김옥균을 무척 존경했다. 요시노의 김옥균에 대한 존경심에 대해 조선시대극연구회를 조직한 김진구(金振九)는 "金玉均은 중국 孫文보다도 一層 卓拔한 인물이엿슴으로 그 器量은 大小와 深淺을 알기 어렵다"고 평가했다고 소개한다. 金振九, 「金玉均先生의 배노리」, 『별건곤』 1, 1926년 11월 1일.

서 러시아 세력을 꺾어야 한다고 생각한다'[8]고 말했다. 또 "우리는 문명에 대한 의무로서 러시아에 승리해야 한다. 나는 러시아를 응징하는 것이 일본 국민의 천수(天授)의 사명이라고 생각한다'[9]며 러일전쟁을 지지했다. 요컨대 요시노는 메이지 정부와 조선 침략의 의욕을 공유했던 것이다. 러일전쟁 이후 '안으로는 입헌주의, 밖으로는 제국주의'라는 풍조가 자유주의자들 사이에서 만연했는데, 요시노의 경우도 다르지 않았다.

1905년에 요시노는 조선문제연구회라는 조직에 참여했다. 조선문제연구회는 '인도주의적인 견지에서 합리적인 조선 통치 정책을 연구한다'는 목적 아래, 혼고 교회의 주요 신자였던 시마다 사부로, 우키다 가즈타미, 에비나 단조와 고교 시절부터 친구로 지낸 오야마 도스케(小山東助) 등이 조직한 단체이다. 연구회를 조직하게 된 직접적인 계기는 『신인』지에 게재된 시마다의 「조선에 대한 일본인의 직분」과 오야마의 「조선동화론」 이었다.

시마다는 "조선은 구제될 가망이 없다"는 주장에 대해 청일전쟁은 조선 독립을 대의명분으로 삼았지만 "조선을 도와야 한다"는 자각으로 싸운다면 이는 사기적인 부정 행위로서 "일본인의 잔인과 무자비가 정말로 극심하다"고 지적했다. 또 "고대에는 조선이 문명부강하여 우리 일본의 선각이었다"며 조선을 높이 평가했지만, 현재는 "정치의 개선을 통해 이들 하층 인민의 질고(疾苦)를 구원해야 한다"고 주장하면서, 결국 조선을 일본의 식민지로 삼고 '선정(善政)'을 통해 구제하는 것이 일본인의 직분이라고 말했다.[10]

---

8 吉野作造, 「征露の目的」, 『新人』 1904년 3월호.

9 吉野作造, 「露国の敗北は世界平和の基也」, 『新人』 1904년 3월호.

10 島田三郎, 「朝鮮に対する日本人の職分」, 『新人』 1905년 3월호.

오야마의 「조선동화론」의 논지는 다방면에 걸쳐 있었는데, 주요 핵심은 "일본인은 조선 민족을 학정, 빈곤, 무지, 미신으로부터 구제해야 하지만, 조선은 원래부터 자치의 실력이 없고, 또 독립의 지망(志望)이 결여되어 있다. 다수의 인민이 필요한 것은 단지 선정에 있다"는 판단 아래, 일본이 조선을 식민지로 삼아도 좋다는 것이었다.[11] 요컨대 조선문제연구회는 선정주의에 기초한 동화를 전제로 두고 한국 강점에 동의했다.

요시노는 한국 강점의 소식을 유럽 유학 중에 들었다. 그의 일기 1910년 8월 30일 자에는 "신문이 알린 내용에 따르면 그제 일한합방의 조약이 공포되었다고 한다. 일본 황제는 특히 칙유(勅諭)를 발표하여 한인에게 특사를 명하고 감세를 약속했다고 한다."라고 기록되어 있다.[12] 청년 요시노는 그가 염원하던 일본의 '선정'이 시작되었다고 판단한 것이다.

요시노는 한국 강점이 이루어지기까지 조선을 향한 일본의 제국주의적 침략을 시인했다. 그리고 식민지 지배를 통해 일본이 조선에 '선정'을 베풀어야 한다고 주장했다. 러일전쟁이 종결된 이후 중국에 거주하던 3년간의 생활은 그에게 아무 영향을 주지 못했다. 중국에 거주한 것은 단지 가족의 생계를 꾸리기 위한 호구지책에 지나지 않았으며, 따라서 일본의 중국 정책에 대해서도 무비판적이었다. 요시노의 대외 인식은 일본의 대외 진출을 주창하던 제국주의적 지식인의 범주를 벗어나지 못했다.

---

11 小山東助, 「朝鮮同化論」, 『新人』 1905년 5·6월호.

12 요시노의 일기에 대해서는 田沢晴子, 「郷里意識からの脱却—『吉野作造日記』中国天津時代からヨーロッパ留学時代についての検討-」, 『吉野作造記念館研究紀要』 창간호, 2004 참조.

3. 조선인과의 교류와 인식의 변화

1913년 유럽에서 귀국한 뒤, 요시노는 『중앙공론(中央公論)』의 주간인 다키타 조인(瀧田樗陰)을 만나면서 중앙공론에 논문을 발표하기 시작했다. 1916년에 들어 요시노는 '회심(回心)'이라 말할 정도로 파격적인 변신을 한다. 요시노는 그의 변신을 알리는 「헌정의 본의를 말하여 그 유종의 미를 다할 길을 논한다」[13]는 장문의 논문을 발표하고, 이를 통해 민본주의를 주창함으로써 일본 논단에 일대 파문을 일으켰다. 그는 이 논문에서 민본주의의 현실적인 정치 형태로서 보통선거에 바탕을 둔 정당내각제도의 확립을 제창하고, 이를 저해하는 군부와 보수적 관료 세력을 통렬히 비판했다. 당시 일본 사회에서 요시노의 주장은 새로운 데모크라시 사상을 보급하고 이론적 근거를 구축하는 데 거대한 힘을 발휘했다.

요시노가 반체제적 입장을 확립한 데는 조선인 유학생과의 만남이 중요한 계기가 된 것으로 보인다. 귀국 이후 요시노는 조선인, 특히 독립을 지향하는 조선인 유학생들과 활발히 교류하면서 식민지 조선에서 시행되던 무단 통치 정책의 폐해를 간접적으로 체감했다. 그리하여 한국 강점 직전까지 요시노 스스로 지지했던 '선정'이라는 미명 아래 민족 동화 정책이 결코 이루어질 수 없는 정책이라고 판단하게 되었다. 그는 이민족 통치의 이상이란 민족의 독립을 존중하고 정치상의 자치를 인정하는 것에 있다며 일본의 억압적 조선 정책을 비판하기에 이르렀다.

13 吉野作造, 「憲政の本義を説いてその有終の美を済すの途を論ず」, 『中央公論』 1916년 1월호.

요시노의 정치적 입장이 변화하면서 조선인과의 교류도 더욱 긴밀해졌다. 요시노와 젊은 조선인 유학생들 사이에 다리를 놓은 인물은 김우영(金雨英)이었다. 마쓰오 다카요시가 소개한 도쿄제국대학 기독교청년회(YMCA) 기록 『대학기독교청년회관일지』를 살펴보면 요시노와 김우영의 관계를 알 수 있다. 마쓰오에 따르면, 1913년 7월 유럽에서 귀국한 요시노는 9월 20일에 도쿄제국대학 YMCA 주최로 열린 '신입 회원과 요시노 교수 환영회'에 참석했다. 요시노는 이 자리에서 처음으로 김우영을 만났을 것이다. 요시노가 이후 총독 정치를 규탄하는 「만한을 시찰하고」를 집필한 계기가 되었던 조선 여행은 김우영이 친구인 장덕수(張德秀)와 함께 알선한 것으로 여겨진다.[14]

요시노는 1917년 3월 14일 도쿄제국대학 YMCA 이사장으로 취임했는데, 이때를 전후해서 더 적극적으로 조선인 유학생과의 관계를 유지해 나갔다. 도쿄제국대학 YMCA는 요시노와 조선인을 연결해 주었고,

14 松尾尊兌, 「吉野作造と朝鮮人学生」, 『東西文化史論叢(原弘二郎先生古稀記念)』, 1974 참조. 김우영은 1913년 제6고등학교를 졸업하고 도쿄제국대학 정치학과 입학 시험을 보았으나 실패하고 사학과에 학적을 두었다. 이때 김우영은 도쿄제국대학 YMCA회관 기숙사에 머물렀다. 「대학기독교청년회관일지」 제10호(1913. 9. 15)에 따르면 신학기 제1회 총회가 개최되어 19명의 기숙사생 사이에서 숙소 배정을 위한 추첨이 이루어졌는데, 김우영은 야마이 히로시(山井浩)와 함께 '중3' 방에 배정되었다고 한다. 또 7월 6일 자 일지를 보면 "6고의 김군(조선인)이 수험을 위해 오늘 아침 입사했다"는 기록이 있다. 즉 김우영은 신학기 총회 이전에 기숙사에 기거했음을 알 수 있다. 아마 김우영의 6고 친구로 그보다 1년 전에 상경하여 도쿄대학 YMCA 이사였던 호시지마 니로(星島二郎)의 소개를 통해 입사했을 것이다. 또 10월 1일의 일지에는 '유(兪)'가 입사했다고 되어 있는데, 이는 아마 유만겸과 유억겸 형제 가운데 한 사람일 것이다. 松尾尊兌, 「吉野作造と湯淺治郎—二, 三の資料紹介」, 『季刊三千里』 4, 1975. 김우영은 3·1 운동 직후에는 독립운동가의 변호사로 활약하는 등 민족주의 진영에서 활약했지만, 이후 일본의 회유 공작에 넘어가 총독부 관료로 등용되었다. 김우영은 해방 이후 자서전을 출판했는데, 이를 통해 요시노 주변과 조선인과의 접촉 상황을 간접적으로 파악할 수 있다. 김우영, 『민족 공동 생활과 도의』(서울, 신생공론사, 1957).

1910년대에 가장 양심적인 언론 활동을 전개한 기반이었다고 말할 수 있다. 요시노는 조선인 유학생과의 접촉을 통해 조선 내셔널리즘의 존중과 동화 정책에 대한 의혹을 표명했고, 이는 구체적으로 조선 시찰 이후 무단 통치에 대한 비판으로 표출되었다.

또 요시노는 1916년 3월 말부터 약 3주에 걸쳐 조선과 만주를 방문하여 일본의 통치에 대한 조선인의 비판을 직접 듣기도 했다. 당시의 체험은 『중앙공론』에 「만한을 시찰하고」[15]라는 글로 발표되어 파문을 일으켰다. 요시노는 먼저 총독부 정치의 참혹한 실태를 지적했다. 도로와 물자 등의 사정은 식민지시기 이전보다 개선되었다고 보았지만, 도로 건설 등이 조선인에게 어떻게 받아들여졌을지에 대해 의문을 제기하면서 "특히 일반 일본인 관리의 상식으로서 각 지방관 등은 자신들의 공명을 서둘러 자신이 금년도에 몇십 리의 도로를 만들었다던가, 아니 자신은 그보다 더 만들었다는 식으로 저마다의 성적을 내세운다"고 지적했다.

요시노는 조선의 '뒤처진 교육'에 대해서도 언급했다. 주목할 것은 "피아 민족의 차이를 안중에 두지 않고 앞서나가 민지(民智)의 우열을 비교하는 것은 정당하지 않다"며 이전 조선 왕조의 상황도 고려한 점이다. 그리고 일본 개국 당시 일본인의 지식도 저급했던 사실을 예로 들며 일본인도 큰 차이가 없었다고 말하면서, 조선도 일본처럼 근대 문화를 접하면 점차 개선될 것으로 바라보았다. 이처럼 자신의 반성을 통해 '교육'이라는 인간의 '내면성' 문제를 고려해 말한 점은 평가할 만하다.

이어 그는 모든 면에서 일본인과 조선인의 차별이 존재한다는 것을

---

15 吉野作造, 「滿韓を視察して」, 『中央公論』 1916년 6월호.

많은 사례를 들면서 지적했다. 총독부의 관리등용제도 문제는 물론이고, 급여에서도 같은 직원이면서 조선인 관리는 일본인 관리의 1/3밖에 받지 못한다고 폭로했다. 더욱이 승진과 관련해서는 고등관이 되려면 고등문관시험을 통과해야 하는데 조선인에게는 시험에 응시할 자격조차 주어지지 않는다고 지적했다. 조선 통치에 대한 일반인의 비판이 허용되지 않던 시기에 그 실정을 폭로한 것은 예외적인 일이다.

요시노가 총독 정치를 비판한 내용 가운데 특히 주목할 점은 '동화 정책'의 곤란함에 대한 언급이다. 그는 먼저 조선인이 하나의 전통을 지닌 민족이라는 것을 인정하면서, "조선인이 일본의 통치를 일본 측이 생각하는 만큼 고맙게 생각하지 않는다는 것은 사실 당연한 이야기다. 정도의 문제에 따라서는 일본인의 책임으로 귀결될 부분도 있겠지만, 단지 일본의 통치를 즐거워하지 않은 것이라면 이는 어쩔 수 없다. 조선인이 아무리 무기력하더라도 어찌 되었든 오랜 기간 독립국이었고, 실로 독립의 문명을 지닌 하나의 독립 민족이다."라고 말했다. 한국 강점 이후 "조선은 일본이다"라는 풍조가 당연하게 여겨지던 때, 조선인을 문명을 지닌 민족으로 바라본 점은 높이 평가할 수 있다.

요시노는 민족의 지배에 대해서도 "하지만 이렇게 조선인이나 중국인일지라도 선정만 펼치면 그들이 모두 무조건 일본의 통치에 만족하리라고 단정하는 것은 독립 민족의 심리를 정말로 이해하지 못하는 처사이다."라고 말하고, 더욱이 정부의 동화 정책에 대해 "이민족과 접촉한 경험도 적고 특히 타민족을 열등시하여 쓸데없이 그들의 반항심을 도발하는 것만을 능사로 삼는 협량한 민족이 단시일 내에 동화시키겠다고 하는 것은 말도 되지 않는다"고 비판했다.

이처럼 요시노는 총독부 정치의 실태를 폭로하고 그 결점을 지적했다. 조선인을 전통을 지닌 민족으로서 인정할 뿐만 아니라 독립 민족으로 인정하고 더욱이 동화는 불가능하다고 본 것은 주목할 만하다. 또 정치학자로서 총독부 통치 정책의 결점을 예리하게 비판하고, 교육 문제나 관리 등용 문제 등 모든 측면에서 일본인과 조선인의 차별을 지적하기도 했다.

하지만 그는 당시 조선과 일본에 존재하는 근본적인 모순을 해결할 수 있는 방책을 제시하지는 못했다. 오히려 일본의 효율적인 식민지 지배를 제안하는 데 그쳤다. 식민지 지배를 통한 '선정' 실시를 주장하던 시기에 비해서는 조선에 대한 이해의 폭이 깊어졌다고 할 수 있지만, '회심'이라 말할 정도는 아니었다. 요시노의 조선 인식은 3·1운동을 거치면서 다시 변화하게 된다. 일본 국내의 보통선거와 언론 자유 문제를 언급하면서 왕성한 활동을 전개하고, 조선과 일본 관계의 실정에 대해 일본 국민에게 알리기 시작했다.

4. 조선 통치 정책 개혁론에 드러난 조선 인식

3·1운동이 일어난 지 보름 정도 지난 3월 19일, 요시노는 그를 중심으로 조직된 여명회(黎明會)에 도쿄에 거주하던 백남훈(白南薰), 변희용(卞熙鎔), 김준연(金俊淵) 등 7명의 조선인을 초청했다. 3·1운동에 대한 조선인의 의견을 청취하기 위해서였다. 7명의 조선인은 조선 민족은 독립을 희망하며 결코 일본에 동화될 수 없다는 점을 강조했다. 요시노는 이들의 의견을 존중하여 3월 22일에 개최된 여명회 강연회의 개회사를 통해 3·1운동의 원인을 제삼자의 책동으로 간주하는 언론의 논조를 비판

했다. 이 강연회는 당시 조선 정책의 부당성을 비판한 유일한 군중 집회였다.

요시노는 1919년 4월, 조선 통치 정책에 대한 자기반성의 필요성을 강조하며, "조선에서의 폭동은 말할 필요도 없이 커다란 불상사이다. 그 원인과 근본적 해결의 방책에 대해 다소간의 의견 차이가 있다. 하지만 이를 명확히 밝히는 전제로서 내가 절규할 수밖에 없는 점은 국민의 대외적 양심이 현저히 마비되어 있다는 것이다. 이번 폭동이 일어나고 지식인들의 평론이 여러 신문·잡지에 게재되었다. 하지만 대부분의 평론이 다른 사람을 질책하는 데 급급하고 자신을 반성하는 태도는 찾아보기 어렵다. 그렇게 엄청난 폭동이 있었는데도 조금도 각성의 빛을 보이지 않는 것은 일본 양심의 마비가 얼마나 깊은지를 말해준다"[16]는 글을 기고했다.

이 글에서 요시노는 일본인으로서 3·1운동의 원인을 타자, 즉 조선인이나 외국인 선교사에게 떠넘기는 논조를 "양심의 마비"라고 비판했다. 그리고 제암리 사건으로 상징되는 조선인 학살을 폭로하고, 당면한 최소한의 개혁에 대한 요구 사항으로 언론의 자유, 조선인 차별 대우의 철폐, 무력 통치 정책의 폐지를 주장했다. 무력 통치 정책의 폐지에 대한 요시노의 주장이 여타 언론의 주장과 다른 점은 철저한 자기반성 아래 이루어졌다는 점일 것이다. 여타 언론들이 내세운 무력 통치 폐지 주장은 일본의 식민지 지배 체제를 효율적으로 운영하기 위한 요구에 불과했다.[17]

요시노는 조선인의 움직임을 정확히 파악한 글을 연이어 발표했다.

---

16 吉野作造,「対外的良心の発揮」,『中央公論』1919년 4월호.

17 이규수,「3·1운동에 대한 일본 언론의 인식」,『역사비평』62, 2003.

특히 주목받는 글은 「조선폭동선후책」[18]과 「조선의 언론 자유」[19]이다. 「조선폭동선후책」에서는 3·1운동에 대한 '대책안'을 몇 가지 말한다. 첫째, 3·1운동을 '폭동'으로 간주하고 "폭도"의 "진정"과 "엄벌"에 대해 "이것도 필요할 것이다."라고 했다. 3·1운동을 "뭐라 말해도 다이쇼 역사에서 일대 오점이다."라고 평가했다. 둘째, "황실의 하사금"에 의한 구휼책을 긍정했다. 셋째, "일시동인(一視同仁) 정책"의 철저한 시행과 모든 방면에서 일본인과 조선인의 차별 철폐를 호소했다. 특히 교육 문제에서 문호 개방을 주장했다. 넷째, 조선인에게 "일종의 자치"를 인정해줄 것을 제안하고, 다섯째 "민간에 일선협동의 무언가 소통 기관이 설립되기를 희망한다"고 주장했다.

요시노의 제안을 다시 검토해 보자. 먼저 첫 번째 제안에서 3·1운동을 '폭동'으로 바라본 점에 유의할 필요가 있다. 3·1운동은 '비폭력'을 슬로건으로 내세운 독립운동이자 평화적 운동이었다. 하지만 요시노는 운동에 참여한 조선인을 '폭도'로 간주하여 그들에 대한 "진정"과 "엄벌"은 "폭동의 형태로 나타난 이상, 이것도 필요할 것이다."라고 말했다. 이런 제언대로 조선 전국에 확산된 3·1운동은 일본 군대에 의해 '학살'되었다고 말할 수 있을 정도로 잔학한 수단으로 진압당했다. 평화적인 독립을 염원하던 조선 민중에 대한 요시노의 발언은 조선 민족의 '민족으로서의 의지'를 이해하지 못한 것이었다.

요시노가 '일시동인 정책'에서 교육을 비롯한 기타 모든 방면의 차별

18 吉野作造, 「朝鮮暴動善後策」, 『中央公論』 1919년 4월호.
19 吉野作造, 「朝鮮に於ける言論自由」, 『中央公論』 1919년 6월호.

철폐를 주장한 것은 언뜻 보기에는 높이 평가할 만하다. 하지만 '일시동인'은 조선인을 위하는 듯한 명목상의 구호에 불과할 뿐, 내용적으로는 이전 논문인 「만한을 시찰하고」에서 '동화 정책'이 '곤란'하다고 주장했던 것에서 오히려 역행한 제언으로 보인다.

그리고 조선인에 대해 '일종의 자치 용인'을 제언한 것에 대해, "다만 방침으로서는 관리 만능의 정치를 폐지하고 선민(鮮民)에게 적어도 재류 내지인과 협동하여 통치를 감독하도록 하는 것이 절대로 필요하다."라고 말하면서 일본인 관리 만능이었던 당시의 조선 통치를 비판한 내용은 평가받을 만하다. 하지만 문제가 되는 것은 '일종의 자치'라는 말의 진의이다. 요시노는 "우리는 종래의 통치 방침이 너무 일본 중심으로 편중된 것에 유감이지만, 그렇다고 '조선인을 위한 조선'주의를 방임할 수 없다"고 밝혔다. 요컨대 성급한 동화 정책에 대한 반성을 촉구했지만 완전한 자치를 인정하겠다는 뜻은 아니었다.

마지막 제언으로 '민간의 소통 기관'의 설립을 희망했지만 이 또한 본질적인 해결책이 될 수 없었다. 요시노는 조선의 식민지 지배를 부정하는 것이 아니라, 오히려 조선의 민족해방운동인 3·1운동을 '폭동'으로 간주하고, 지배자 입장에서 통치 정책의 영역을 벗어나지 못했다. 이는 동 시기에 조선론을 전개한 야나기 무네요시(柳宗悅)나 야나이하라 다다오와 비교해도 분명하다. 완전한 조선독립론자는 아니었지만 조선이 일본으로부터 평화적으로 분리·독립되는 것을 환영한 야나이하라와 어디까지나 최종적으로는 조선을 일본의 통치하에 두려는 요시노를 비교할 때, 요시노의 조선 민족에 대한 인식은 시류를 비판한 것으로만 받아들이기 어렵다. 즉 그의 뇌리에는 '일본제국주의 통치하의 조선'이라는 문제의식이 근본적으로 자리했고, 따라서 그가 말하는 '선후책'이란 식민지 지배를 어떻게 이상적으로 운영할 것인지에 대한 나름의 '대책'이었을 뿐이다.

3·1운동에 대한 요시노의 구체적 제언은 「조선폭동선후책」에 이어 「조선의 언론 자유」에도 나온다. 먼저 여기서 말한 언론의 자유란 무엇이었을까. 요시노는 "조선에서 앞으로 새롭게 시설할 필요가 있는 것은 하나로는 부족하다. 현재 시행되고 있는 것으로 개정될 것 또한 아주 많지만, 그 중에도 선인의 언론을 인정하는 것이 초미의 급무라고 믿는다"고 했다. 즉 이후의 통치에서는 먼저 조선인에게 서둘러 언론의 자유를 부여할 필요가 있다는 것이다. 하지만 여기에서 말하는 '자유'는 무엇이든 말해도 좋다는 것은 아니었다. 요시노는 "원래부터 언론의 자유는 절대로 이를 허용하라는 것이 아니다. 내지에서도 어떻든 부당한 압박을 받고 있기 때문에 다소의 취체에는 원래부터 이의를 달지 않는다. 나는 원래 이 점에 대해서 아주 극단적인 자유론자이다. 하지만 조선에서는 적어도 내지에서와 동일한 정도의 언론 자유는 내선 동포에게 부여해야 한다고 생각한다"고 말했다.

당시는 대일본제국헌법 체제 아래서 국민의 언론이 엄격히 통제되었고, 특히 조선 통치 문제에 대해서는 국내에서도 쉽게 입을 열 수 있는 상황이 아니었다. 조선에서는 조선인은 물론이고 재류일본인에게도 엄격한 언론 통제가 가해졌다. 그런데 요시노는 일본 국내 정도의 수준으로 통제를 완화하여 조선인에게 '어느 정도'의 언론 자유를 부여하자는 것이었다. 요시노가 말하는 '언론 자유'는 지금의 법률에서 보장되는 '자유권'으로서의 언론 자유와는 성격이 달랐다. 자신을 스스로 "극단적인 자유론자"라고 평가하고 유럽 각국의 근대 정치도 직접 확인했음을 고려하면,

요시노의 '언론 자유'에 대한 인식이 완전했다고는 말하기 어렵다.

그렇다면 요시노의 '언론 자유'의 진의는 무엇일까. 그는 조선에서의 일본인과 조선인의 상거래상의 불합리를 예로 들면서 "실제로 어떠한 불합리한 일이 벌어지고 있는가를 모르고 통치에 성공할 수 없다"고 말했다. 이는 통치 정책의 성공을 위해 피지배 측인 조선인에게 '제한이 붙은' 언론 자유를 부여하라는 주장이었다. 곧 '지배 정책'으로서의 언론 자유였다.

요시노는 또 도로 건설 등에서 일본 관헌의 횡포를 예시하면서 "토민(土民)이 실제로 어떤 감정으로 이에 따르는지 모르고서는 통치에 성공할 수 없다"고 말했다. 다시 말해 토착민이 어떤 '반일 감정'을 지니고 있는지 모르고서는 성공적인 통치는 있을 수 없다는 의미이다.

3·1운동 당시 총독부는 조선 민중의 '대일 감정' 파악이 불충분하여 완전히 허를 찔린 채 운동의 확대를 주시했다. 이런 상황을 고려할 때, 요시노의 '언론 자유'에 대한 제언은 민중의 불만이 쌓여 '폭도'로 돌변하는 것을 방지하기 위해 어느 정도의 언론 자유를 제공해야 한다고 생각한 데서 나왔을 것이다. 더욱이 요시노는 "선민이 얼마나 의지 발표의 기회를 구속당했는지는 조선어를 사용하는 언론 기관이 어용신문인 『매일신보』를 제외하고는 단지 문학잡지인 『청춘』만 있다는 것으로 알 수 있다. 이것도 정기간행물로서 허가된 것이 아니다. 단행본으로서 사실상 잡지의 형태가 된 것이다. 더구나 원고 상태에서 검열을 거쳐야 하기 때문에 이를 통해서는 선민의 적나라한 감정을 엿볼 수 없다"고 말했다. 요컨대 요시노는 조선에 '언론 자유'를 부여함으로써 조선인이 어떠한 감정을 품고 있는지를 알아야 한다고 주장했다.

5. 착종된 조선 인식

요시노는 1920년 혼고 교회의 『신인』에 「조선 청년회 문제—조선 통치책의 각성을 촉구한다」[20]는 글을 게재했다. 이 글에서 요시노는 '청년회'를 예로 들면서 그가 추구하는 통치책을 밝혔다. 먼저 청년회 문제에 대한 당국의 입장을 "청년회 문제는 이렇다. 도쿄 간다(神田)에 조선인 기독교청년회회관과 기숙사가 있다. 이곳이 재류조선인 청년과 학생 수백 명의 유일한 집회소이고, 따라서 각종 음모의 책원지가 된다. 여기를 중심으로 도쿄의 청년과 학생은 상하이의 소위 독립 정부라는 것과 연락하는 모양이다. 따라서 당국자는 이를 궤멸시키겠다는 희망을 갖고 있다는 것이다"라고 설명했다.

주지하듯이 조선기독교청년회관은 2·8독립선언의 무대였다. 정부 당국자는 곧바로 그곳을 '궤멸'하고 싶었을 것이다. 요시노는 이어 정부 당국자가 총독부와 제휴하여 조선 민중의 '정신 정복'을 위한 전도 활동을 하던 일본조합기독교회 소속 목사에게 청년회를 지도·관리하게 하려는 것은 아닌가 하는 '소문'이 있다고 소개했다.

청년회가 '음모의 책원지'라는 당국의 입장에 대해 요시노는 "어떤 의미에서는 올바르고, 또 다른 의미에서는 옳지 않다"고 했다. 이는 청년회가 독립운동을 전개하는 중심지라는 사실을 인정한 것인데, 이곳이 유일한 재일조선인 학생의 집합 장소였기 때문이다. 청년회의 궤멸, 건물의 폐쇄 의견에 대해서는 "만약 청년회가 없었더라면 다른 곳에 비밀장소가

20 吉野作造,「朝鮮青年会問題」,『新人』1920년 2월호.

생겨 오히려 그곳에서 훨씬 위험한 계획이 만들어질 것이다. …… 따라서 청년회 건물이 존재하는 것은 오히려 하나의 안전판이다. 이를 궤멸하거나 폐쇄한다는 것은 단견"이라 주장했다. 요컨대 요시노는 "우선 그들이 각종 집회를 필요로 하는 까닭을 잘 생각할 필요가 있다"며 조선인 학생의 사정을 이해하면서, 청년회의 존재를 '하나의 안전판'으로 바라보았다. 이런 사고방식은 앞서 「조선의 언론 자유」에서 지배 정책으로 제안한 '제한적인 언론 자유'와 동일한 성격을 지닌다고 말할 수 있다.

당시 재일본 도쿄조선기독청년회 총무는 백남훈이었다. 백남훈은 와세다대학 재학 중에 재일본조선유학생학우회 회장을 역임한 재일조선인 청년의 리더였다. 요시노는 그에 대해 "나의 친우로 실로 훌륭하고 온후한 신사다. 그를 적절하지 않다고 생각한다면, 조선인 사이에는 한 사람의 적임자도 찾을 수 없을 것"이라 평가했다. 그런데 요시노는 청년회에서 주도한 '독립운동'을 '음모'라고 부르며, 조선인 학생에 대해 "내 생각에 직접적이고 적극적으로 관여한 사람은 다수가 아닐지 모르지만, 수동적으로 관계하거나 적어도 동정하고 공감하는 사람을 합한다면 거의 모두 그의 친구라 해도 좋을 것"이라 말했다. 다만 청년회의 독립운동을 법률적으로 바라보는 것에 대해 유감으로 생각했다. 즉 조선인은 당시 법률상 '일본 신민'이기 때문에 '독립운동'은 '반역죄'라는 중죄에 해당하지만, "순수한 야마토 민족이 아닌 조선인이 더구나 그런 상태에서 통치를 받는 조선인이 일본에 대해 내지인과 동일한 사고방식을 지닐 수 없는 것은 우리로서는 유감이지만 자연적인 일로서 어쩔 수 없다"며 일본의 침략에 의한 불행한 조선의 역사, 조선 '민족'에 주목했다.

하지만 다른 관점에서 바라보면 요시노는 조선인을 정신적인 측면에서도 지배할 것을 주장했다고 말할 수 있다. 종래의 '국가주의'에 의한 일방적 통치 정책을 비난하면서도, '독립운동'에 대해서는 '유감'을 표명했으며, "조선인의 소위 음모는 외면적인 형태로는 역시 반역죄임이 틀림없다. 내지인이라면 한걸음도 사정을 봐줄 수 없는 대죄"라며 정신적인 측면에서의 문제 해결을 통한 조선의 합리적인 통치를 주장했다. 이를 위해 '안전판'으로서의 청년회는 궤멸해서는 안 되고 나아가 '감시'를 위해서도 필요하다고 한 것이다. 즉 요시노는 조선을 일본제국주의 아래 묶어 두려 했다.

총독부의 무단 정치에 대한 그의 비판은 매우 격렬하고 정확했지만, 그 비판은 조선의 식민지 지배를 보다 완벽하게 이끄는 것이 목적이었다. 사이토 마코토(斉藤実) 총독이 내건 '문화 정치'를 환영했고, 더욱이 조선 통치의 최고 책임자인 총독 개인에 대해서는 어떠한 비판도 하지 않았다. 요시노는 당시의 총독 데라우치 마사타케에 대해서는 비판을 주저했다. 통치 정책에 대해서는 많은 비판을 가하면서도 통치의 최고 책임자인 데라우치에 대해서는 "특히 현재의 데라우치 백작은 정의의 관념이 매우 강렬한 사람으로 이치에 맞지 않는 것은 추호의 여지도 없이 사정을 보지 않는다"고 찬사를 보냈다. 또 새로 부임한 총독과 정무통감을 "이상적이라고는 말할 수 없지만, 통치의 개혁에 관해 전도(前途)의 광명을 기대할 수 있는 인선이라는 점은 의심하지 않는다"[21]고 평가했을 정도이다. 결국 조선 민족이 요구하는 독립 문제에 대해서는 언급을 회피하고, 일본제국주의자의 이익이라는 범주 내에서 조선 통치 정책을 비판했다.

---

21 吉野作造, 「新総督及び新政務統監を迎う」, 『中央公論』 1919년 9월호.

조선의 민족해방운동에 대한 사고방식도 그렇다. 요시노는 식민지 문제는 궁극적으로 조선의 독립을 승인함으로써 해결될 문제이기 때문에 조선인의 '민족성'을 존중하여 그 동화는 '곤란'하다고 말했지만, 조선 독립은 부정했다. 나아가 3·1운동에 관한 일련의 담론을 통해 일본인의 반성을 촉구하고 조선인이 독립을 요구할 수밖에 없는 배경을 고려해야 한다는 새로운 '대책'을 제안했지만, 그런 논의는 결국 '조선을 어떻게 완벽하게 지배할 것인가'라는 문제로 귀결되었다. 그가 조선의 청년회 문제를 언급하면서 조선인의 '마음'을 지배할 것을 제안한 것도 결국 이와 연관된 사고방식이었다. 즉 요시노가 추구하는 조선 정책과 민족해방운동에 임했던 조선인의 자세를 비교해보면, 양자가 추구하는 방향이 크게 어긋나 있음을 알 수 있다.

더욱이 요시노는 조선 통치의 이상에 대해서 "조선 통치의 이상은 일선 양 민족의 실질적 최고 원리에서의 제휴여야 한다. 필히 보편적인 기초에 서서 일치와 제휴를 도모해야 한다"[22]고 말했다. 하지만 두 민족이 함께 제휴해나갈 경우, 그것이 설령 아무리 고도한 원리일지라도 먼저 양 민족이 상호의 '민족성'을 존중하지 않으면 안 된다. 한편이 다른 한편을 지배한다는 형태가 존속되는 한, 진정한 민족 제휴는 있을 수 없다. 그런 의미에서 요시노의 발언에 '지배자 의식'이 존재하는 한, 요시노는 조선인의 민족해방운동을 이해한 사람이라고 평가할 수 없으며, 그의 사고방식 또한 '제국주의'의 영역을 완전히 벗어난 것으로 받아들일 수 없다.

---

22 吉野作造,「朝鮮統治策に関して丸山君に答う」,『新人』1920년 4월호.

제3장

대한민국 정부 수립과 일본의 한국 인식

1. 조선의 독립과 대한민국의 건국

동일한 역사적 사건에 대한 평가가 개인이나 집단의 이념에 따라 판이하게 드러나는 경우가 많다. 특히 지배와 피지배를 경험한 민족 사이의 입장은 무척 다르다. '8·15 기억'을 둘러싼 한국과 일본의 시각이 전형적인 예일 것이다. 8월 15일은 한국인에게는 식민지 지배로부터 해방된 광복의 날이었지만, 일본인에게는 종전기념일로 기억된다. 또 한국인에게는 식민지로부터의 해방과 새로운 국가건설의 출발점이었지만, 일본인에게는 미국과의 전쟁에서 패배한 굴욕의 날이자 제국 영토의 일부인 조선을 상실한 아쉬운 날로 각인되어 있다.

조선의 독립과 대한민국의 건국에 대한 시각 또한 인식 주체에 따라 다른데, 이런 상황은 피지배 민족에서만이 아니라 지배 민족 내부에서도 확인할 수 있다. 지배자 일본인 중에도 지배 민족으로서의 역사적 책무 등의 자각 정도에 따라 천황제 이데올로기와 군국주의에 대한 평가가 달라지기 때문이다. 다음은 조선 독립과 건국에 대한 상반된 평가를 잘 보여준다.

> 일본의 통치 정책 아래 조선 산업의 근대 자본주의적 성장 과정의 본질적 특색은 생산 무역 자본의 모든 부면(部面)을 통해 최근에 이르기까지 압도적으로 대일 의존성이 강하다는 것이다. 하지만 이번 대동아전쟁의 비극적 종말은 일본의 해외 영토의 전면적 상실로 이어졌고, 조선도 새롭게 최근 독립국으로서 우리 통치권 밖으로 분리될 정세에 이르렀다. 단순히 면적과 인구에서만이 아니라, 정치 경제 문화 등 모든 영역에서 '일선일체(日鮮一体)'의 표어 방향으로 밀접히 결합된 조선의 독립은 분명 일본이 당면한 여러 어려움 가운데 가장 중대하고 구체적인 영향을 동반한 불이익의 하나라고 말할 수밖에 없다.[1]
>
> 1910년 8월 일한병합 이후 40년에 가까운 세월을 군국주의 일본에 의한 굴욕과 착취에 신음한 조선 민족이 이제 독립하고 드디어 세계 국가의 일원으로 등장한다. 그 민족적인 환희의 외침은 상상할 필요도 없을 것이다. 민주주의 국가로 재생하고 있는 우리 일본의 인민도 대한민국 독립식전을 맞이하여 축하의 말을 보내고 싶다. 동시에 우리는 독립을 획득한 조선 민족이 더 나아가 하루라도 빨리 통일을 완성하여 동아의 부흥에 기여하기를 마음으로부터 바라 마지않는다.[2]

1 外務省調査局,『経済的観点より見たる我国朝鮮統治政策の性格と其の問題』(調三資料第二号), 1945년 12월 20일, 117~118쪽.

2「社説 大韓民国の独立式典」,『朝日新聞』1948년 8월 15일 자.

전자는 일본 외무성 조사국이 경제적 관점에서 일본의 조선 통치 정책을 총괄한 내부 문건이고, 후자는 『아사히신문(朝日新聞)』이 대한민국 건국에 즈음하여 발표한 사설 일부이다. 외무성은 일본의 패전은 '외국 영토의 전면적 상실'을 초래했고, 조선 독립 또한 일본이 직면한 하나의 불이익이라고 강변한다.3 반면 『아사히신문』은 대한민국의 건국에 축하 메시지를 보내고 나아가 통일 국가의 수립을 염원했다. 조선의 해방과 건국을 둘러싸고 전자는 아쉬움을 토로하는 한편, 후자는 지배 민족으로서 반성하고 동아시아의 새로운 평화 질서의 확립을 바랐다. 특정 사건을 바라보는 인식의 차이를 잘 보여주는 사례다.

앞의 인용문에서도 짐작할 수 있듯이 패전 이후 미국 점령하에 있던 일본의 입장을 고려할 때, 해방정국과 분단, 점령과 전후 개혁이라는 양국의 현안 그리고 냉전이라는 국제 관계의 변화가 복잡하게 뒤얽히면서 대한민국의 건국을 바라보는 일본의 시각이 획일적일 수 없었음은 당연하다. 한국사나 일본사 영역을 불문하고 이와 관련한 기존의 연구는 전무한 상황이다.

여기에서는『아사히신문』[4]에 게재된 일련의 보도 기사를 중심으로 대

3 이런 인식은 외무성뿐만 아니라 관변학자의 인식에서도 흔히 발견할 수 있다. 예를 들어 스즈키 다케오(鈴木武雄)는"일본의 패전과 조선의 일본으로부터의 분리 독립이라는 정세는 조선의 인구 과잉, 실업 문제를 심각화할 것"이라고 말한다(鈴木武雄, 『「独立」朝鮮経済の将来』(筆寫本), 1946년 6월 20일, 33쪽).

4 일본의 '3대 일간지' 중 하나인 『아사히신문』은 1879년 1월 25일 오사카에서 기무라 노보루(木村騰)가 창간했다. 1881년부터 무라야마(村山)와 우에노(上野) 가문이 운영해 왔다. 1888년에 『메사마시신문(めさまし新聞)』을 매입하여 도쿄에 진출하고, 제호를 『도쿄 아사히신문(東京朝日新聞)』으로 개칭했다. 이에 따라 이듬해 오사카의 『아사히신문』은 제호를 『오사카 아사히신문(大阪朝日新聞)』으로 바꾸었다. 『아사히신문』은 창간 당시 정치적으로는 불편부당(不偏不黨)을 표방하면서 자유주의적·진보주의적인 주장을 전개하여 일본의 여론 형성에 큰 영향을 끼쳤다.

한민국 건국을 둘러싼 일본의 인식을 살펴보겠다. 여기서 주의할 것은 관련 기사가 대개 단편적 사실 보도에 치중되어 있고, 또 기사가 특파원의 현지 취재를 통하지 않고 미국의 AP통신, AFP통신, UP통신, 로이터통신에 기초해서 작성되었다는 사실 등 신문이라는 자료적 특성을 감안해야 한다는 점이다. 때로 편집국 기자의 입장에 따라 임의로 누락된 기사도 존재하고, 사안에 따라 미국의 입장을 대변하는 기사를 게재했던 사정 역시 충분히 고려할 필요가 있다.

2. 해방 후 한국 단독선거에 대한 인식

단독선거 관련 기사가 게재된 시점은 1947년 하반기에 들어와서이다. 『아사히신문』은 『헤럴드 트리뷴(*Herald Tribune*)』지 1947년 11월 7일 자 사설을 소개하면서 남한에서의 단독정부 수립의 가능성을 보도했다. 국제연합 관리 아래 1948년 3월 남한 지역에서 단독선거가 실시될 예정이라는 것이다. 『아사히신문』은 선거 이후 어떤 상황이 일어날지는 예상하기 어렵다고 논평했다.[5]

1948년에 들어서도 단독선거에 대한 단편적인 보도가 이어졌다. 이승만이 미국에 단독정부의 수립을 요구하고 있다는 사실을 게재하고,[6] 남한에서의 단독선거를 주장하는 미국의 입장도 소개했다. 조선 문제를 토

그 때문에 제2차 세계대전 전에는 필화사건 등 몇 차례의 위기를 겪었으며, 극우파의 습격을 당하기도 했다. 1940년 9월부터 제호를 전국적으로 『아사히신문』으로 통일했다.

5 「国連の管理下 南鮮に独立政府か」, 『朝日新聞』 1947년 11월 9일 자.

6 「南鮮に単独政府要求 李承晩博士」, 『朝日新聞』 1948년 1월 28일 자.

의하는 국제연합 소총회에서의 미국의 제안과 발언을 소개하면서 남한만의 단독선거가 실시될 것으로 예측했다.[7]

단독선거의 결정 과정에 관한 기사가 뒤를 이었다. 신문에는 1948년 3·1절 축하 대회에서의 하지 미군 사령관의 국제연합조선위원회의 감독 아래 5월 9일 실시될 계획이라는 발언과 이에 대한 이승만의 환영 연설이 소개되었다.[8] 신문은 이승만을 "우파의 거두"로 표현하고, 나아가 3월 12일에 개최된 국제연합조선위원회의 남한 단독의 총선거 실시 의안이 찬성 4, 반대 2, 기권 2로 가결되었음을 알렸다.[9]

단독선거가 결정되자 선거 준비 상황에 대한 관심이 표출되었다. 1948년 4월 12일 자 기사에서는 약 800만 명의 유권자가 선거인명부에 등록했다고 전했다.[10] 또 총선거를 대비하여 미태평양함대 소속 순양함 1척과 구축함 1척이 각각 인천과 부산에 정박했고, 지상군의 경계 강화와 공군의 시위 비행 등의 사실을 보도했다. 이 육해공군의 시위 활동에 대해 "선거 중에 좌익분자가 분쟁을 일으키지 못하려는 의도에서 이루어지고 있다"[11]고 논평하고 있다. 한편 신문은 북한의 동향에 대해서도 주목했는

---

7 조선 문제에 대한 미국의 발언은 다음과 같다. "선거는 남부부터 개시하여 점차 북방으로 나아가야 한다. 우리는 이 중대한 사명이 방해받지 않을 것, 즉 남에서 차츰 북으로 옮겨가 38도선에 도달했을 때, 국제연합총회로부터 부여받은 권한이 부정되지 않고 수행되기를 희망한다. 만약 불행하게도 위원회가 소비에트의 반대로 인해 38도선 이북의 선거 감독을 계속할 수 없을지라도 이는 결과적으로 조선 국민의 3분의 2에 해당하는 의회 대표를 뽑고 나머지 3분의 1의 국민은 그들의 대표를 의회에 보낼 기회를 부정당하는 일이 된다. 조선 민중과 전 세계는 누가 이 의회를 거부했는지 알 것이다(「まず南鮮で選挙 国連小総会で米代表が提案」, 『朝日新聞』 1948년 2월 26일 자)."

8 「五月九日に南鮮総選挙 ホッジ中将言明」, 『朝日新聞』 1948년 3월 3일 자.

9 「南鮮総選挙を可決」, 『朝日新聞』 1948년 3월 14일 자.

10 「八百万人登録 南鮮の単独選挙」, 『朝日新聞』 1948년 4월 12일 자.

11 「南鮮選挙に米艦派遣」, 『朝日新聞』 1948년 4월 13일 자.

데, 일본 동아통신이 청취한 1948년 4월 23일 자 평양방송의 남북한정당 대표연석회의 결정 사항을 보도했다.[12]

단독선거를 둘러싼 한국의 상황 변화에 대해 『아사히신문』의 견해는 다음과 같았다. 1948년 4월 30일 자 사설에서는 4월 19일부터 개최된 남북조선정당대표의 연석회의와 다가올 총선거 이후의 정세에 "우리 또한 결코 무관심할 수 없다"[13]고 사태의 추이에 주목한다. 먼저 국제연합 소총회의 단독선거 결정의 방침에 앞서 개최된 남북조선정당대표연석회의의 성격에 대해서는 "전 조선을 장악하려는 공산주의자의 책략"[14]이라는 인상을 주고 있다고 평가하고, 다른 한편으로는 남한 각 정당의 단독선거 반대 입장도 소개했다. 즉 사설에서는 "이승만 박사가 이끄는 한국독립촉성국민회와 한국민주당, 한국독립당의 일부가 단독 총선거에 찬성하고 있을 뿐, 이전에 암살당한 여운형 씨, 김규식 입법원총장 또는 지주, 상공업자, 지식인이 지지하는 김구 씨 일당을 비롯한 남선노동당, 근로인민당, 민주애국청년동맹 등 대다수 정치 단체는 암암리에 반대를 주창하고 있다"[15]고 보았다.

이어 사설에서는 통일된 독립국가 건설을 주장한 김구의 입장과 연석회의에 참가한 김규식의 주장을 소개하면서 "남선으로부터는 김규식, 김구 두 사람을 비롯해 30여 정단의 대표자가 참가한 것을 주목해야 한

12 보도된 남북한정당대표연석회의의 결정 사항은 다음과 같다. "우리 민족은 어디까지나 통일을 요구한다. 우리는 어떠한 형식의 단독선거에도 반대한다. 연석회의에 남선선거반대전문위원회를 설치한다"(「選挙反対委員会 南北鮮連席会に設置」, 『朝日新聞』 1948년 4월 27일 자).

13 「社説 南鮮の総選挙と統一問題」, 『朝日新聞』 1948년 4월 30일 자.

14 위와 같음.

15 위와 같음.

다"[16]고 강조했다. 그리고 연석회의의 성격과 회담 내용의 성사 여부에 각별한 주의를 기울인다. 사설은 연석회의에 대해 "조선의 독립과 통일을 향해 한 걸음 나아가려는 의지를 보여주었다"[17]고 평가하면서 회의의 성패는 오히려 북한의 평양에서 열리는 특별인민회의의 결정에 달려있다고 보았다. 즉 "제4차 인민회의의 결정에 따라 개최되는 특별회의에서 드디어 '인민공화국헌법 초안'을 토의하는데, 문제는 연석회의의 결과가 어느 정도까지 대회의 토의에 상정될 것인가"[18]에 달려있다는 것이다.

총선을 앞둔 정세의 추이에 대해서도 각별한 관심을 보였다. 통일과 분열에 대해 "남북 양선 정당 대표의 연석회의도 민족 분열을 회피할 수 있는 토대석이 될 수 있을 것이다. 하지만 이것만으로 과연 독립의 목적이 달성될 수 있을까. 조선 민족은 지금 냉혹한 현실 속에 있다. 해방 이후 2년여, 지금 역사적인 사태에 직면하고 있다"[19]고 맺고 있다.

이처럼 『아사히신문』은 해방 후 단독선거를 둘러싼 미국의 의도와 남북한의 동향을 단편적으로 보도했다. 남한만의 단독선거를 요구하는 이승만과 이를 지지하는 미국의 입장을 소개하면서 결국 남한만의 단독선거가 실시될 것으로 예측했다. 또한 통일된 독립국가 건설을 주장한 김구 등의 움직임과 남북조선정당대표연석회의의 결과에 특별히 주목하면서 사태의 추이를 보도했다. 『아사히신문』은 단독선거의 실시 여부가 한반도의 통일과 분열을 가늠하는 사건으로 인식한 것이다.

16 위와 같음.
17 위와 같음.
18 위와 같음.
19 위와 같음.

3. 총선거 실시에 대한 인식

남한만의 단독선거 방침이 확정되자 신문의 보도는 이전과는 다른 양상을 보이기 시작한다. 단독선거의 실시 여부는 조선 민족의 앞날을 가늠하는 역사적인 사건으로 평가하면서 이에 반대하는 남북조선정당대표연석회의의 의의를 높이 평가하던 신문은 차츰 논조를 바꾸어 단독선거의 정당성을 주장하기에 이른다.

먼저 신문은 총선거가 무사히 실시될 수 있을지에 관심이 많았다. 신문은 총선거 실시에 즈음하여 선거의 배후에는 "서구 민주주의와 공산주의와의 투쟁"이 존재하고 있음을 알리고 있다. 미군정의 입장을 그대로 반영한 것이었다. 좌익에 대한 호칭도 미군정이 지칭한 "공산주의자의 앞잡이" 또는 "소련의 대변인"으로 그대로 사용했다. 5월 이후 신문에는 좌익의 단독선거 반대 투쟁에 대한 상세한 보도가 관련 지도와 함께 연이어 게재되었다.[20]

제주도를 비롯해 각지의 상황은 주로 미군정 당국자의 입장을 인용하는 형태로 이루어졌다. 반대 투쟁의 양상에 대한 보도는 예를 들면 "남선의 좌익은 지난 2월부터 총선거를 방해하기 위해 공격을 개시했다. 이후의 상황은 거의 매일 남선과 제주도의 아무리 작은 부락에도 무뢰한이 침입하여 경찰 파출소와 선거관리소, 경찰관과 우익에 대해 본인뿐만 아

20 예를 들면「南鮮また暴動」,『朝日新聞』1948년 2월 29일 자;「ゲリラ隊三千 濟州道に暴動」,『朝日新聞』1948년 5월 4일 자;「南鮮で破壞行爲続発」,『朝日新聞』1948년 5월 10일 자;「濟州道でゲリラ戦」,『朝日新聞』1948년 5월 11일 자.

니라 그 가족까지 해치고 있다"[21]는 형태의 보도가 이어졌다.

단독선거에 대한 반대 여론이 별로 높지 않다는 것을 강조하기 위한 기사도 게재되었다. 남북연석회의에 참가한 김규식과 『뉴욕타임스』 특파원 리차드 존슨과의 특별 인터뷰 기사를 통해 단독선거의 정당성을 강조했다. 『아사히신문』은 "나는 남선의 단독선거에 반대하지 않는다. 나는 은퇴하여 가까운 시골에 내려가 지내고 싶다. 연석회의에서 정한 3항목의 결의를 회의 석상에서 심의할 필요가 없기 때문에 서명을 거절했다"[22]는 김규식의 발언을 사진과 더불어 게재했다.

선거 직전 상황에 대한 기사도 특집으로 편성되었다. 특집은 신문사 와다(和田) 동아부장이 AP통신 도쿄지국에 의뢰하여 전화로 AP통신 서울지국장 로이 로버츠와의 대담 형식으로 이루어졌다. 특집에서는 먼저 총선거의 의의를 "조선인에게는 유사 이래의 일이고 800만 유권자가 던지는 한 표를 통해 남선 측은 북선이 선전하는 '조선민주인민공화국' 수립에 스스로 회답하는 것이다."[23]라고 규정한다. 이어 선거를 앞둔 서울의 분위기, 선거 반대 움직임, 선거 방해나 폭동에 대한 예방 수단, 각 정당 간의 특별한 쟁점, 격전 예상지, 선거에 대한 일반 민중의 관심, 예상 투표율, 북한의 선전에 대한 반향, 투표 시간, 미군 관계자와 국제연합위원회의 당일 활동, 선거 이후 국제연합위원회의 향후 일정, 선거 이후 독립정부

21 「無事すむか十日 左右激争迫る南鮮総選挙」, 『朝日新聞』 1948년 5월 4일 자.

22 『아사히신문』은 3항목에 대해 각주 형태로 소개했다. 3항목은 ① 우리 민족은 어디까지나 통일을 요구한다. ② 우리는 어떠한 형식의 단독선거에도 반대한다. ③ 연석회의에 남선선거반대위원회를 설치한다는 내용이었다(「単独選挙に反対せず 金奎植氏談」, 『朝日新聞』 1948년 5월 8일 자).

23 「電話で聞く現地の緊張 投票にも弾丸の危險 争点は新政府の形態」, 『朝日新聞』 1948년 5월 9일 자.

의 수립 과정, 북한의 대응, 김구와 김규식 등 연석회의 참가자가 선거에 미칠 영향 등을 문답 형식으로 보도했다.

선거 당일의 속보도 신속히 보도되었다. 선거일의 모습은 "남선 최초의 총선거는 나라 전체가 긴장 속에 10일 오전 7시부터 실시되어 투표율도 꽤 양호할 것으로 보인다. 공산당의 선거 방해 공작으로 보이는 폭행과 파업의 파도 속에 7일 이후 이미 14명의 사망자가 나왔고, 9일 밤에는 서울 시내에서 우익 청년단 본부 부근에 폭탄이 던져졌다. 인천 우편국에도 1명의 여성이 폭탄을 던졌지만 범인은 그 자리에서 붙잡혔다. 미군 당국은 당일의 폭동이나 방해의 발생에 만전을 기하고 있다"[24]는 내용이 속보로 전해졌다. 총선거에 일부 좌익 세력의 방해 공작도 발생했지만 전반적으로 순조롭게 진행되고 있다는 인식이었다.

선거 개표 상황에 대한 소식도 사진과 더불어 보도되었다. 단독선거 반대의 움직임에도 불구하고 선거 등록자의 90% 이상이 투표에 참여했고, 11일부터 개표가 시작되어 이승만계가 우세하다는 결과를 보도했다.[25] 하지 사령관의 말을 인용하여 단독선거를 둘러싼 반대 세력의 움직임은 실패로 끝났지만, 개표장의 투표함에 대한 습격이 예상된다는 혼돈 상황을 전하면서 일부 북한군의 38도선 이남으로의 도발도 무위로 끝났다고 보도하고 있다.[26]

개표 상황과 정당별 득표에 대한 보도도 이어졌다. 예상대로 이승만

---

24 「南鮮の投票順調 一部に左翼テロの妨害」,『朝日新聞』1948년 5월 11일 자.

25 「開票はじまる 李承晩系南優勢」,『朝日新聞』1948년 5월 12일 자.

26 「共産分子の妨害失敗 南鮮総選挙 ホッジ中将談」,『朝日新聞』1948년 5월 12일 자 ; 「北鮮軍 南鮮に侵入」,『朝日新聞』1948년 5월 12일 자.

의 한국독립촉성국민회가 제1당을 차지했고, 김성수의 한국민주당과 우파 경향의 무소속과 소수 정당이 뒤를 이었고 서울에서는 전 공산당 출신이 당선되었음을 알렸다.[27]

『아사히신문』은 선거 결과를 총괄하는 사설을 통해 향후 정국을 진단했다. 먼저 사설에서는 "조선의 단독 총선거는 교통과 통신선의 파괴, 노동자의 파업, 학생의 동맹 휴교, 경찰서를 비롯한 투표소, 입후보자 자택의 습격 등 각종 방해에도 불구하고 전체적으로 냉정하게 예정대로 10일 국제연합조선위원회의 감독 아래 이루어졌다"[28]고 평가했다.

향후 정국에 대해서는 국민의회의 결성과 헌법 초안의 채택을 통한 국민정부의 형성, 그리고 국가보안대의 조직과 미·소 양군의 철수를 예상하면서 남한에서의 국민국가의 탄생을 전망했다. 사설에서는 "조선인이 자기 자신의 손으로 민족 문제를 처리할 수 있는 권리를 획득할 날이 가까워졌다. 우리도 마음으로부터 배려를 조선 민족에게 보내고 싶다"[29]고 말했다.

하지만 사설에서 향후 북한의 대응이 중요하다는 문제의식을 드러냈다. "북선의 인민회의가 남선의 국민정부에 대항하여 인민공화국의 수립을 선전하고 미·소 양군의 철수를 기다려 남선에 진출할 기회를 노리고 있다는 불길한 내전의 예상에 남선의 인심이 흔들리고 있다. 바로 이 점

---

27 선거 결과는 예상대로 이승만이 이끄는 한국독립촉성국민회와 그 자매 단체인 대동청년단이 66 의석을 획득하고, 김성수의 한국민주당이 28 의석을 얻어 제2당이 되었다. 하지만 무소속후보의 당선이 89 의석으로 의외로 많았고 기타 소수파 가운데 공산당원이 2 의석을 획득했다. 「南鮮開票進む」, 『朝日新聞』 1948년 5월 13일 자 ; 「李承晩系第一党 南鮮選挙」 『朝日新聞』 1948년 5월 14일 자.

28 「社説 南鮮の総選挙と今後の問題」, 『朝日新聞』 1948년 5월 15일 자.

29 위와 같음.

이 불안하다"[30]고 전망한다. 이를 반영하듯이 같은 날 다른 기사에서는 북한의 남한으로의 송전 중지 사실을 보도한다. 그리고 해설을 통해 "남선 총선거가 끝난 다음 북선 측이 어떻게 나오는가가 주목되었는데 북선 측은 드디어 전력 공급을 단절했다"[31]며 긴박한 정세를 예고한다. 미국도 하지 사령관을 통해 송전 개시를 요구하는 항의문을 발송하는 등 남북의 정세는 앞을 내다보기 어려워졌다고 말한다.[32]

그럼에도 불구하고 사설에서는 향후 한반도의 앞날에 대해 "결코 내전은 일으키지 않겠다는 북선 지도자의 성명을 나는 신용한다"는 김규식의 발언을 인용하면서 "우리는 현재 조선의 모든 사람이 이성과 양식으로 민족의 독립과 통일을 주창하기를 마음으로부터 바라 마지않는다"[33]고 강조하고 있다.

총선거 이후의 움직임에 대해서도 신문은 지속적인 관심을 갖고 보도하고 있다. 선거 결과 한국독립촉성국민회가 제1당이 되었고 다른 정당도 이승만을 지지하기 때문에 국민의회가 소집되어 초대 대통령으로 선출될 것이 확실하다고 바라보았다.[34]

이승만의 대통령 선출이 확실시되는 상황에서 『아사히신문』은 이승만의 통일과 독립에 관한 포부를 타진한다. 이승만과의 인터뷰는 AP통신 서울지국장인 윌리엄 모아를 통해 일문일답 형식으로 이루어졌다. 신

---

30 위와 같음.

31 「南鮮への送電中止 予想された北鮮の手」, 『朝日新聞』 1948년 5월 15일 자.

32 「送電開始を要求 ホッジ中将 北鮮へ抗議の手」, 『朝日新聞』 1948년 5월 23일 자.

33 「社説 南鮮の総選挙と今後の問題」, 『朝日新聞』 1948년 5월 15일 자.

34 「大統領に李承晩氏か 第一党は独立促成国民会」, 『朝日新聞』 1948년 5월 15일 자; 「南鮮国民議会 今週中に召集か」, 『朝日新聞』 1948년 5월 17일 자.

문은 질문에 앞서 총선거의 의의와 향후 정국에 대해 "대립하는 두 세계의 험악한 공기 속에서 지난 10일 이루어진 남선의 총선거는 200명의 의원 선출을 마치고 드디어 근일 중에 독립국가 조선의 국초(國礎)를 정하는 신헌법을 기초할 국민의회가 소집될 것이다. 남선의 정부 수립 공작에 이어 북선 측이 앞으로 어떻게 나올 것인가. 소련의 동시 철병 성명에 이어 북선 측의 남선에 대한 전력 절단 등 조선의 독립을 둘러싼 남북의 격한 대립은 미·소 관계의 커다란 초점이 되고 있다"[35]고 판단한다. 이와 관련하여 질문은 총선거에서 북한이 참가하지 않은 것에 대한 시각, 선거의 결과 소당 분립 현상에 대한 입장, 신헌법 구상의 내용, 국방보안군 창설 문제, 미국의 경제원조에 대한 입장 등이었다.[36]

이처럼 신문은 총선거 실시 과정과 이후 상황을 상세히 보도했다. 총선거의 배후에는 "서구적 민주주의와 공산주의와의 투쟁"이라는 냉전 논리가 자리잡고 있는 것으로 보았고, 미국의 주장을 반영하여 단독선거에 대한 반대 여론이 별로 높지 않다고 강조했다. 선거 당일의 속보와 개표 상황에 대한 보도를 통해 선거가 공정하게 이루어졌음을 알렸다. 국민의회의 결성과 헌법 초안의 채택을 통한 국민정부의 형성, 그리고 국가보안대의 조직과 미·소 양군의 철수를 예상하면서 남한에서의 국민국가의 탄생을 보도했다. 또한 북한의 대응에도 주목하여 미·소 양군의 철수 이후 전개될 남북 간의 내전을 조심스럽게 보도하기 시작했다.

35 「朝鮮独立の構想 李承晩博士の抱負を語る」, 『朝日新聞』 1948년 5월 24일 자.
36 위와 같음.

4. 정부 수립과 이후의 상황에 대한 인식

총선거 이후 국민의회는 5월 31일 개최되었다. 이승만이 대통령으로 선출될 것이며 의회의 식순을 구체적으로 소개하고 신헌법에 기초한 정부 수립과 북한에 대항하기 위한 국방군의 창설 등이 예정되어 있다고 보도했다. 더불어 이승만계와 한국민주당과의 협조 체제에 균열이 생기고 있다는 정황을 언급했다. 이승만이 모든 행정권을 대통령에게 집중시키려는 것에 비해 한국민주당은 행정권을 내각에 두려는 의회제도를 구상하고 있다는 분석에 근거한 언급이었다.[37]

이후 국민의회에서는 예정대로 이승만을 의장으로 선출하고 미국 또한 국제연합조선위원회의 감독 아래 수립된 신정부를 곧바로 승인할 준비를 개시했다.[38] 6월 25일 국제연합조선위원회는 이승만에게 정부 수립을 위해 의회와 협의할 것을 요청하고, 이승만 또한 8월 15일까지 정부를 수립하겠다고 답변했다. 또한 이승만은 정부 수립 이후 90일 이내에 미군의 철수를 요구할 수 있었지만, 국방군이 조직될 때까지 미군의 잔류를 요청할 것이라고 보도했다.[39]

이후 신문에서는 남한 정부의 수립 과정에 관한 단편적인 보도를 게재하면서, 북한의 움직임도 동시에 주목하기 시작했다. 6월 30일 국제연합조선위원회가 남한 국회를 공식 인정했다는 사실을 보도하면서, 같은

---

37 「きょう開く南鮮議会 早急に新政府を樹立」,『朝日新聞』1948년 5월 31일 자.

38 「議長に李博士 南鮮議会開く」,『朝日新聞』1948년 6월 1일 자; 「米,南鮮政府假承認か」,『朝日新聞』1948년 6월 2일 자.

39 「八月中旬までに南鮮政府樹立 国連 李議長に申入れ」,『朝日新聞』1948년 6월 27일 자.

지면에 미군의 보고서를 인용하는 형태로 7월 중에 북한이 남한을 침입할 것을 예고하는 공산당의 '비밀 지령'이 발각되었다는 것을 실었다.[40]

이런 보도 경향은 이후에도 지속되었다. 국회에서 7월 6일 신헌법 초안의 심의가 전부 종료되었다는 사실을 전하면서, 또 한편으로는 평양방송을 인용하는 형태로 7월 9일부터 북조선인민회의 상임위원회가 개최된다는 것을 보도했다.[41] 또 북한에서 7월 10일 조선인민공화국헌법을 시행하고 8월 25일 최고인민회의 총선거를 실시한다는 내용을 전하는 한편, 남한에서는 7월 12일 국회 본회의에서 대한민국헌법을 상정하여 가결했다는 내용을 전했다.[42]

총선거 결과 남한과 북한에 두 정권이 수립된 것으로 정리하고 앞으로의 상황에 대해 다음과 같이 말하고 있다. "지난 6월 30일 국제연합조선위원회는 남선 국회에 보낸 메시지에서 '5월 10일의 남선 총선거를 자유의사의 정당한 발현으로 인정하고 그 결과 탄생한 남선 국회를 전원 일치로 승인했다'고 발표한 것과 국제연합조선위원회의 보고서가 9월 파리에서 열린 국제연합총회에서 발표되어 세계의 여론에 부쳐질 날이 가까워졌다. 하지만 이에 대항하는 소련 측의 포석이 헌법의 실시로 표출되었고 나아가 북선에 이어 김일성을 수반으로 한 북선 독립정권의 수립도 곧 이

40 「国連南鮮国会を承認」,『朝日新聞』 1948년 7월 2일 자; 「北鮮共産軍の計劃 '秘密指令'警察で押收」,『朝日新聞』 1948년 7월 2일 자. 비밀 지령은 "전투는 모든 소련군이 철퇴할 예정인 7월 초에 개시한다. 인민군은 남선에 들어가 남선노동당(공산당)과 손을 잡을 것이다."라는 내용이었다.

41 「南鮮憲法審議を終了」,『朝日新聞』 1948년 7월 8일 자; 「北鮮あす人民会議」,『朝日新聞』 1948년 7월 8일 자.

42 「八月二十五日 北鮮の総選挙」,『朝日新聞』 1948년 7월 13일 자; 「南鮮国会憲法を可決」,『朝日新聞』 1948년 7월 13일 자.

루어질 것으로 보인다. 다음 상황은 북선 소련군의 철수와 남선 미군에 대한 철수 요구일 것으로 외신은 전하고 있다. 아무튼 국제연합의 방식에 의한 대한민국의 발족과 소련 측의 북선 정권과 인민군에 의한 실력 행동과의 대립이 앞으로 많은 파란을 일으킬 것으로 예상된다"[43]고 말했다.

대통령으로 선출된 이승만에 대한 기사로는 이승만의 약력과 활동을 소개하면서 "반공의 거두"[44]라는 말로 표현했다. 또 국무총리 이하 장관의 임명을 보도한 다음 특히 상공부장관으로 임영신(任永信)을 등용한 것에 주목하고 있다. 임영신에 대해서 "임 여사는 금년 47세, 미국의 대학을 졸업 후 조선에서 교육에 종사하고 있었는데, 종전 이후 여자국민당 당수와 이승만 박사계의 남선민주협의회의 재미대표로 또 국제연합에서는 옵저버로 활동했다. 지난 31일 뉴욕에서 귀국하던 도중 북선으로부터의 공격을 막기 위해 미국에 무기 제공을 의뢰했다. 또 남선을 주권국가로 즉시 승인해줄 것을 요구했다"[45]고 전하고 있다.

정부 수립 이후의 당면 과제에 대해서는 "8월 15일 제3회 해방기념일에는 성대한 독립 축전을 개최하게 되었다. 중국 신문은 중국 정부 외교부의 정보를 인용하여 미국과 영국 그리고 중국은 곧 남선의 대한민국을 정식으로 승인할 것이라고 보도했다. 또 미 국무성도 이미 7월 23일 경성 주재 참사관을 임명하는 등 대한민국을 정식으로 인정했다. 국가의 토대가 쌓아 올려진 것이다. 그런데 앞으로 전도는 어떠할까? 중국 정부 기관

43 「新世界録音 朝鮮の現況 二つの政府が出現 次は米月ソ両軍の撤退問題」, 『朝日新聞』 1948년 7월 19일 자.

44 「李承晩氏當選 韓国初代大統領」, 『朝日新聞』 1948년 7월 21일 자.

45 「ニュース手帖 発足した大韓民国政府」, 『朝日新聞』 1948년 8월 6일 자.

지인 『화평일보(和平日報)』는 4일 자 사설에서 "한국 정부가 직면한 가장 중대한 일은 정부 내부의 조직과 미군이 철수한 이후의 치안이다. 정부 내부의 조직을 강화하지 않고서는 공산당 지배하에 있는 북선에 대항할 수 없을 것이다"라고 논한다. 이미 소련은 미·소 양군의 즉시 철수를 요구하고 있다. 국제연합의 결정에도 정부 수립 후 3개월 이내에 철수를 완료해야 한다고 규정하고 있다. 따라서 이 문제를 둘러싸고 곧바로 남선의 정정(政情)에도 파란이 예상된다. 이런 사실을 고려하면 대한민국 정부 수뇌부의 향후 노력이 주목된다"[46]고 글을 맺고 있다.

『아사히신문』은 정부 수립 이후 미군 철수 문제의 추이에 주목했고, 이승만의 미군 잔류 요청 사실을 보도했다.[47] 미군 철수에 관한 관심은 8월 15일 독립식 행사의 준비 상황을 보도한 기사에서도 확인된다. 신문은 1면 기사로 맥아더의 식전 참석을 알리면서 첫 기사로 "대한민국의 독립식전은 해방기념일인 15일 오전 11시부터 수도 광장에서 열린다. 이승만 대통령은 "조선 최초의 민주정부 수립"을 선언할 것이다. 또한 미군 철수의 예비 행동인 미군 정권 기능의 한국 정부 이양은 16일부터 개시되어야 할 것이다."[48]라고 보도했다. 또 이승만과 맥아더 사이의 서간 교환 내용을 이례적으로 전문 게재하고, 미국 정부가 무치오(John J. Muccio)를 주한대사로 임명한 사실을 보도함으로써 한국 정부를 사실상 승인했다고 평가했다.

이처럼 『아사히신문』은 정부 수립의 정치적 배경으로 미국의 적극적

---

46 위와 같음.

47 「米軍の残留を要請 李韓国大統領」, 『朝日新聞』 1948년 8월 7일 자.

48 「韓国あす独立式典」, 『朝日新聞』 1948년 8월 14일 자.

인 후원에 주목했다. 일본 점령의 총사령관인 맥아더의 언동을 예의 주시하면서 한반도의 향후 정세에 민감하게 반응했다. 미·소 사이의 대립과 남북의 분단이라는 현실적인 상황이 일본에 끼칠 영향을 고려한 태도였다. 일본에 정부 수립 이후 전개될 미군의 철수 문제는 곧 미국의 일본 점령 정책과도 무관하지 않았기 때문일 것이다.

제국 일본은 1945년 8월 15일에 식민지 조선을 상실했다. 해방정국에서 건국에 이르는 조선의 정황은 한 치 앞을 내다 볼 수 없을 정도로 변화무쌍했다. 1947년 10월, 미국은 조선의 통일 정부 문제를 국제연합에 상정하여 소련의 반대를 무릅쓰고 국제연합조선위원회를 설치하여 조선에서 총선거를 실시하기로 했다. 북측이 이를 거부하자 1948년 5월 남북 민중의 강력한 반대운동에도 불구하고 국제연합의 감시와 미국의 전투 준비 태세 아래 남쪽만의 단독선거를 강행했다. 이리하여 8월 15일에 이승만을 대통령으로 한 대한민국이, 9월 9일에는 남쪽의 대중도 지하 선거를 통하여 참가했다는 조선민주주의인민공화국이 창건되어 남북 분단 체제가 만들어졌다.

일본은 이런 한반도 정세 변화에 각별한 주의를 기울일 수밖에 없었다. 일본이 미국의 점령하에 놓여있다는 상황도 작용했지만, 한반도의 정세가 일본의 향후에 미칠 영향을 무시할 수 없었기 때문일 것이다. 정부 수립에 대한 인식은 복잡다단했다. 조선의 독립과 정부 수립을 고의적으로 폄하하려는 외무성 조사국과 같은 견해도, 『아사히신문』과 같이 냉정하게 사태의 추이를 보도하면서 두 개의 정부 수립과 통일을 바라는 견해도 존재했다.

『아사히신문』은 격변하는 한반도의 정세를 비교적 자세히 보도했다고 말할 수 있다. 한국 정부의 수립은 "자유 불멸의 예증"이라는 맥아더의 말을 인용하면서 기념식전의 모습이 널리 보도되었다. 기념식전을 전후해서는 맥아더와 이승만이 합석한 사진을 게재하고 맥아더의 축사 전문을 게재하는 등 한반도의 상황은 언론의 주목을 받았다. 한반도의 정황은 미군정의 지배를 받는 일본의 향후 모습을 엿볼 수 있는 프리즘이기도 했다.

이렇듯 일본의 가장 대표적인 언론 매체라 할 수 있는 『아사히신문』은 한반도의 모든 상황에 대단히 민감하게 반응했다. 이것은 미·소 사이의 충돌과 한반도의 분단과 같은 상황이 일본 정부에 끼치는 영향이 엄청나게 크다는 점을 반증하는 것이라 말할 수 있다.

제3부

전후 일본의 식민지 기억

제1장

일본의 전쟁 책임 문제와 네오내셔널리즘

1. '과거 극복'의 문제

국제사회에서 일본이 비난받는 것은 잘못된 사실에 근거하고 있다. 다른 나라에도 위안부를 이용해 군을 관리했다는 자료가 남아 있다. 다른 나라도 (일본과) 같은 행위를 했다. 일본이 한 일을 정당화하는 것은 아니다. 불행한 사건이었다. 위안부가 일본군에 폭행과 협박을 당해서 끌려갔다는 증거는 없다. 있다면 한국이 내놓았으면 좋겠다.

-2012년 8월, 하시모토 도루(오사카 시장 겸 일본유신회 대표)

(나치의) 홀로코스트 범죄는 상상할 수 없는 엄청난 범죄여서 지금까지도 희생자를 모두 찾지 못했다. 그것이 우리가 배상 협약을 계속 수정해야 하는 이유이다.

-2012년 11월, 볼프강 쇼이블레(독일 재무장관)

위 두 인용문은 일본과 독일의 전쟁 책임과 전후 배상 문제에 대한 태도를 드러낸다. 전자는 차세대 정치인으로 도약을 꿈꾸는 하시모토 도루(橋下徹) 오사카 시장의 '군대 위안부'를 둘러싼 발언이고, 후자는 동유럽 거주 홀로코스트 생존자 8만 명에 대한 독일의 피해 배상 수정 계획을 밝힌 볼프강 쇼이블레(Wolfgang Schäuble)의 발언이다.[1]

일본과 독일의 전후사는 많은 공통점을 드러낸다. 침략전쟁과 패전, 전범 처벌을 위한 국제 군사재판, 폐허와 혼란 속에서 이룬 경제 부흥과 고도경제 성장, 경제 대국에서 정치 대국으로의 발돋움 등 일본과 독일은 유사한 궤도를 밟아나갔다. 그러나 두 나라는 앞의 하시모토와 볼프강의 상반된 발언이 상징하듯이, 침략한 주변 국가에 대한 전쟁 책임과 전후 배상 문제 등 '과거 극복'이라는 측면에서는 커다란 차이를 보인다. 침략전쟁으로 인한 피해와 상흔을 둘러싼 양국의 대응 방식은 매우 대조적이다.

---

1 볼프강 쇼이블레 독일 재무장관과 유대인배상회의(JCC)는 2012년 11월 15일 베를린 유대인박물관에서 1952년에 마련된 '룩셈부르크 협약' 개정안에 서명했다. JCC는 나치에 의한 홀로코스트 피해자를 대표해 독일 정부와의 피해 배상 협약을 전담해왔다. 개정안에 따르면 독일은 배상 혜택에서 제외됐던 동유럽 거주 홀로코스트 생존자 8만 명에게 일시금으로 2,556유로(약 355만 원)와 함께 매달 300유로(42만 원)의 연금을 지급하기로 결정했다. 그동안 동구권에 거주한 생존자들은 서독 정부와 JCC 간 협약으로 배상 자격이 없었다. 기존 배상 대상자 10만 명에 대한 월 지급액도 200~260유로에서 300유로로 올렸다. 독일은 2011년에도 월 지급액을 전년 대비 15% 인상했고, 내년에도 추가로 올릴 계획이다. 독일은 1952년 이래 나치 범죄 배상 비용으로 지금까지 700억 유로(99조원)를 지급했다. 홀로코스트 생존자는 전 세계적으로 약 50만 명이다. 독일의 전후 책임과 전후 배상 문제에 관해서는 佐藤健生,「ナチズムの過去と戦後ドイツ」,『史海(東京学藝大学史学会)』38, 1991 ; 大嶽秀夫,『二つの戦後-ドイツと日本』(東京, 日本放送出版協会, 1992) ; 大野英二,「ドイツにおける難民問題と庇護政策」,『思想』822, 1992 ; 広渡清吾,『二つの戦後社会と法の間-日本とドイツ』(東京, 大藏省印刷局, 1990) ; 大野英二,「西ドイツの外国人と外国人政策」,『社会科学研究』41-6, 1990 ; 大野英二,「外国人受け入れの法的論理」,『外国人労動者-現状から論理へ』(東京, 弘文堂, 1992) ; 大野英二,『ドイツ問題と民族問題』(東京, 未來社, 1994) 등 참조.

1945년 8월 15일, 패전으로 인해 일본인의 역사 인식은 근본적으로 뒤바뀔 수밖에 없었다. 메이지유신 이후 천황제 이데올로기에 편승하여 무모하게 전개된 침략전쟁의 결과는 도쿄대공습, 히로시마와 나가사키로 상징되는 '피폭국가'의 현실과 아픔으로 다가왔다. GHQ로 상징되는 미국의 점령은 일본인의 의식 세계를 밑바닥부터 뒤흔들어 놓았다. 점령군의 위용은 일본인에게 더 이상 맞설 수 없는 공포의 대상으로 각인되었다. 새로운 동아시아 질서의 재편 과정에서 일본은 자신의 '나약함'을 인정할 수밖에 없었다.

그러나 일본의 동아시아 특히 한국에 대한 인식은 크게 변화하지 않았다. 오히려 망각과 침묵 속에서 식민지 지배를 합리화하는 논리를 펼쳤다. 일본은 '강한' 미국에는 항복할 수밖에 없었지만, 한국과 중국에는 결코 패배하지 않았다는 왜곡된 인식을 드러냈다. 그 결과 일본인에게 패전의 체험은 심층 의식의 '단절과 연속'이라는 이중적인 형상으로 표출되었다. '전전은 전쟁, 전후는 평화'라는 등식은 설득력을 획득하기 어려웠다.[2]

일본과 독일의 전쟁 책임과 전후 책임 문제가 어떻게 논의되어 왔는지, 그 역사적 의미는 무엇인지 비교 분석하는 일은 '과거와 현재의 대화'라는 관점에서만이 아니라, 역사학의 본령인 '과거와 현재 그리고 미래와의 대화'라는 관점에서 여전히 시의성을 가진다. 일본 정치 지도자들의

---

2 나카무라 마사노리(中村政則)는 관전사(貫戰史, Trans-war history) 방법으로 전후사를 재인식한다. 전쟁은 국제 관계를 크게 바꾸고 국내의 정치·경제·사회 구조에 격변을 가져와 인간들의 사고와 심리에 커다란 영향을 가져왔으며, 전쟁이 끝났다 하더라도 그 영향은 사라지지 않는다. 특히 제2차 세계대전은 제1차 세계대전과 달리 총후(銃後)의 사회를 바꿔 놓았다. 전쟁은 전후의 정치·경제·사회의 방식과 정신에 영향을 미쳤다. 이전처럼 '전전은 전쟁, 전후는 평화' 또는 '단절인가 연속인가'라는 양자택일적인 사고방식을 넘어 관전사라는 시점에서 전후사를 종합적으로 바라볼 것을 제안했다. 中村政則, 『戦後史』(東京, 岩波書店, 2005) 참조.

반복되는 역사수정주의 발언과 '새 역사 교과서를 만드는 모임'의 국가주의적 교과서 채택 움직임 등 90년대 중반 이후 노골적으로 표출된 일본의 국가주의 대두는 이런 인식을 반증한다. 최근에도 이쿠호샤(生鵬社) 역사 교과서는 한국 강점을 합리화하는 등 제국주의 시대의 쇼비니즘적·군국주의적인 역사 인식을 그대로 투영함으로써 인접국에 대한 역사왜곡과 편견을 조장하고 있다. 이로 인해 두 나라 사이에는 전쟁 책임과 전후 배상을 둘러싼 '역사 전쟁'이 해결의 실마리를 찾지 못하고 있다.[3]

이런 움직임은 과거사에 대한 반성의 결여, 전쟁을 둘러싼 왜곡된 역사 인식 전파 풍조와 무관하지 않다. 왜 일본의 전쟁 책임과 전후 배상이 동아시아 사회에서 여전히 문제 되는가. 이 문제를 사회화시키려는 노력에 왜 일본의 네오내셔널리스트는 끊임없는 이데올로기 공격을 가하는가. 일본의 정치 지도자는 왜곡된 전쟁관과 역사관을 당당히 발언하는 것을 왜 부끄러워하지 않는가. 과연 '과거 극복'이 따르지 않는 동아시아의 공존과 평화의 길은 가능한 것인가. 우리는 동아시아의 화해와 공존의 가능성을 열기 위해 아직도 해결되지 못한 갖가지 물음에 답해야 할 책무가 있다.

이런 문제의식을 가지고 여기에서는 전후 일본 사회의 전쟁 책임과

---

3 동아시아의 '역사 전쟁'은 한·일 간의 문제에 국한되지 않는다. 현재 동아시아 속 한국은 동북공정, 역사 교과서, 독도 문제를 둘러싸고 뜨거운 논란에 휩싸여 있다. 중국은 동북 공정을 통해 한반도마저 자국의 영토로 인식하고 있고, 일본은 독도 영유권 문제로 영토에 대한 야욕을 드러낸다. 이 역사 논쟁들은 미래의 동아시아 평화와 공존과도 연관되는 문제이다. 앞으로도 한·중·일 삼국의 과거사 인식과 역사 교과서 기술의 쟁점 등을 객관적으로 바라봄으로써 동아시아 삼국 역사 분쟁의 본질과 뿌리에 보다 거시적으로 접근할 필요가 있다. 동아시아 차원의 역사 분쟁을 언급한 것으로는 이찬희·임상선·윤휘탁, 『동아시아의 역사 분쟁』(서울, 동재, 2006) ; 송기호, 『동아시아의 역사 분쟁』(서울, 솔, 2007) 등 참조.

전후 배상을 둘러싼 '과거 극복' 문제를 재조명하려 한다. 이를 위해서는 두 가지 흐름에 주목할 필요가 있다. 하나는 국가주의적인 의식과 운동의 확대를 허용한 90년대 일본의 역사적 조건이고, 또 하나는 전후 일본 사회가 지속적이고 은밀하게 확산시켜 온 독선적 내셔널리즘의 문제이다. 요컨대 일본의 침략전쟁과 식민지 지배의 기반이던 국가주의가 전후 일본에 그대로 이어진 배경을 면밀하게 살펴봄으로써 전쟁 책임과 전후 배상을 둘러싼 왜곡된 의식과 행동을 조망하지 않으면 안 된다. 이 문제를 점검함으로써 일본이 동아시아에 대한 전쟁 책임과 전후 배상은 도외시하면서, 자국의 이익과 새로운 정체성 수립에만 몰두하게 된 사회적 맥락의 근원을 발견할 수 있을 것이다.

2. 침략에 대한 '단죄(斷罪)'와 전쟁 책임 문제

한국과 일본에서는 일반적으로 제2차 세계대전이 근대와 현대를 구분하는 커다란 분수령으로 인식된다. 그러나 세계사적으로 특히 유럽에서는 제2차 세계대전이 아니라 오히려 제1차 세계대전의 역사적 의미가 중시된다. 20세기 초반까지 전쟁은 국제법상 위법으로 간주되지 않았지만, 제1차 대전이 참전 군인뿐만 아니라 엄청난 민간인 희생자까지 초래하자, 전쟁에 대한 심각한 반성의 움직임이 일어났다. 그 결과 1919년의 베르사유조약(Treaty of Versailles)에서 처음으로 독일에 대한 전쟁 책임 문제가 제기되었다. 더욱이 1928년에는 전쟁 포기에 관한 조약인 부전조약(Kellogg-Briand Pact)이 체결되었고, 국제연맹은 위법적인 전쟁에 의한 조약이나 영토를 승인하지 않겠다고 결의했다. 국제사회에서는 전쟁이라는 수단에 호소하는 행위를 위법으로 간주하는 전쟁위법관이 형성되었다.[4]

또한 제1차 세계대전 이후는 식민지주의가 정통성을 상실한 시대이기도 하다.[5] 예를 들면 그때까지 일본은 조선과 대만을 제국 영토로 병합하고 있었는데, 제1차 세계대전으로 독일로부터 빼앗은 남양제도의 경우, 병합이 아니라 국제연맹으로부터의 위임통치령이 내려졌다. 만주의 경우도 형식적으로는 '독립국'의 형태로 지배할 수밖에 없었다. 전쟁으로 빼앗은 토지를 병합하는 일이 국제적으로 용인되지 않게 된 것이다. 그때까지 중국에 대해서도 유럽 제국은 상호 분할하여 이권을 빼앗는 침략 방식을 취해 왔는데, 1920년대 이후에는 중화민국을 공식적으로 승인하고 중국 통일을 인정하는 방향으로 정책을 전환해야 했다. 주지하듯이 미국의 식민지였던 필리핀에서는 1935년에 자치정부가 발족하여, 미국은 10년 후 독립을 약속했다. 1937년 영국은 버마(미얀마)에 일정 한도의 내정 자치권을 부여하고 버마 정부를 수립할 수밖에 없었다.

---

4 大沼保昭, 『戦争責任論序説-「平和に対する罪」の形成過程におけるイデオロギー性と拘束性』(東京, 東京大学出版会, 1975) ; 荒井信一, 『戦争責任論-現代史からの問い』(東京, 岩波書店, 1995) 등 참조.

5 일반적으로 식민지주의라고 일컫는 구식민지주의(old colonialism)는 제국주의가 비교적 정치적 자각이 낮은 타민족을 지배하는 방법이다. 제2차 세계대전 이전에 널리 쓰이던 방법으로, 오늘날 남아 있는 일부 식민지에서 찾아볼 수 있다. 특징은 제국주의가 식민지주의를 시행하려는 지역의 주권을 장악하고 식민지청(植民地廳)을 두어 그 지역을 직접 지배하는 것이다. 지배 방법에는 종속주의·동화주의·협동주의·자립주의 등 몇 가지 단계가 있으나 그 지배는 대체로 지배의 대상이 된 지역 원주민의 정치적 의식이 낮은 것을 이용하여 자원의 수탈이나 착취를 노골적으로 행하는 형태이다. 식민지주의에 대해서는 ユルゲン·オースタハメル著·石井良訳, 『植民地主義とは何か』(東京, 論創社, 2005) 참조.

이처럼 제국주의와 식민지주의 시대는 제1차 세계대전을 계기로 분명 변화했다. 그러나 일본과 독일 두 나라는 세계사 흐름에 역행하여 침략전쟁을 감행했다. 두 나라의 전쟁 책임과 전쟁 범죄가 문제시되는 것은 당연한 일이었다. 일본 전범들에게 전쟁 책임을 추궁한 것은 도쿄 재판(1946년 5월~1948년 11월), 독일의 그것은 뉘른베르크 재판(1945년 11월~1946년 10월)이었다. 뉘른베르크 재판의 의의는 '인도에 반한 죄(crimes against humanity)'라는 새로운 국제법상의 개념을 만들었다는 점이다. 종래의 국제법적 사고에 따르면 주권국가가 자국민(독일 국적자인 유대인)에 대해 박해를 가한 것은 결코 '국제법상의 불법 행위'를 의미하지 않았기 때문이다.[6]

뉘른베르크 재판과는 달리 도쿄 재판에서는 '인도에 반한 죄'가 유죄의 요인이 되지 못했다. 오히려 천황을 면책하고 731부대로 대표되는 독가스 세균전은 면죄하면서, 식민지 지배하에 자행된 '군대 위안부'와 강제연행 등의 비인도적인 행위는 언급조차 되지 않았다. 도쿄 재판에서 동아시아는 철저히 경시되었다. 이것은 미국이 주도한 재판이 아시아 태평양 전쟁의 책임을 육군 수뇌부에게만 돌리고, 아시아 희생자의 목소리를 억압하는 형태로 진행되었기 때문이다. 한국, 중국 등 동아시아에 대한 침략과 가해를 정면으로 취급하면 당연히 육군뿐만이 아니라 지배층 전체를 문제 삼지 않을 수 없었기 때문일 것이다. 이렇듯 전쟁 책임과 전후 책임에 대한 독일과 일본의 태도 차이는 극명히 드러난다.

---

6 '인도에 반한 죄'의 개념과 성립 배경에 대해서는 前田朗,『人道に対する罪—グローバル市民社会が裁く』(東京,青木書店,2009); 清水正義,『「人道に対する罪」の誕生』(東京,丸善プラネット,2011) 등 참조.

잘 알려져 있듯이 점령군이 상륙하기까지 어느 정도 시간이 있었던 일본 정부와 군부는 전쟁 책임을 회피하기 위해 공문서를 철저히 폐기했다. 이것은 전쟁 범죄를 '단죄'하려던 점령군에게 커다란 장애가 되었다. 이 때문에 점령 당국은 범죄 사실의 인정과 피고의 선정을 위해 관계자로부터의 심문에 커다란 비중을 둘 수밖에 없었다. 이런 상황을 이용하여 일본 관계자는 적극적으로 점령군에 협력하여 재판을 특정 방향으로 유도했다. 특히 천황의 측근들과 궁중 그룹이라 불리는 중신, 해군, 외무성 관료들은 국제검찰국에 적극적으로 정보를 주었고 구체적인 전범 리스트까지도 제공했다. 이후 일본 보수정치의 대부라 일컬어지는 요시다 시게루(吉田茂) 수상도 이 인맥의 한 사람이었다. 그들은 전후 일본이 살아남을 수 있는 최선의 방책으로서 천황제를 유지하고 최대의 전범인 천황을 옹호하려 했다. 그들은 천황을 대신할 전쟁 범죄의 책임자로 도조 히데키(東條英機)로 대표되는 특정 육군 수뇌부를 지목했으며, 그들을 국제검찰국에 내부 고발한 것이다.[7]

이런 움직임은 천황을 정치적으로 이용하려 한 GHQ의 이해와 일치되었고, 특히 미국의 입장과 결부되었다. 예컨대 도조는 1947년 12월 도쿄 재판 법정에서 "자신은 천황의 의사에 반한 행동을 결코 하지 않았다"는 취지의 증언을 한 적이 있었다. 이 증언을 문자 그대로 이해한다면, 진

7 도쿄 재판의 전범 처리 과정과 그 문제점에 대해서는 粟屋憲太郎,『資料日本現代史2 敗戦直後の政治と社会①』(東京, 大月書店, 1980) ; 東京裁判ハンドブック編輯委員会編,『東京裁判ハンドブック』(東京, 青木書店, 1989) ; 粟屋憲太郎,『東京裁判論』(東京, 大月書店, 1989) ; 粟屋憲太郎 他 著,『徹底検証 昭和天皇「独白録」』(東京, 大月書店, 1991) ; 粟屋憲太郎·吉田裕編,『国制検察局(IPS)尋問調書 全52巻』(東京, 日本図書センター, 1993) ; 粟屋憲太郎,『未決の戦争責任』(東京, 柏書房, 1994) ; 粟屋憲太郎,『東京裁判への道 上·下』(東京, 講談社, 2006) 등 참조.

주만 공격 등 태평양전쟁에서의 도조의 전쟁 범죄는 모두 천황의 의지였다는 중대 발언이었다. 당황한 국제검찰국 수석검찰관은 천황 측근을 통해 도조를 설득하게 하였으며, 다음 법정에서 그 발언을 철회시켰다. 양자의 이해가 합치되었음을 극명하게 보여주는 해프닝이었다. 전쟁 책임자인 천황의 면책은 미국과 일본의 공동 작전이었다.[8]

만주 침략, 중일전쟁, 아시아 태평양전쟁으로 이어지는 일련의 침략 전쟁이 이들의 주장대로 육군으로 대표되는 강경파에 의해 강행된 것은 틀림없는 사실이지만, 총력전은 육군 단독으로 주도될 수 있는 일이 아니었다. 중대 국면에서 중요한 결단을 내린 천황을 비롯하여 천황제를 지탱한 궁중 그룹, 해군, 관료, 재벌 등도 전쟁을 적극적으로 추진했다. 최근에는 미국과의 개전을 주저한 그룹이 존재했다는 사실도 주장되고 있지만,[9] 그들 또한 아시아에서 일본의 이익을 확보하기 위한 군사력의 행사에는 오히려 더 적극적이었다. 미국과 의견을 맞춘 이들 집단은 도쿄 재판에서 천황을 비롯하여 자신들은 미국과의 전쟁에 반대했지만 육군이 감행한 것이라며 육군에 모든 책임을 떠넘긴 것이다. 그들은 모든 전쟁 책임은 육군에 있다는 왜곡된 '역사상'을 만들어내고, 육군을 희생시키는 방법으로 천황제를 유지했다.[10]

8 도쿄 재판에서 도조는 증인 심문에 대해 "우리(일본인) 중 감히 천황의 의지에 거스를 사람은 아무도 없을 것"이라고 짧게 대답했다. 증언 수정 압력이 계속되었고, 도조는 일주일 뒤 천황은 평화를 사랑하고 원해 왔다고 공손히 진술했다. 이안 부루마 지음·최은봉 옮김, 『근대 일본』(서울, 을유문화사, 2004), 148쪽.

9 1941년 시점에서 미국과의 전쟁을 반대한 인물로는 오노데라 마코토(小野寺信, 육군정보장교), 신조 겐키치(新庄健吉, 육군주계장교), 야마모토 이소로쿠(山本五十六, 해군장교) 등이 꼽힌다. 『正論 - 終戦60年記念 昭和天皇と激動の時代 終戦編』(東京, 産経新聞社, 2005년 9월호) 참조.

10 일본에서 '종전'의 실현은 지배층의 압도적인 주도하에 이루어졌다. 포츠담선언을 수락했을

또 외부적으로는 미·소 사이의 대립이 작용했다. 이른바 냉전이 시작되자 미국은 점령 당초의 방침이었던 비군사화·민주화 정책을 헌신짝처럼 버리고 반공의 전진기지로 일본을 활용했다. 이런 점령 정책의 전환 과정에서 미국은 자신들의 의사를 충실히 수행할 수 있는 그룹을 만들어냈다. 1948년 10월에 성립된 요시다 시게루 내각은 바로 이런 배경하에서 성립되었다. 요시다는 미국에 충실한 일본 보수 정치의 창시자가 되었다. 미국은 일본을 자신의 정치적 후원자를 만들면서, 그 반대급부로 동아시아의 목소리를 억압한 것이다. 어쨌든 도쿄 재판을 통해 천황을 비롯한 지배층 대부분은 살아남았으며, 그 과정에서 전후 일본 보수 정치의 담당자가 새롭게 태어났다.

요시다로 대표되는 일본의 보수 정치인은 동아시아에 대한 침략과 식민지 지배에 대한 반성을 결여한 채, 모든 책임을 군부에 전가하고 냉전 상황에서 미국에 충실히 협력함으로써 미국의 동반자로 인정받았다. 그들은 자신들의 전쟁 책임에 대해 반성하지 않았을 뿐만 아니라, 미국이 자행한 무차별 폭격이나 원폭투하와 같은 전쟁 범죄를 비판하지 않았다. 일본 정부가 지금도 원폭투하를 국제법 위반으로 인정하려 하지 않는 것도 바로 그 때문이다.

때, 일본의 지배층은 전후 전쟁 범죄 처벌이 '통례의 전쟁 범죄'에 그치지 않고 지도자의 광의의 전쟁 책임이 재판과 같은 형태로 추급당할 것이라고 인식했다. 그러나 다른 한편에서는 전쟁 책임 처벌에 의한 지배층의 피해를 최소한 줄이려고 획책했다. 이를 위해 무엇보다 국내 체제의 '건전함'을 확보하는 것이 불가결했다. 포츠담선언 제1회 수락 통고가 이루어진 직후인 8월 11일, 내무성 경보국은 각 도도부현(都道府県) 경찰부장에게 항복을 준비한 치안 대책의 특별 강화를 지시하고 특히 국민의 전쟁 책임자에 관한 논의를 억제하여 "이번 사태를 초래한 책임자는 군관민 모두로 이를 책임져야 한다"며 재빨리 철저한 '일억총참회론'에 의한 치안 확보를 명령했다. 粟屋憲太郎·三島憲一·望田幸男·田中宏·広渡清吾·山口定,『戦争責任·戦後責任-日本とドイツはどう違うか』(東京, 朝日新聞社, 1994) 참조.

또 요시다는 조선이나 중국, 동남아시아 사람들에 대해 차별과 멸시 의식을 지니고 있었다. 패망하자 일본은 당시 일본 내에 거주하던 구 식민지 출신자의 일본 국적을 일방적으로 박탈했으며, 그들을 군인 은급과 원호의 대상에서 철저히 배제했다. 이런 차별의 배경에는 요시다의 인식이 크게 작용했다. 요시다는 "조선인은 일본의 경제 부흥에 전혀 공헌하고 있지 못하다", "범죄 분자가 큰 비중을 차지하고 있는데 그 대다수는 공산주의자로서 가장 악랄한 정치 범죄를 일으킬 경향이 있다" 등의 이유를 들어 모든 조선인의 강제송환을 승인해 달라고 부탁할 정도였다.[11] 동아시아를 얕잡아보는 멸시 의식은 전후에도 전혀 변하지 않았다.

일부 군인이 천황과 기타 평화적인 사람들의 반대에 거슬러 미국과의 전쟁을 감행했다는 허상이 미국과 일본의 지배층과의 합작을 통해 만들어지고, 그것이 도쿄 재판에서 그려진 역사상이 되었다. 그 허상 아래서 전후 보수 정치가 탄생했다. 미국은 이후 샌프란시스코강화조약의 체결, 동남아시아 여러 국가와의 배상 교섭에서도 일본의 전쟁 책임을 철저히 추궁해 거액의 배상을 요구한 필리핀 등의 요구를 억눌렀다. 일본 정부는 이에 편승하여 배상을 가볍게 했을 뿐만 아니라 배상을 경제적 진출의 수단으로 이용했다.

---

11 요시다는 1949년 맥아더에게 "재일조선인에 대한 조치(在日朝鮮人に対する措置)"라는 문서를 보고했는데, 그는 "조선인 거주자의 문제는 시급하게 해결해야 합니다. 그들은 총수 100만에 가깝고, 그 반수는 불법 입국입니다. 저는 이들 모든 조선인이 모국인 반도로 귀환하기를 기대합니다."라고 건의했다. 요시다는 조선인에 대한 강제송환의 이유로 미국에 의존할 수밖에 없는 부족한 식량 사정과 재일조선인이 일본의 경제 부흥에 걸림돌로 작용한다는 것 이외에 조선인 가운데에는 범죄 분자의 비율이 매우 높아 일본 경제법령의 상습적 위반자로서 상시 7천 명 이상의 재일조선인이 옥중에 있는 상태라는 점을 강조했다. 田中宏, 『在日外国人-法の壁, 心の溝』(東京, 岩波書店, 1995) 参조.

3. 전후 혁신과 전쟁 책임 문제

전쟁에 대한 일반 일본인의 생각은 어떠했을까? 일본군의 잔학 행위는 주로 해외에서 자행되었기 때문에 일본인 대부분은 그 실상에 대해 거의 알지 못했다. 일본인은 오히려 미군의 공습과 생필품 부족 등으로 인해 가해 의식보다는 피해 의식을 지니고 있었다. 도쿄 재판을 통해 전쟁의 실상이 드러난 뒤 일반 일본인은 어렴풋이 '속았다'는 의식을 갖기도 했다. 그러나 군부에 책임을 떠넘긴 재판과 몇몇 군부책임자를 처벌하는 것으로 책임 문제를 매듭짓고, 일본인 자신의 책임을 물으려는 생각은 하지 못했다.[12]

일본은 패전한 뒤 곧바로 식민지를 상실했다. 인도네시아의 독립전쟁을 억누르려다가 패배한 네덜란드나 인도차이나와 알제리에서의 프랑스와 마찬가지로, 식민지를 상실하는 과정에서 심각한 갈등이 일어났다. 이들 국가에서는 과거의 식민지 지배를 재평가하는 계기를 마련했지만, 일본의 경우는 그런 기회도 거치지 않고 탈식민지화가 이루어졌다. 이 때문에 조선인을 얕보는 일본인의 의식은 아무런 변화 없이 온존되었

12 전후 일본에 '피해자 의식'이 확대된 배경에는 여러 독특한 요인이 있다. 가장 기본적인 요인으로서는 메이지의 절대주의부터 군부 파시즘을 거쳐 1945년의 패전에 이르기까지 일본에서 국민은 주권자가 아니라 언제나 지배 대상이었고, 그런 의미에서 국가 정책에 관한 주체적인 책임 의식이 육성되기 힘들었다는 사정이 있다. 따라서 민중은 기본적으로는 '피해자'였으므로 이를 부정하는 것은 좋지 않다는 주장이 최근까지 평화운동의 존재 방식을 둘러싸고 지속되고 있다. 또 야스마루 요시오(安丸良夫)는 국민의 '속았다'는 피해 의식에 대해 "민중은 전쟁부터 패전까지의 과정을 '속았다'는 논리로 이해하고 납득했다. 하지만 거기에는 전쟁 책임을 자신의 것으로 끌어안으려는 의식이 누락되어 있다. 또 여기에는 오래된 가치와의 깊숙한 내면적 대결을 거치지 않은 채 재빨리 새로운 가치를 수용해가는 모습이 표현되었다"고 말한다. 安丸良夫,『日本ナショナリズムの前夜』(東京, 朝日新聞社, 1997).

다. 지배층만이 아니라 민중도 그러했으며, 조선인에 대해서만이 아니라 동아시아 민중 일반에 대해서 그러했다.

1950년대에는 미국과의 강화 조약 체결, 재군비 반대, 안보 반대를 내걸고 보수에 대항한 혁신 세력이 대두했다. 미군 기지 반대운동, 원자/수소폭탄금지운동, 호헌운동 등의 평화운동이 전개되고, 총평(總評)과 좌파사회당이 주도한 혁신 세력은 선거 때마다 세력을 늘려 의회의 3분의 1 이상을 확보하여 개헌을 저지했다. 이들 세력은 자위대의 해외 파병을 포함한 전쟁 체제 구축을 저지시켰고, 군수산업 중심의 경제 부흥 노선을 좌절시켰다. 군사비 부담을 줄이고 우수한 인재를 민수산업에 집중시켜 고도경제 성장을 이룰 수 있는 하나의 조건을 만들었다. 전후에 일본이 무기를 수출하지 않고 일본의 군대가 전쟁에 참가하여 사람을 죽이지 않았다는 것은 중요한 성과라 말할 수 있다. 그동안 발전도상국 무기 수입액의 약 90퍼센트는 UN의 5대 강국으로부터였고 주요 공업국이 '무기 상인'이었던 점을 고려할 때, 무기를 수출하지 않았다는 사실은 일본이 세계에 자랑할 만할 평화를 위한 공헌일 것이다.

이 혁신적인 평화운동은 전쟁에 대한 어느 정도의 반성 위에서 국민들의 지지를 얻은 것이었다. 그러나 그것은 기본적으로 피해자가 되고 싶지 않다는 의식에 바탕을 두고 있었다. 예를 들면 1956년 일본과 필리핀 사이에 배상 협정이 체결되었다. 미국은 필리핀에 압력을 행사해 요구를 억눌렀으며, 일본 재계는 "배상을 계기로 한 장사"라는 주장을 펴면서 앞으로의 경제적 진출을 위한 의도를 공공연하게 표명했다. 그 당시 사회당은 필리핀과의 국교정상화를 반대하지는 않았지만, 배상액이 일본의 지급 능력을 훨씬 넘는 것이며, 앞으로 20년간 일본 납세자가 그 부담을 져야 한다는 불만을 토로했다. 필리핀에 씻지 못할 피해를 남겼다는 것에 대한 반성보다는 일본 민중이 지게 될 부담만 고려한 태도였다.

보수와 혁신은 대립하는 두 개의 정치 세력이었지만, 이 둘의 대항과 타협을 통해 일본 정치의 틀이 만들어졌다. 특히 1960년에 등장한 요시다의 직계인 이케다 하야토(池田勇人) 내각에서는 보수 진영도 혁신 세력이 주장해 온 개헌 단념, 비핵 3원칙 등 평화주의적인 내용을 수용해 구미 제국에 비해 경무장 상태에서 경제 성장을 이루어나갔다. 그런 의미에서 대립과 타협을 통한 보수와 혁신의 합작이 전후 정치 특히 보수 본류 정치였다.[13]

보수와 혁신 모두 일본의 전쟁 책임을 정치적 과제로서 받아들이려는 인식은 없었다. 설령 있었다 하더라도 그것은 정치적인 제스처에 불과했다. 국민과 자신들의 존재방식을 주체적으로 되새기는 계기는 되지 못했다. 냉전 아래 아시아 여러 국가에서는 반공을 정권의 기초로 삼은 강압 정치가 지속되었으며, 미국과 일본으로부터 원조를 받기 위해 일본 침략 피해자의 목소리를 억압하고 말았다. 이런 상황에서 일본의 고도성장과 '번영'이 구가되었던 것이다.

전후의 보수적인 상황은 1960년대 후반부터 여러 형태의 사회운동이 전개되면서 조금 열어졌다. 공해 반대를 비롯하여 혁신지방자치단체의 건설을 추구했던 주민운동, 베트남 반전운동, 오키나와 반환운동, 학생운동 등이 그것이다. 특히 베트남전쟁에서는 일본의 미군 기지가 베트남 공

---

13 전후 일본의 정당 정치사에 대해서는 石川真澄·山口二郎, 『戦後日本政治史』(東京, 岩波書店, 2010); 的場敏博, 『戦後日本政党政治史論』(京都, ミネルヴァ書房, 2012) 등 참조.

격의 병참 기지, 출격 기지가 되어 일본이 가해자라는 사실이 명백해졌다. 베트남 반전운동은 기존의 '피해자 의식' 중심의 평화운동과는 다른 새로운 의미를 지니고 있었다.[14]

또 1972년 일본은 장기간에 걸친 중국적시 정책을 바꾸어 중국과 국교를 회복한다. 그러나 이들 운동 내부에서도 일본의 전쟁 책임을 정면에서 제기하지는 못했다. 국교 회복에 임박해 실시된 여론조사에서는 86%가 국교정상화를 시인한 것으로 나오는데, 그 이유는 "큰 시장을 버릴 수 없다"가 47%, "세계의 대세에 뒤처진다"가 31%나 되었다. 일본의 중국에 대한 가해 책임을 정면에서 추궁하려는 일부 지식인들의 움직임도 존재했으나, 난징대학살은 사실무근이라는 주장이 제기되는 등 지식인들의 문제 제기가 일반 대중에게까지 스며들지 못했다.[15] 중국 또한 소련에 대항하기 위해 미국과 일본과의 관계를 강화하려 했으며 그 때문에 일본의 전쟁 책임 문제를 명확하게 제기하지 못한 채 국교를 회복했다. 일본은 전쟁 책임에 대한 반성 없이 냉전의 기본 틀의 수정에 편승해 중일 국교를 회복한 것이다.[16]

---

14 일본의 평화운동과 평화 의식에 대해서는 小田実編,『ベ平連』(東京,三一書房,1969) ; 福山秀夫,『平和運動原論』(東京,学習の友社, 1997) ; 安田治,「戦後平和運動の特質と當面する課題」, 渡辺治·後藤道夫編,『講座現代日本 4 日本社会の対抗と構想』(東京,大月書店,1997) ; 和田進,『戦後日本の平和意識 - 暮らしの中の憲法』(東京,青木書店,1997) 등 참조.

15 요시다 유타카(吉田裕)는 일본인의 가해자로서의 자각은 베트남전쟁 반대와 중일 국교 회복을 계기로 지식인의 전쟁관에 대한 비판적 재검토를 통해 드러났지만, 일반 국민의 근본적인 인식 전환으로는 이어지지 못했다고 지적한다. 吉田裕,『日本人の戦争観-戦後史のなかの変容』(東京,岩波書店 1995), 129~134쪽 참조.

16 중일 국교정상화에 대해서는 石井明·朱建榮·添谷芳秀·林暁光編,『記録と考証 日中国交正常化·日中平和友好條約締結交渉』(東京,岩波書店,2003) ; 井上正也,『日中国交正常化の政治史』(名古屋,名古屋大学出版会,2010, 등 참조.

1960년대 후반은 구미 제국에서도 학생운동 등 사회운동이 고양된 시기였다. 그런데 서독에서는 '68년 세대'라 불리는 새로운 세대가 각 분야에서 전쟁 책임 문제를 정면으로 제기했다.[17] 정치 분야에서는 1969년 사민당 정권이 탄생했는데 사민당은 동방 정책을 내걸고 소련과 동구 제국과의 관계 개선과 긴장 완화를 위해 노력했다. 나치스에 의해 희생된 유대인 피해자들에 대한 진심 어린 사죄는 사회적으로도 커다란 반향을 불러일으켰다. 서독은 일본과는 달리 전쟁 책임 문제에 적극적으로 대응했다. 전쟁 책임에 대한 일본과 독일의 차이가 분명해진 것은 바로 이 시기였다.

일본은 왜 전쟁 책임 문제에 솔직히 접근할 수 없었을까. 해답은 일본의 대국 의식에서 찾을 수 있을 것이다. 일본의 대국 의식은 전쟁에 패하기 전부터 갖고 있던 아시아에 대한 우월감이 1970년대 두 번에 걸친 석유파동을 극복하면서 부상한 경제 대국 의식과 결부되면서 형성되었다. 이런 상황에 커다란 충격을 준 것이 1982년의 '교과서 문제'였다. 문부성은 그 이전부터 일본이 일으킨 전쟁을 '침략'으로 인정하지 않는 검정을 내렸다. 이 검정에 대해 한국과 중국 등 아시아 각지에서 비판의 목소리가 일어났다. 일본의 침략전쟁이 하나의 과거사가 아니라는 것, 그리고 일본이 전쟁 중에 과연 어떤 일을 자행했는지의 구체적인 지적들은 일본인이 과거 사실을 너무도 인식하지 못하고 있다는 심각한 반성을 불러일으켰다.

17 전후 독일에서의 민주주의 변용 과정과 '68년 세대'의 역할에 대해서는 井関正久,『ドイツを変えた六八年運動』(東京,白水社,2005) 참조.

또 그해 가을에 등장한 나카소네 야스히로(中曽根康弘) 내각은 개헌을 주창하고 일본열도를 침몰하지 않는 항공모함으로 만들겠다는 발언 등을 통해 일본 영역 외에서 벌어지는 미·소 전쟁에 적극적으로 참여하겠다는 정책을 내세웠다. 이것은 일본이 미군 기지를 제공하는 정도로 동아시아에 대한 간접적인 가해자에 머무르는 것이 아니라 스스로 직접적인 가해자가 되겠다는 것을 의미했다. 이런 과정에서 일부 지식인들 사이에서 일본의 전쟁 책임을 정면으로 제기하는 움직임이 형성되었다. 이에 따라 일본의 가해 사실 발굴 작업이 이루어졌는데, 당시 일본 전역에서는 재일조선인을 비롯한 강제 연행의 실상이나 동남아시아에서의 주민 학살의 사료들이 공개되기에 이르렀다.[18]

한편 1980년대 후반에는 냉전이 종식되고 동유럽에 이어 소련 사회주의도 해체되었다. 반공이라는 명목은 더 이상 설득력이 없었다. 또 동시에 한국과 필리핀 등에서는 민주화가 진전되어 갔다. 냉전의 종결과 민주화의 진전에 따라 전쟁 피해자들 스스로 자기 목소리를 낼 수 있게 되었다. 예를 들면 한국 사회에서 제기되었던 '군대 위안부' 문제는 일본 정부에 대한 비판과 함께 이 문제를 억눌러온 한국 정부와 사회에 대한 비판이기도 했다. 민주화의 진전과 전후 보상 문제는 불가분의 관계에 있는 문제로, 이는 냉전 아래 형성된 전후 보수파에 대해서만이 아니라 전후 혁신파에 대한 근본적인 문제 제기이기도 하다.

18 조선인의 강제 연행과 관련된 조사 보고서는 조총련을 중심으로 광범위하게 이루어졌다. 이들 자료에 기초한 강제 연행의 실태에 관한 대표적인 연구로는 朴慶植,『朝鮮人強制連行の記録』(東京, 未来社, 1965); 金英達,『朝鮮人強制連行の研究』(東京, 明石書店, 2003); 外村大,『朝鮮人強制連行』(東京, 岩波書店, 2012) 등 참조.

4. 부정론으로서의 네오내셔널리즘

1980년대 후반부터 1990년대에 걸쳐 세계사는 격동의 시대를 맞이했다. 동서 독일을 가로지르던 장벽이 해체되고 동구 사회주의 체제는 종지부를 찍었다. 1991년에는 사회주의 국가의 '맹주' 소련이 붕괴되었다. 소련 체제의 붕괴는 '냉전'이 종결되었다는 점에서 21세기를 향한 새로운 역사가 태동한 시기라 할 수 있다.

이 시기 일본은 거품경제의 붕괴로부터 헤어나지 못했다. 거듭되는 금융위기설, 외국 자본의 일본 기업 매수, 살아남기 위한 대규모 구조조정에서 엿볼 수 있듯이 '기업 국가' 일본의 화려한 영광은 옛이야기로 기억되었다. 대기업 경영자들은 일본이 자랑하던 '종신고용제'를 철회하고 국제 경쟁 사회에서 살아남기 위해 몸부림쳤다. 정부는 정책 방향을 상실하여 국민 부담을 고려하지 않고 공적 자금을 대기업 구제에 투여했다. 장기 불황을 의미하는 '잃어버린 10년'은 새로운 사회용어로 정착되었다.[19]

더욱이 거품경제의 파탄으로 경제적 자신감을 상실한 터에, 한신대진재(阪神大震災), 오움진리교 사건 등이 겹치면서 일본은 무거운 분위기에 빠져들었다. 사회적으로는 관료와 재계 상층부로부터 경찰관, 하급 공무원에 이르기까지 확산된 부패의 실상이 만천하에 드러났다. 대학생과 젊은이들은 정치와 사회에 대한 공적인 관심이 현저하게 줄고 개인 세계

19 村上龍 NHKスペシャル,『村上龍失われた10年を問う』(東京,NHK出版,2000) ; 岩田規久男·宮川努編,『失われた10年の真因は何か』(東京,東洋経済新報社,2003).

에 빠져들었다. 전후 교육의 실패 문제는 하루가 멀다 하고 지적되었고, 대학의 구조 개혁을 주장하는 목소리도 높아져 갔다.

1990년대의 경제적 혼란과 사회 의식의 혼돈이라는 위기감이 팽배해진 상황을 틈타 자국 중심, 자민족 중심적인 '역사관'을 주장하는 '자유주의사관연구회'와 '새 역사 교과서를 만드는 모임'은 '건전한 내셔널리즘의 복권'이라는 명분을 내걸고 저돌적인 활동을 시작했다.

'자유주의사관연구회'는 1990년대 초부터 일본의 전쟁 책임 문제를 제기하는 사회운동에 반대하는 사람들을 중심으로 결성되었다. 일부 매스컴이 이에 호응했고 정계와 사회운동계, 학계, 교육 현장에서도 이 모임을 지지하는 등 파장이 적지 않았다. 후지오카 노부카쓰(藤岡信勝), 니시오 간지(西尾幹二), 고바야시 요시노리(小林よしのり)로 대표되는 네오내셔널리스트들은 종래의 역사관을 '도쿄 재판 사관', '코민테른 사관', '자학 사관', '암흑 사관'으로 규정했다. 또한 1990년대에 들어와 활발해진 '군대 위안부' 할머니를 중심으로 한 전쟁 피해자들의 고발과 비판에 대해 극히 반동적인 거부를 표명했다.[20]

'자유주의 사관'의 대표적 논객인 니시오 간지는 『국민의 역사(国民の歴史)』(産経新聞社, 1999년)와 『국민의 도덕(国民の道徳)』(産経新聞社, 2000)을 간행하여 '국민정사(国民正史)'의 회복을 대규모로 선전했다. 고바야시 요

---

20 '자유주의사관연구회'의 등장배경과 활동에 대해서는 개번 매코백, 「일본 '자유주의 사관'의 정체」, 『창작과 비평』 98, 1997 ; 정재정, 「횡행하는 국가전략적 역사 교육론의 망령-역사 교과서 비판과 '자유주의 사관'」, 『일본의 논리』(서울, 현음사, 1998) ; 후지나가 다케시, 「현대 일본 반동세력의 한국사 인식-일본형 역사수정주의가 등장하기까지-」, 『역사비평』 44, 1998 ; 정진성, 「일본의 신민족주의운동」, 『국제지역연구』 가을호, 1998 ; 한상일, 「자유주의 사관」, 『일본 지식인과 한국-한국관의 원형과 변형』, 오름, 2000 ; 김봉식, 「'자유주의 사관'에 대한 일고찰」, 『일본학 연보』 9, 2000, 등 참조.

시노리는 『전쟁론(戦争論)』(幻冬舎, 1998년)이라는 만화를 통해 활자체에 익숙하지 않은 신세대 젊은이들의 정서에 파고들었다. 그들은 자신의 주장을 인터넷 홈페이지를 통해 일선 학교 교사들에게 널리 유포하여 지지 계층을 확대해 나갔다. 그들은 또 2000년과 2004년에 중학교 역사, 공민 교과서를 독자적으로 편집하고 문부성에 검정을 신청했는데, 이 교과서들은 주변 국가들의 반대에도 불구하고 통과되었다.

문제의 심각성은 전쟁 책임과 전후 보상 문제를 충분히 해결할 수 있는 토양을 갖추지 못한 상태에서, 특히 전쟁을 경험하지 못한 신세대를 비롯하여 타자의 호소에 귀를 기울이려 하지 않는 사람들에게 일본의 침략전쟁과 식민지 지배에 대한 본격적인 부정론이 아무런 여과 장치 없이 확산되고 있다는 점에 있다. 일본의 우경화 조짐이 어제오늘의 일은 아니지만, 이제 일본의 우경 의식은 신세대 젊은이들에게까지 파고들어 여론을 조성하고 왜곡된 역사 인식을 심고 있다는 점이 중대한 문제인 것이다.

'자유주의 사관'파의 논리에 대한 체계적인 비판에 앞서 역사 인식 문제를 생각해 보자. 역사 인식이란 인터넷이나 백과사전을 펼쳐보면 알 수 있는 내용, 예컨대 '어떤 인물이 언제 죽었다', '그 사건은 언제 일어났다'와 같은 과거의 개별 사실이나 인물의 행위를 서술하는 단순한 사건의 나열이나 짜깁기도 아니다. 역사 인식이란 한 시대나 사회의 성질, 중요 사건 등을 둘러싸고 현대적 관점에서 이해하려는 작업, 개별 사실을 객관적·실증적 형태로 확정하는 작업에서 출발하여, 궁극적으로는 인식하는 사람의 사상적 작업을 거친 것이다.

역사학에서는 중요 사건에 대해 자유롭고 다양한 역사 인식이 존중되어야 한다. 역사 인식은 인식 주체가 지닌 역사관에 따라 큰 편차를 드러내고, 과거와 현재, 미래에 대한 인식자의 관심과 자세와 깊이 관련되어 있다. 과거 사실의 확인에 그치지 않고, 현재와 미래로 이어지는 인식이기 때문이다. 따라서 자국의 과거에 대해 국민과 국가 의사를 대표하는 입장에 있는 위정자가 어떠한 역사 인식을 갖고 있느냐에 따라 국민들의 삶의 방식, 국가의 미래를 향한 자세나 정책도 달라지고, 다른 나라와의 관계에도 큰 영향을 끼치게 된다. 앞에 소개한 하시모토 도루의 발언과 같이 연례행사처럼 되풀이되는 일본 위정자의 '실언', '망언'에 우리가 우려를 표명하는 것도 바로 이 때문이다.

전쟁을 둘러싼 역사는 어떻게 인식되어야 할까. 이 문제에 대해 일본에서는 크게 두 가지 논쟁이 전개되었다. 하나는 '군대 위안부' 문제를 중심으로 한 '역사 교과서 논쟁'이고, 또 하나는 '역사 주체 논쟁'이다. 논쟁의 수준이나 규모는 다르지만, 두 논쟁에는 몇 가지 공통점이 있다. 하나는 죽은 사람에 대한 애도 방식과 관련된 것으로, '미래로서의 과거'를 어떻게 볼 것인가가 주요 쟁점이다. 다른 하나는 과거의 논쟁에서는 찾아보기 힘들었던 '국민 이야기'에 대한 '욕망' 문제이다. 결론적으로 말해 '자유주의 사관'은 자국 중심 사관, 자국 찬미 사관이다. '자유주의 사관' 논객들이 어떠한 역사 인식을 지니고 있는가는 단지 개인의 사상의 자유로 간주하여 무시할 수 없는 극히 현실적이고 국민적인 문제이다.

'자유주의 사관' 논객들은 중·고등학교의 여러 일본 역사 교과서가 근·현대사 부분에서 일본의 제국주의적 침략과 식민지 지배, 전쟁 책임, 전쟁 범죄 등을 과도하게 강조하여 전체적으로 일본의 '어두운' 면만을 부각하고 있다고 비판한다. 그들은 이를 '코민테른 사관'과 '도쿄 재판 사관'

이 결부된 '반일·망국적', '자학적'인 역사관·역사 서술이라 주장한다. 더불어 "대동아전쟁에서 일본만 나빴던 것은 아니다, 일본의 전쟁은 아시아의 식민지, 반식민지의 해방이라는 목표·역할을 수행했다, 자국사를 배움으로써 자국에 대한 긍지와 로망을 느낄 수 있어야 한다"[21]고 토로한다.

이들의 주장은 기존 우익 인사들뿐만 아니라 전후 세대의 역사 인식에 직접 영향을 미치고 있다. 네오내셔널리스트들의 일본 사회를 향한 파상적인 공격이 결실을 맺고 있음을 잘 보여주고 있다. 일본 사회 저변에 깊은 뿌리를 두고 있지만 지금까지는 우익들에게서만 돌출적으로 제기되었던 주장들이 최근에는 '자유주의 사관'이라는 미명 아래 노골적으로 주창되기 시작했다. 그런데 그들은 어떤 내용을 두고 '자유주의'라 말하는 것인지 분명히 밝히고 있지 않다. '자유스럽게' 또는 '극단에 치우치지 않는' 태도로 역사를 바라보자는 의미 이상의 어떤 이론적 근거를 내놓은 것도 아니다. 그리고는 현행 교과서 비판만으로는 약하다고 생각했는지 스스로 새 역사 교과서를 만든다는 방침을 세워 『국민의 역사』를 집필하기에 이른 것이다.[22]

---

21 예를 들어 '새 역사 교과서'는 '대동아전쟁'이 서구의 침략에 대항한 '자존자위(自存自衛)'를 위한 전쟁이었고, 대동아회의 또한 대서양헌장에 대항하기 위한 것이라며 "일본은 미국과 영국에 선전포고하고, 이 전쟁은 '자존자위'를 위한 전쟁이라고 선언했다. 일본 정부는 이 전쟁을 대동아전쟁이라고 명명했다. …… 일본의 서전 승리는 동남아시아와 인도 사람들에게 독립에 대한 꿈과 용기를 키웠다. 동남아시아에서 일본군의 저돌적인 진격은 현지 사람들의 협조가 있어야 가능한 일이었다. …… 회의에서는 연합국의 대서양 헌장에 대항하여 대동아공동선언이 발표되고 각국의 자주독립, 상호 제휴에 의한 경제 발전, 인종차별 철폐를 강조했다. 이 회의 이후 일본은 구미 세력을 배제한 아시아인에 의한 '대동아공영권'의 건설을 전쟁의 명목으로 보다 확실하게 내세우게 되었다. …… 일본의 남방 진출은 원래 자원 획득을 목적으로 한 것이었지만, 아시아 각국에서 시작된 독립의 움직임을 촉발시키는 하나의 계기도 되었다"(『歷史』, 204~207쪽)고 주장하고 있다.

22 『국민의 역사』에 대한 비판은 「教科書に真実と自由を」連絡会編, 『徹底批判「国民の歴史」』(東京, 大月書店, 2000) 참조.

5. '자유주의 사관' 그룹의 역사관

'자유주의 사관' 그룹은 등장과 함께 1990년대 중반부터 세력을 모아 2000년 이후 독자적인 일본사 교과서를 만들겠다고 공언했는데, 그 내력은 역시 전후 반세기에 걸친 사회 추이 속에서 일본인의 정치 의식과 역사관을 고찰할 필요가 있다.

일본인들은 일본 직후 1945년부터 1950년대에 걸쳐 전쟁과 패배의 근본적인 원인을 일본 사회가 안고 있던 '반봉건제'와 '봉건유제'를 극복할 수 없었던 후진성에서 찾았다. 즉 서구에 대한 경제력과 기술의 열세, 그리고 전쟁 과정에서 표출된 군부 독주와 천황제적인 인명 경시 풍조 등 사회적인 후진성에 대한 자각이 폭넓게 이루어졌다. 일본 국민이 전후 민주주의적 개혁을 받아들인 것도 점령 당국의 강압적인 개혁 정책 추진 때문만이 아니라, 생활 실감에 기초한 국민 의식의 개혁이 절실하게 요구되었기 때문이었을 것이다.

이 시기 많은 일본인은 아시아 태평양전쟁에 대해서도 일본의 조선 식민지화와 중국 침략을 자성해야 한다는 이해를 공유했다. 그러나 1948년부터 표면화된 미·소 냉전 속에서 점령 정책이 급격히 변화하기 시작했다. 이 시기부터 많은 일본인은 침략전쟁에 대한 반성이 모호해지면서 구미 열강에 의한 전쟁 피해자라는 기억에 사로잡히고 말았다. 아시아 민중에 대한 가해자로서의 인식은 실제 감각에서는 물론 이론적으로도 심화되지 못했다. 일본인은 가해자가 아니라 피해자라는 인식만 팽배해졌다.

일본의 국민 의식을 크게 변화시키게 된 것은 한국전쟁 특수를 기반으로 이룩된 고도경제 성장이었다. 1960년대의 고도경제 성장으로 인해 이제 일본은 선진국의 일원이 되었다. '경제 대국'이라는 인식이 안팎으로 확산되었다. 전전의 '반봉건적 후진성'은 극복되었으며, 메이지 이후 '문명개화'라는 기치 아래 '서구를 따라 잡겠다'는 목표가 달성되었다고 자화자찬하기에 이르렀다. 또 스스로 '전후는 끝났다'고 선언했다. 아시아 개발도상국 출신 유학생들도 일본을 자국의 경제적인 성공 모델로 상정하는 경우가 많았다.

한편 1960년대 후반부터 1970년대에 걸쳐 '전후 역사학'에 대한 비판적 검토가 활발해 지면서 다양한 각도에서 일본 사회를 바라보게 되었다. '전후 민주주의'와 '전후 역사학'이 비판적 검토 대상이었다. '전후 민주주의'의 재검토와 더불어 태평양전쟁에서의 일본의 가해자적 측면이 본격적으로 검토되고 이와 관련된 사실의 발굴과 그 의미를 묻는 작업이 활발해졌다. 일본의 타이완·한국 식민지 지배의 실태, 아시아 태평양전쟁 시의 난징대학살과 731부대의 인체 실험, 군대 위안부 등 전쟁 범죄적 사실의 해명 등이 그 대표적인 테마였다. 더불어 오키나와와 아이누 등 일본 본토로부터 차별받는 약자나 소수민족에 대한 역사적 연구도 활발해졌다.[23]

일본 사회·역사에 대한 관심과 연구는 이렇게 대립적으로 분화되어 각자의 색깔을 나타냈다. 하나는 '근대의 달성'을 낙천적으로 받아들여 역사 속에서 '일본의 성공과 자신감'을 찾아내려는 방향이다. 또 하나는 일

23 일본 사학사에 대해서는 나가하라 게이지 지음·하종문 옮김, 『20세기 일본의 역사학』(서울, 삼천리, 2011) 참조.

본의 근현대사에서 잊을 수 없는, 결코 잊어서는 안 되는 '부(負)'의 측면을 인식함으로써 앞으로의 역사 전개와 과제를 찾아내려는 방향이다. 전자의 뿌리에서 싹튼 '자유주의 사관'은 후자의 사관을 '자학 사관'이라 비난하고 나선 것이다.

그 사이 1965년에는 이에나가 사부로(家永三郎)가 '교과서 검정 소송'을 제기했고, 일본사 연구자·교육자의 지원 활동이 폭넓게 전개되었다. 이들은 국가가 교과서의 세세한 부분까지 간섭, 검정하여 학문·사상·교육의 자유를 침해하고, 정치와 권력으로부터 독립되어 이루어져야 할 교육의 내면까지 지배하려는 데 위기감을 느끼고 이를 저지해야만 한다는 문제의식을 공유하고 있었다.[24]

'교과서 재판'은 32년에 걸쳐 원고 이에나가 씨와 그를 지원하는 역사학·법률학·교육학 등 수많은 연구자·교육자·변호사·시민 등이 양심을 건 싸움으로 이어졌다. 최고재판소에까지 이어진 긴 재판 기간에 국가의 규정에 따라 몇 번인가 교과서 개정이 시행되었지만, 많은 일본 역사 교과서는 '난징대학살', '731부대', '군대 위안부' 등 중요한 전쟁 범죄를 차츰 새롭게 언급했다. 일부 보수 정치가와 기업인들은 교과서에 '어두운 부분'만 부각해 국가를 사랑하는 마음을 키우지 못하게 되는 것은 아니냐는 우려의 목소리를 높였다. '어두운 부분'이란 지금까지 은폐되거나 제대로 연구되지 않았던 부분을 말하는 것으로, 전쟁의 본질과 일본의 전쟁 책임을

24 이에나가의 교과서 재판에 대해서는 家永三郎,『教科書裁判』(東京, 日本評論社, 1981) ; 家永三郎,『「密室」検定の記録—80年代家永日本史の検定』(東京, 名著刊行会, 1993) ; 家永三郎,『家永三郎対談集-教科書裁判の30年』(東京, 民衆社, 1995) ; 허동현,「이에나가 사부로와 교과서 재판의 역사적 의의」,『한국민족운동사연구』 49, 2006 등을 참조.

비롯한 평화와 관련된 중요한 문제이다. 자국사 인식을 둘러싼 양극 분화와 대립은 1970년대 말부터 1980년대 초반에 걸쳐 한층 심각한 상황을 맞게 된다.

일본 역사 교과서 내용의 왜곡은 집필자 등의 노력과 시민의 높은 관심 덕분에 차츰 개선되었다. '어둡다', '자학적이다'라고 공격하는 입장에서 본다면 상황은 한층 '나빠졌다'고 말할 수 있다. 1970년대 후반부터 위기감을 느낀 자민당은 "공산당과 일본 교직원 노동조합 계열의 2, 3류 학자들이 만들어낸 교과서"라며 공격을 개시했다. 정권을 담당하는 정당이 전면에 등장하여 1981년도 교과서 검정에서는 이른바 '침략과 진출 문제'를 불러일으켰다. 역사적 사실의 정확성을 왜곡시키고 '어두운' 기술을 제거하려 한 것이다.[25]

이에 대해 교과서 집필자는 물론 대중매체도 비판적이었다. 특히 1982년에는 한국과 중국 등 아시아로부터의 항의도 거세졌다. 역사적 사실을 숨기거나 왜곡하는 것은 우호와 교류의 기초를 파괴하는 것이기 때문이었다. 한국에서는 이때 전 국민의 성금을 모아 독립기념관을 건립했을 정도였다. 보수당 정치가 중에는 내정간섭이라고 반발하는 사람도 없지 않았지만, 결국 검정 기준에 '주변 국가를 배려'하는 항목을 추가하여, 이후 '침략'이라는 어휘를 사용하지 않거나 침략 행위와 전쟁 범죄 사실을 은폐·왜곡하는 강제적인 검정은 하지 않겠다는 양보를 얻어냈다.

그러나 이것이 일본 위정자들이 국가 권력의 개입이나 이른바 '어두

---

25 일본 교과서 바로잡기 운동본부 편, 『글로벌화와 인권·교과서』(서울, 역사비평사, 2003); 이신철, 앞의 책, 2007 등을 참조.

운' 사실의 은폐를 잘못으로 인정했음을 의미하는 것은 아니다. '주변 국가에 대한 배려'라는 말 자체가 시사하듯이 표면적으로만 물러섰을 뿐이었다. 일본 각료들의 망언은 연례행사처럼 되풀이되는 것이 그 사실을 반증한다.

1986년, '일본을 지키는 국민회의(日本を守る国民会議, 현재의 일본회의)'라는 개헌파 민족주의 그룹이 『신편 일본사』(新編日本史, 原書房) 교과서를 편집·발행했다. 거기에는 ① 일본 전통문화의 흐름과 특색을 존중한다. ② 천황에 관한 역사적 기술을 중시한다. ③ 국가로서 자주독립의 정신이 중요하다는 것을 이해시켜 대외 관계를 중시한다. ④ 고대사에서는 신화를 통해 고대인의 사상을 명확히 한다. ⑤ 근현대사에서 전쟁과 관련된 부분을 객관적으로 기술한다는 항목들을 편집 방침으로 내세웠다.[26] 이것만 보더라도 국가주의적인 색채가 농후하지만, 내용의 기술이 역사적 사실을 무시하거나 왜곡한 부분이 많아 교과서로 거의 채용되지 못했다.

『신편 일본사』의 편집 방침은 니시오 간지의 『국민의 역사』에 그대로 계승된 것으로 보인다. 『국민의 역사』는 '대동아전쟁'에서의 개전 책임의 '6~7할'은 미국 측에 있다, 일본이 정말로 진 것은 '전후의 전쟁'이다, '전후의 전쟁'이란 일본인의 상식화된 '태평양전쟁관'과 이를 포함한 근·현대 일본의 역사는 미국 중심적인 견해의 강요이고 그것이 일본 역사 교과서에도 강렬한 영향을 주고 있다, 이것이야말로 전후 정보전쟁에서의 일본의 패배이자 미국의 승리를 말하는 것이라 주장한다. 즉 1999년 10월 『국

---

26 日本を守る国民会議編, 『新編日本史のすべて-新しい日本史教科書の創造へ』(東京, 原書房, 1987).

민의 역사』를 발간하기에 이른 1990년대 '자유주의 사관' 그룹의 논리는 1980년대의 '일본을 지키는 국민회의'의 주장을 상당 부분 그대로 계승하고 있음을 다시 확인할 수 있다.

이처럼 1980년대에 교과서 검정에 대한 국제적 비판, 그에 따른 일본 정부의 일정한 양보가 있었음에도 불구하고, 일본의 국가주의적 역사관은 한층 강화되는 경향을 띠고 있다. 이미 1970년대 이후 전쟁 · 패전을 체험한 전후 1세대의 퇴장과 함께, '어두운' 과거를 모르는 '경제 대국' 세대가 주역으로 등장했다. "언제까지 전쟁 책임과 전쟁 범죄만을 문제 삼을 것인가, '사죄 외교'의 반복은 이제 그만 두어야 한다, 우리가 책임질 일이 아니다"와 같은 국민 감정이 차츰 강화되었다. '자유주의 사관'은 '일본을 지키는 국민회의'의 『신편 일본사』의 실패를 기반으로, 자신들은 '대동아전쟁 긍정파'가 아니라고 공언하며 '자유주의'라는 매혹적인 깃발을 휘날리며 등장한 것이다.

6. 자학 사관을 넘어서

2000년 12월 8일부터 10일에 걸쳐 일본 도쿄에서는 '일본군 성 노예제를 심판하는 여성 국제 전범 법정'이 개최되었다. '군대 위안부' 범죄의 피해자와 지원 단체로부터의 고발 또는 국제인권위원회가 여러 번에 걸쳐 권고한 '책임자 처벌'을 거부해 온 일본 정부에 대항하여 '군대 위안부' 범죄의 책임자를 명확히 밝히기 위한 모의 법정이었다. 한국, 북한, 중국, 타이완, 필리핀, 인도네시아의 민간 단체들이 구미 법률 전문가들과 협력하여 국제 법정을 개최한다는 것, 더욱이 여성 주도로 이루어졌다는 점에서 큰 의의가 있다.

'여성 국제 전범 법정'에서 남북한 위안부 할머니 31명은 20만 명의 여성을 성 노예로 전쟁에 동원한 혐의로 히로히토(裕仁) 전 일본 천왕 등 전범 8명을 고소했다. 국제형사법을 과거에까지 소급시켜 적용할 수 없다는 이유로 줄곧 책임을 부인해 온 일본에 대해 동아시아 민중 공통의 '보편적 정의'를 추구하는 계기였다. 1967년에 열린 이른바 '러셀 법정'은 베트남 전쟁에서의 미국의 '침략'과 '전쟁 범죄'를 심판했다. 이것 또한 법적 실효성이 없는 상징적인 재판에 불과했지만, 이 법정의 의장이었던 사르트르는 당시 어떠한 권력으로부터도 지지를 받지 못한다는 사실이 역으로 러셀 법정의 '보편성'과 '정당성'을 보증하는 것이라고 선언했다. '여성 국제 전범 법정' 역시 국가나 국제 기관 등 법적 권력과는 관계없이 민간인에 의한 상징적인 법정이므로 법적 실효성은 갖지 않는다. 하지만 '군대 위안부' 범죄에 대해 동아시아 국가들 사이에 공통적인 '정의'의 척도를 형성하려는 시도라는 점에서 말 그대로 획기적이라 평가할 수 있다.

또한 2001년 4월에 네덜란드 헤이그에서 열린 '2000년 일본군 성 노예 전범 국제 여성 법정'에서도 일본에 대해 유죄를 선고하고 피해자들에 대한 배상을 요구했다. 이 법정은 일본 내에서는 물론 국제사회에서 일본군 성 노예제도에 대한 처벌이 전혀 없어 민간 차원에서 이를 처벌하기 위해 구성된 것이다. 이 법정은 가브리엘 커크 맥도널드 전 구 유고전범법정 수석판사가 재판장을 맡았다. 맥도널드 판사는 총 240쪽 분량의 판결문에서 "위안부제도는 일본 정부와 군대에 의해 입안·설치되었다"고 규정하여 일본의 전쟁 범죄 사실을 확인했다.

맥도널드 판사는 이어 "위안부 문제에 대한 책임은 지난 세월 동안 관련자를 처벌하지 않고, 공식적으로 충분하게 사과하지 않으면서 배상도 하지 않은 일본 정부에 있다"고 판결했다. 법정은 일본 정부 관리들이 위안부의 동원이라는 불법적인 행위를 알고 있었거나 알았어야만 했던 위치에 있었으나 이를 중단시키지 않았기 때문에 범죄의 책임이 일본 정부에 있다고 지적했다. 법정은 특히 연합국 측과 유엔이 일본에 대해 과오를 자백하도록 압력을 행사하지 않은 데 대해서도 비판했다. 우리는 이들의 모습을 통해 새로이 대두하는 네오내셔널리스트의 현주소를 절감할 수 있을 것이다.

역사의 부정적 측면을 서술한다는 것은 결코 '자학 사관'이 아니다. 독일의 역사 교과서에는 나치즘의 범죄나 비인도적 행위에 관해 상세히 서술하고 있다. 독일 학생들은 과거의 잘못을 솔직히 배움으로써 자유와 인권의 국가인 현대 독일을 수립할 수 있었다. 또 역사를 기술하는 일에 아무리 공정을 기한다 하더라도 집필자의 현재 가치관이나 세계관으로부터 이탈할 수 없다. 오히려 현재의 가치 기준으로 역사를 객관적으로 검증하기 때문에 역사를 배우는 것이 미래를 개척하는 것으로 연결된다. 왜곡된 교과서의 이데올로기, 그것에 영향을 받은 대중의 감정적인 동의는 결국 일본의 보수화나 군사적 재구축화로 이어질 것이다.

제2장

전후 일본의 전쟁 기억과 '대동아전쟁'론

1. 일본 사회의 우경화

1945년 8월 15일 정오, 히로히토 천황의 '종전의 조서(詔書)'가 라디오를 통해 흘러나왔다. 시민들은 '옥음방송(玉音放送)'에 귀를 기울였다. 잡음이 심해 세밀한 내용까지는 완전히 알아듣지 못했지만, "일본이 전쟁에 지고 말았다"는 최고 통수권자 히로히토의 말에서 엄연한 현실을 막연히 인지했다. 일본은 황거 앞에서 무릎을 꿇고 하염없이 눈물을 흘리는 여성의 모습으로 표상되는 패전을 맞이했다.

제국 일본의 붕괴는 일본인의 삶을 뒤흔들어 놓았다. 식민지 조선과 타이완은 이제 더 이상 지배 대상이 아니었다. '만주국'과 중국에 대한 영향력은 물거품이 되었고, 남양군도의 지배권도 상실했다. 식민지에 군림하던 지배 민족으로서의 지위와 그동안의 특권을 보장해주던 식민지 지배 체제도 연합군에 의해 해체되었다. 일본인의 심층 의식에도 '역전'이 일어나 제국의 '일등 신민'에서 패전국의 '국민'으로 추락했다. 해외에 거주한 일본인들은 식민지에 쌓아둔 경제적 기반을 포기한 채, 미래에 대한 보장 없이 본국으로 귀환을 서두를 수밖에 없었다.

패전으로 인해 일본의 역사 인식은 근본적으로 뒤바뀔 수밖에 없었다. 천황제 이데올로기에 편승하여 무모하게 전개되었던 침략전쟁의 결과는 히로시마와 나가사키로 상징되는 '피폭 국가'의 현실과 고통이었다. GHQ로 상징되는 미국의 점령은 일본인의 일상을 근본에서부터 재편성했다. 점령군의 진주와 위용은 일본인에게 더 이상 맞설 수 없는 공포의 대상으로 각인되었다.

그러나 일본의 동아시아에 대한 인식은 서구에 대한 그것과는 달리 크게 변하지 않았다. 망각과 침묵 속에서 오히려 대륙 침략과 식민지 지배를 합리하면서 허세에 찬 공격 본능을 노골적으로 표출했다. 일본은 연합국에는 항복할 수밖에 없었지만, 조선이나 중국에는 결코 패배하지 않았다는 왜곡된 패전관을 확산시켰다. 그 결과 일본인에게 패전의 체험은 의식의 '단절과 연속'이라는 이중적인 형상으로 표출되었다.

전쟁 기억을 둘러싼 전후 일본의 역사 인식 역시 근본적으로 바뀌지 않았다. 일본 정치 지도자들에 의해 빈번히 반복되는 역사수정주의 발언과 '새 역사 교과서를 만드는 모임'(이하 '새역모'로 줄여 표기함)의 국가주의적 교과서 채택의 움직임 등 90년대 중반 이후 노골적으로 표출된 일본의 국가주의 대두는 이런 인식을 반증한다.[1] 이런 인식에 직면하여 동아시아 구성원으로서 몇 가지 물음을 제기하지 않을 수 없다. 역사적으로나 국제적으로 도저히 정당화될 수 없는 이런 사태가 일본 사회에서는 어떻게 허용되는가, 일본의 정치 지도자는 왜곡된 전쟁관과 역사관을 당당히 발언하는 것을 왜 부끄러워하지 않는 걸까.

이런 물음에 대답하기 위해 두 가지를 동시에 검토할 필요가 있다. 하나는 국가주의적인 의식과 운동의 확대를 허용한 90년대 일본의 역사적 조건이고, 또 하나는 전후 일본 사회가 지속적이고 은밀하게 확산시켜 온 독선적 내셔널리즘이다. 요컨대 일본의 침략전쟁과 식민지 지배의 기반이던 국가주의가 전후 일본에 그대로 이어진 배경을 면밀하게 살펴보아야 한다. 한·일 양국은 공유해 온 역사적 사실에 대한 객관적 인식이나, 그 역사적 사실에 대한 해석에서 현격한 차이를 드러내는 측면이 적지 않

---

1 '새 역사 교과서를 만드는 모임'의 주도하에 만들어진 역사와 공민 교과서에 대한 비판은 上杉聰·君島和彦·越田稜·高嶋伸欣著,『「つくる会」教科書はこう読む!隠された問題点の数々』(東京, 明石書店, 2005) ; 上杉聰·君島和彦·越田稜·高嶋伸欣著,『いらない!「神の国」歴史·公民教科書』(東京, 明石書店, 2001) ; VAWW-NETジャパン編,『ここまでひどい!「つくる会」歴史·公民教科書-女性蔑視·歴史歪曲·国家主義批判』(東京, 明石書店, 2001) ; 和仁廉夫,『歴史教科書とアジア-歪曲への反駁』(東京, 社会評論社, 2001) ; 小森陽一·坂本義和·安丸良夫編,『歴史教科書何が問題か-徹底検証Q&A』(東京, 岩波書店, 2001) ; 永原慶二,『歴史教科書をどうつくるか』(東京, 岩波書店, 2001) ; 子どもと教科書全国ネット21編,『教科書攻撃のウソを斬る-新しい歴史教科書をつくる会」がねらうもの』(東京, 青木書店, 2001) ; 俵義文,『徹底検証あぶない教科書-「戦争ができる国」をめざす「つくる会」の実態』(東京, 学習の友社, 2001) 등을 참조. 또 한국에서의 관련 연구도 활발히 이루어졌다. 한국 내 일본의 역사왜곡에 관한 비판으로는 이충호,「일본의 교과서 검정과 중학교 역사 교과서 왜곡-후소샤(扶桑社)를 중심으로」,『실학사상연구』19·20, 2001 ; 신주백,「일본 우익 역사 교과서의 교사용 지도서에 나타난 역사 인식-아시아 태평양전쟁관, 인간관, 미래관을 중심으로-」,『동방학지』127, 2004 ; 이규수,「일본 중학교 교과서의 '보통 일본인' 만들기」,『아시아연구』8-2, 2006 ; 이규수,「일본의 공민 교과서 왜곡 구도와 우경화-'종축(縱軸)의 철학'론 비판」,『지역과 역사』18, 2006 ; 이신철,『한일 근현대 역사논쟁』(서울, 선인, 2007) 등을 참조.

다. 두 나라 사이의 역사 분쟁은 기본적으로 과거 일본의 제국주의 학자들이 한국에 대해 가지고 있던 식민사학에서 기인한다. 최근에도 일본 중등학교 역사 교과서들은 과거 일본이 가지고 있던 쇼비니즘적·군국주의적인 역사 인식을 그대로 반영함으로써 인접국에 대한 편견을 조장하고 있다. 이로 인해 오늘에 이르기까지 양국 사이에는 역사 분쟁을 해결할 조짐이 보이지 않는다.

이런 문제의식을 가지고 여기에서는 일본 사회의 우경화 분위기에 편승하여 부활할 조짐이 농후한 '대동아전쟁론' 논의를 살펴보려 한다. 먼저 일본의 패전 이후 침략전쟁을 둘러싼 역사 용어가 어떻게 사용되었고, 각 용어가 무엇을 의미하는지 살펴본다. 그리고 지금 '대동아전쟁론'이 돌출되는 배경으로서 일본 사회의 전쟁을 둘러싼 논의의 특질은 무엇이고, 그것이 교과서에 구체적으로 어떻게 기술되고 있는지 살펴본다. 올바른 역사 용어의 사용은 전후 세대 일본인의 한국 인식과 과거의 침략전쟁에 대한 책임 논리를 가늠하는 중요한 현실적 잣대이다. 이 문제를 점검함으로써 일본이 아시아에 대한 전쟁 책임과 전후 보상은 도외시하면서, 자국의 이익과 새로운 정체성 수립에만 몰두하게 된 사회적 맥락의 근원을 발견할 수 있을 것이다.

2. 전쟁 관련 역사 용어

한국의 역사 교과서와 연구 서적은 일반적으로 일본에는 천황제 파시즘 체제의 붕괴를, 한국에는 식민 통치로부터의 광복을 안겨준 전쟁을 태평양전쟁이라 부른다. 그런데 일본에서는 여러 가지 명칭이 혼용되고 있으며, 전후 반세기가 훨씬 지난 지금까지 어떤 명칭이 가장 적절한가에 대한 합의조차 이루어지지 않고 있다. 전쟁의 성격을 어떻게 규정하고 평가하는가에 따라 명칭이 달라지기 때문이다. 일반적으로 알려진 명칭으로는 태평양전쟁(Pacific War), 대동아전쟁(Greater East Asia War), 15년 전쟁(Fifteen Years War), 제2차 세계대전(World War Ⅱ 또는 Second World War) 인데,[2] 제2차 세계대전은 태평양전쟁과 중복되는 면이 있으므로, 이를 제외한 세 명칭의 의미와 그 명칭들이 반영하는 입장을 각각 살펴보기로 한다.

1) 태평양전쟁

태평양전쟁은 1941년 12월 8일 일본군의 하와이 진주만 기습을 계기로 1945년 8월 15일까지 약 3년 9개월 동안 일본과 연합국 사이에 일어난 전쟁을 말한다. 태평양전쟁이라는 명칭은 전쟁이 발발한 지역과 관련된 것으로, 주된 전장이 태평양 지역이었기 때문에 연합국 측이 사용했다. 미국에서는 일반적인 전쟁의 의미인 전쟁(The War)이라고 부른 경우도 많았다. 당시 일본 정부는 중일전쟁을 '지나사변(支那事変)', 태평양전쟁을 '대

2 이밖에도 유럽 특히 영국 중심의 세계관을 반영한 '극동전쟁'이라는 용어가 사용되기도 한다. 이는 전쟁이 지리적으로 미국이나 영국뿐만 아니라 동아시아, 동남아시아, 남아시아, 서태평양, 호주, 뉴질랜드 등과 관련되어 있고, 이들 모든 지역을 연구 대상으로 삼아야 한다는 입장이다. 크리스토퍼 톤(Christopher Thorne)의 다음 연구를 참조할 것. クリストファー·ソーン, 市川洋一訳, 『太平洋戦争とは何だったのか』(東京, 草思社, 1989) ; クリストファー·ソーン, 市川洋一訳, 『太平洋戦争における人種問題』(東京, 草思社, 1991) ; クリストファー·ソーン, 市川洋一訳, 『満州事変とは何だったのか 上下』(東京, 草思社, 1994) ; クリストファー·ソーン, 市川洋一訳, 『米英にとっての太平洋戦争』(東京, 草思社, 1995).

동아전쟁'이라고 불렀다. 패전 후에는 전쟁의 성격에 대한 미국 측의 규정을 받아들일 수밖에 없게 되어 태평양전쟁을 공식 명칭으로 사용하게 되었다.

태평양전쟁은 제2차 세계대전의 일부로 파악된다. 제2차 세계대전은 1939년 독일의 폴란드 침공으로 시작되었다. 이후 전장은 일본의 대미 개전에 의해 유럽 대륙에서 태평양 지역으로 확대되었다. 이 전쟁은 전체주의 국가였던 독일, 이탈리아, 일본이 동맹을 맺어 연합국과 대결하는 이른바 추축국 대 연합국의 대결 구도가 성립되었다. 연합국 측은 이 전쟁에 파시즘으로부터 평화와 민주주의를 지키기 위한 '반파시즘전쟁'이라는 의미를 부여했다. 전쟁이 연합국의 승리로 끝났기 때문에 연합국 측이 규정한 의미가 정착되기에 이르렀다. 그런 맥락에서 태평양전쟁이라는 명칭은 '일본군국주의의 침략'에 대한 '민주주의의 수호전쟁'이라는 역사적 평가를 얻게 되었다.[3]

패전 후 일본도 연합국의 관점을 수용했으나, 전쟁에 대한 역사적 평가가 이루어지면서 태평양전쟁이라는 명칭과 거기에 내포된 관점, 이른바 '태평양전쟁 사관'은 비판을 받게 된다. 비판은 두 가지 측면에서 제기되었다. 하나는 이긴 자에 의해 강요된 '승자의 논리'로서, 일본을 악역으로 만들어 일본 국민들에게 국가와 민족에 대한 부정적인 시각을 갖게 했

3 이런 경향의 연구로는 다음이 참고할 만하다. 日本国際政治学会編,『太平洋戦争への道 1~7』(東京, 朝日新聞社, 1962~63); 家永三郎,『太平洋戦争』(東京, 岩波書店, 1968); 歴史学研究会編,『太平洋戦争史 1~5』(東京, 青木書店, 1971~73); 藤原彰,『太平洋戦争史論』(東京, 青木書店, 1982); 木坂順一郎,『太平洋戦争(昭和の歴史 6)』(東京, 小学館, 1982); 入江昭,『太平洋戦争の起源』(東京, 東京大学出版会, 1991); 細谷千博·本間長世·入江昭·波多野澄雄編,『太平洋戦争』(東京, 東京大学出版会, 1993).

다는 비판이다.[4] 침략전쟁을 미화하려는 의도에서 제기된 '대동아전쟁 긍정 사관'이다. 또 하나는 아시아를 시야에 넣어야 한다는 문제 제기다. 일본이 벌인 전쟁은 일본의 지배 영역이었던 아시아 대륙에서의 전쟁도 포함되어야 하므로 태평양전쟁이라는 명칭 자체가 부정확하고, 또 이 명칭은 일본과 미국의 전쟁만을 부각시킴으로써 아시아와 일본의 관계에 대한 시점이 결여되어 있다는 비판이다.[5]

태평양전쟁이라는 명칭은 미국 중심의 역사관에 따른 것이며, 태평양전쟁 시기 중국전선의 존재가 경시되는 측면이 있다. 더욱이 태평양전쟁과 그 이전의 만주 침략과 중일전쟁과 같은 대외 침략을 구별하는 것은 경우에 따라 미국과 일본 또는 일본과 구미 제국주의 쌍방에 동일한 책임이 있다는 역사 의식을 확산시킬 수밖에 없다. 실제로 일본에서는 물론 한국에서도 만주 침략은 침략의 의미를 보류한 형태인 '만주사변'이라는 용어로 정착된 듯하다. 이런 반성에 따라 1980년대 중반 이후에는 '아시아 태평양전쟁'이라는 새로운 용어가 사용되고 있다.[6]

---

4 대표적으로는 中村粲·松本健一·江藤淳·総山孝雄·上杉千年·歴史検討委員会,『大東亜戦争の総括』(東京, 展転社, 1995) ; 林房雄,『大東亜戦争肯定論』(東京, 夏目書房, 2001). 특히 하야시는 1963년 9월부터 1965년 6월에 걸쳐『중앙공론』에 연재한「대동아전쟁 긍정론」을 통해 "일본의 근대화 과정 자체가 서양의 아시아 침략에 대한 반격의 역사다. …… 대동아전쟁은 형태는 침략전쟁으로 보이지만, 본질적으로 해방전쟁이었다. …… 다시 한 번 전쟁을 하라고 말하는 것은 아니다. 도쿄 재판의 판결만을 믿고 사실을 간과하여 일본 민족의 긍지를 잃지 말라고 말하는 것이다."라는 노골적인 내셔널리즘을 표출했다.

5 藤原彰,『太平洋戦争史論』(東京, 青木書店, 1982) ; 木坂順一郎,『太平洋戦争(昭和の歴史 6)』(東京, 小学館, 1982).

6 '아시아 태평양전쟁'이라는 용어를 사용한 주요 연구는 다음과 같다. 木坂順一郎,「アジア·太平洋戦争の呼稱と性格」,『竜谷法学』25-4, 1992 ; 森武麿,『アジア·太平洋戦争(日本の歴史 20)』(東京, 集英社, 1993) ; 木坂順一郎,「アジア·太平洋戦争の歴史的性格をめぐって」,『年報日本現代史』1, 1995 ; 倉沢愛子 外編,『岩波講座 アジア·太平洋戦争 1~8』(東京, 岩波書店, 2005).

2) '대동아전쟁'

일본 정부는 중일전쟁 발발 이듬해인 1938년 '동아 신질서'라는 성명을 발표하여 일본, 만주, 중국 3국이 연대하여 새로운 동아시아 협동체를 건설하자고 주장했다. 중국 침략은 이 새로운 질서를 건설하기 위한 전쟁으로 정당화되었다. 이후 제2차 세계대전이 일어나자 일본은 남진 정책을 추진하면서 '동아'를 '대동아'로 바꾸었다. 서양의 노예인 동아시아를 유일한 협동체(=대동아공영권)로 재구축한다는 게 일본이 내세운 명분이었다. 일본이 아시아의 지도자를 자처하고 나선 것이다.

'대동아'의 의미부터 살펴보자. '대동아'란 동아시아에 동남아시아를 더한 지역을 가리키는 용어로, 1940년 7월 일본이 국책 요강으로 '대동아 신질서 건설'이라는 것을 내세우면서 처음 사용한 말이다. 당시 일본은 만주를 침략하기 직전인 1931년에 일본, 조선, 만주, 중국, 몽골의 다섯 민족이 서로 화합해야 하고, 일본과 만주가 블록을 결성해야 한다는 '일만(日滿) 블록'과 같은 슬로건을 선전했다. '일만 블록'은 만주를 점령한 후인 1933년에는 중국을 합한 '일만지(日滿支) 블록'으로 발전했다. 일본은 1938년 중일전쟁이 일어난 뒤, 일본, 만주국, 중국이 주도하여 '동아 신질서'를 건설해야 한다는 주장을 내세웠다.

'대동아공영권'이라는 용어도 이때 만들어졌다. 1940년 8월 1일 마쓰오카 요스케(松岡洋右) 일본 외상은 담화를 통해 처음으로 '대동아공영권'을 주창했다. 요지는 아시아 민족이 서양 세력의 식민 지배로부터 해방되려면 일본을 중심으로 '대동아공영권'을 결성하여 아시아에서 서양 세력을 몰아내야 한다는 것이었다.[7] '대동아공영권'의 결성이란 일본, 중국, 만주를 중축으로 하여 프랑스령 인도차이나, 타이, 말레이시아, 보르네오, 네덜란드령 동인도, 미얀마, 오스트레일리아, 뉴질랜드, 인도를 포함하는 광대한 지역의 정치적·경제적인 공존과 공영을 도모하는 블록화 계획이었다. 결국 '대동아전쟁'이란 '대동아 신질서 건설'과 '대동아공영권 건설'을 위한 전쟁이라는 명분으로 일본 정부가 붙인 명칭이었다.

태평양전쟁이 주로 미국의 입장을 반영하는 데 반해, '대동아전쟁'은 일본의 보수적 입장을 반영한 명칭이다. '대동아전쟁'은 1941년 12월 10일의 대본영(大本營) 정부연락회의의 결정에 의해 공식 명칭으로 사용되었다. 일본 정부는 '대동아전쟁'이란 전쟁 지역을 '대동아'에 한정한다는 뜻이 아니라, '대동아 신질서 건설'을 목적으로 하는 전쟁을 의미한다며, 서구제국주의에 대한 아시아 식민지의 독립전쟁이라는 의미를 부여했다. 요컨대 태평양전쟁이 '추축국(=전체주의) 대 연합국(=민주주의)'의 대결 구도로 파악되는 데 반해, '대동아전쟁'은 '서구제국주의 대 아시아 식민지'의 대결 구도로 파악되는 것이다.[8]

---

7 榮沢幸二,『「大東亜共榮圏」の思想』(東京, 講談社, 1995). 마쓰오카는 같은 날 기자회견에서 정부의 외교 방침에 대해 "나는 황도를 세계에 선포하는 것이 황국의 사명이라고 주장해온 사람이다. …… 우리나라의 당면한 외교 방침으로서는 이 황도의 대(大)정신에 따라 우선 일만지를 하나로 묶은 대동아공영권의 확립을 도모해야 한다. …… 더 나아가서는 우리에게 동조하는 우방과 제휴하여 불퇴전의 용맹심으로 하늘로부터 부여받은 우리 민족의 이상과 사명의 달성을 기약해야 한다고 굳게 믿어 의심치 않는다"(『東京朝日新聞』, 1940년 8월 2일 자 석간)고 발언했다.

8 이런 입장을 확산시키려는 연구는 다음과 같다. ASEANセンター,『アジアに生きる大東亜戦争』(東京, 展転社, 1988); 中村粲,『大東亜戦争への道』(東京, 展転社, 1990); 名越二荒之助,『世界から見た大東亜戦争』(東京, 展転社, 1991); 中村粲, 松本健一, 江藤淳, 総山孝雄, 上杉千年, 歴史検討委員会,『大東亜戦争の総括』(東京, 展転社, 1995); 西岡香織,『アジアの独立と「大東亜戦争」』(東京, 芙蓉書房出版, 1996); 林房雄,『大東亜戦争肯定論』(東京, 夏目書房, 2001); 深田祐介,『大東亜会議の真実 アジアの解放と独立を目指して』(東京, PHP研究所, 2004).

일본의 패전 이후 점령군은 일본의 아시아 침략을 미화하는 용어라는 이유로 '대동아전쟁'이라는 명칭을 사용하지 못하게 했다. GHQ는 공문서에서 '대동아전쟁'이라는 호칭의 사용을 금지하고, 연합국의 표기에 맞추어 태평양전쟁이라는 호칭을 강제했다. 태평양전쟁이라는 표현은 미국을 비롯한 연합국의 공식 호칭이었기 때문이다.

그러나 앞에서도 언급했듯이 전후 어느 정도 시간이 흐르자 '태평양전쟁 사관'은 전승국의 일방적인 논리에 입각한 것이라는 비판과 함께 전쟁의 긍정성을 재평가하려는 움직임이 나타났다. 재평가를 주장하는 이들은 서구제국주의 열강이 아시아에서 이권 획득을 위한 각축을 벌이고 있던 국제 정세 속에서 일본은 서구제국주의의 침략으로부터 아시아를 해방시키기 위해 싸운 것이며, 전쟁 결과 여러 아시아 국가들이 서구의 식민지 상태에서 해방되었다고 주장한다. 앞에서 인용한 선전 문구는 이런 역사 인식을 충실히 반영한 것이다. 또 태평양전쟁의 원인은 제국주의 열강의 세력 확대 경쟁이며, 그 과정에서 전쟁은 일본이 독립국으로서 생존하기 위한 불가피한 전략이었다는 주장도 제기되었다. 요컨대 '대동아전쟁'이라는 명칭에는 연합국이 주장하는 '민주주의 수호 전쟁'이 아니라 '제국주의전쟁'이었다는 입장이 담겨 있는 것이다.

3) '15년 전쟁'

'15년 전쟁'이란 만주 침략, 중일전쟁, 태평양전쟁을 연속선으로 파악하는 관점에서 제시된 명칭이다. 만주 침략이 시작된 1931년부터 전쟁 종결 시기인 1945년까지 15년간(정확하게는 14년)을 하나의 전쟁기로 보고, 태평양전쟁을 그 세 번째 단계로 자리매김한 것이다.

이 명칭은 전후 일본의 철학자 쓰루미 슌스케(鶴見俊輔)가 태평양전쟁이라는 명칭 때문에 누락되고 마는 아시아의 입장을 고려하여 만들어냈다.[9] 태평양전쟁은 일본군의 진주만 기습으로 발발한 미국과 일본 사이 전쟁만을 연상시키기 때문에 일본의 중국 침략으로 시작된 전쟁의 역사적 의미를 망각하기 쉽다. 그러나 태평양전쟁은 독립된 별개의 사건이 아니라 이전부터 전개되어 온 일본제국주의의 아시아 침략의 귀결이다. 따라서 만주 침략 이후 일본의 아시아 침략과 전쟁 책임을 명확히 할 수 있어야 한다는 것이 '15년 전쟁'이라는 명칭을 주장하는 사람들의 입장이다. 이 명칭은 태평양전쟁에서 결여되어 있는 '아시아'의 시점과 대동아전쟁에서 결여되어 있는 '일본의 제국주의적 침략'의 시점을 동시에 보완하는 의의를 갖는다고 말할 수 있겠다.[10]

'15년 전쟁'이라는 명칭은 만주 침략부터 태평양전쟁에 이르는 전쟁의 계속성을 강조하고 중국과 동남아시아에 대한 일본의 침략을 중시한다는 점에서 중요하다. 그러나 이 명칭에도 문제가 없지는 않다. 먼저 명칭을 사용하려는 의도와 무관하게, 실제로 사용할 때는 전범 재판인 도쿄 재판을 단순히 '정의의 재판', '문명의 재판'으로 간주하여 도쿄 재판에 포

9 鶴見俊輔,『戦時期日本の精神史』(東京,岩波書店,1982).

10 이런 시각에서의 주요 연구는 다음과 같다. 黒羽清隆,『十五年戦争史序説』(東京, 三省堂, 1979) ; 江口圭一,『十五年戦争の開幕(昭和の歴史 4)』(東京, 小学館, 1982) ; 藤原彰,『日中全面戦争(昭和の歴史 5)』(東京, 小学館, 1982) ; 日本史研究会編,『講座 日本歴史(10) 近代 4』(東京, 東京大学出版会, 1985) ; 藤原彰·今井清一編,『十五年戦争史 1~3』(東京, 青木書店, 1988~89) ; 江口圭一,『十五年戦争小史』(東京, 青木書店, 1986) ; 江口圭一,『二つの大戦 体系日本の歴史 14』(東京, 小学館, 1989).

함된 여러 모순을 직시하지 않으려는 입장과 결부되었다는 점이다.[11] 도쿄 재판은 실제로 미국중심주의 역사관, 미국의 점령 정책 실시, 그 도중에 시작된 냉전과의 관련성 등 나치스에 대한 전범 재판인 뉘른베르크 재판에 비해 아주 정치적인 색채가 농후한 재판으로 변질되었기 때문이다. '15년 전쟁'이라는 용어를 사용할 때는 이런 점을 냉정히 고려해야 한다.

한편 만주 침략은 1933년의 당고협정(塘沽協定)으로 종료되었고, 중일전쟁과는 완전히 다른 전쟁이었기 때문에 이를 하나의 연속적인 전쟁으로 바라보는 것 자체가 비합리적인 면도 있다. 실제로 1933년부터 37년 사이에 중국과 일본 사이에 대규모 분쟁은 발생하지 않았다. 무엇보다 문제가 되는 것은 '15년 전쟁'은 15년이라는 기간에 걸친 일본의 대외 침략의 계속성을 지나치게 강조하여, 만주 침략, 중일전쟁, 태평양전쟁에서의 방향 전환 가능성과 그 단계에서의 국제 관계상의 새로운 변화의 성격을 자세히 검토하는 일을 어렵게 만든다. 이런 검토는 단순한 역사학상의 과제일 뿐만 아니라, 전쟁책임론에 대한 문제 설정의 구체화와 심도를 가능케 하는 것이기 때문이다.

이처럼 지금 일본에서는 태평양전쟁(아시아 태평양전쟁), '대동아전쟁', '15년 전쟁'이라는 역사 용어가 각 입장을 대변하며 혼용되고 있다. 이 가

---

11 야마구치 야스시(山口定)는 전범 재판인 도쿄 재판을 단순히 '정의의 재판', '문명의 재판'으로 간주하여 도쿄 재판에 포함된 여러 모순을 직시하지 않으려는 입장과 결부되었고, 일본의 대외 침략의 계속성을 너무 강조해 연속된 발전 단계(만주사변 · 중일전쟁 · 태평양전쟁)에서의 방향 전환 가능성과 그 단계에서의 국제적 관련상의 새로운 변화의 성격을 면밀히 검토하는 일을 어렵게 만든다고 비판했다. 도쿄 재판은 미국중심주의 역사관, 미국 점령 정책의 사정, 그 도중에 시작된 냉전과의 관련 때문에 뉘른베르크 재판에 비해 아주 정치적인 색채가 농후한 재판이 되어 갖가지 모순을 내포했는데, 이 점을 냉정히 고려하면서 논의해야 한다. 이런 검토는 단순한 역사학상의 과제일 뿐만 아니라 전쟁책임론에 대해서도 한층 깊이와 문제 설정의 구체화를 가능하게 하는 것이기 때문이다. 다나카 히로시 외, 이규수 옮김, 『기억과 망각』(서울, 삼인, 2000).

운데 '대동아전쟁'은 일본의 전후 책임을 부정하는 입장으로 우파 지식인에 의해 주장된다. 전쟁을 둘러싼 호칭은 별개로 치더라도 일본의 전쟁은 적어도 구미 선진 제국 특히 미국에 대해서는 그 정당성을 간단히 부정할 수 없다는 내용을 근거로 내세우고 있어 여전히 무시할 수 없는 영향력을 유지하고 있다.

이어서 일본인들이 왜 '대동아전쟁'이라는 왜곡된 역사 용어에 암묵적으로 동조하는지, 전쟁을 둘러싼 일본인의 체험과 기억을 중심으로 검토하겠다.[12] 이런 작업은 교과서에 표출된 '대동아전쟁'이라는 역사 용어가 아무런 저항감 없이 젊은이들에게 받아들여지는 사회적 배경을 이해하는 데 도움을 줄 것이다.

3. 이중의 피해 의식

1) 피해 체험

한국의 광복절인 1945년 8월 15일은 일본에서는 '종전기념일'이다. 한국에는 식민지 지배에서 벗어난 기쁨과 희망의 날이지만, 일본인에게는 진혼(鎭魂)의 날이다. 매년 히로시마(広島)와 나가사키(長崎)의 원폭투하와 패전의 날이 있는 8월이 오면, 일본에서는 다양한 기념행사를 통해 '나라를 위해 무고하게 죽어간' 병사들과 민간인 전몰자들의 넋을 달래고 전쟁

12 주로 다나카 히로시 외, 이규수 옮김, 『기억과 망각』(서울, 삼인, 2000) ; 가토 요코, 박영준 옮김, 『근대 일본의 전쟁 논리』(서울, 태학사, 2003 ; 요시다 유타카, 하종문 · 이애숙 옮김, 『일본인의 전쟁관』(서울, 역사비평사, 2004) ; 이에나가 사부로, 현명철 옮김, 『전쟁 책임』(서울, 논형, 2005) 등의 번역서를 참조했다.

의 비참함을 되새기며 평화를 기원하고 다짐한다.[13]

1995년 7월 하순 패전 50주년을 앞두고 서거한 아키히토(明仁) 천황은 10일간의 위령 여행을 떠났다. 태평양전쟁의 전재지에서 사망자들의 영혼을 위로하고 평화를 기원할 목적을 지닌 위령 여행은 일본인들이 말하는 전쟁 체험의 성격을 상징적으로 나타낸다. 천황의 방문지는 원폭 피해지인 나가사키와 히로시마, 처참한 지상전이 벌어졌던 오키나와, 공습 피해가 컸던 도쿄 등 비(非)군사 시설에 대한 미국의 공격으로 수많은 민간인 사상자가 생긴 지역들이었다.

일본인의 전쟁 체험은 한마디로 피해 체험이다. 근대 국민국가 성립 이래 청일전쟁, 러일전쟁, 제1차 세계대전 참전 등 전쟁이 이어졌으나, 일본인들에게 태평양전쟁만큼 극적인 피해 체험은 처음이었다. 전쟁 피해는 막대했다. 인명 피해만도 전쟁으로 사망한 군인과 군속이 200여만 명, 오키나와 전투에서 희생된 오키나와 현 주민이 약 15만 명, 원폭에 의한 사망자 수는 1945년에만 히로시마 13~14만 명, 나가사키 7~10만 명, 그리고 공습 피해자도 10만 명 이상인 것으로 추정된다.[14]

태평양전쟁의 피해 체험을 가장 극적으로 응축한 사건은 '원폭' 또는 '피폭'이다. 현대사에서 히로시마와 나가사키는 원자폭탄이 실전에 투하된 유일한 사건이라는 점, 전장이 아닌 민간인 지역에 투하되어 무차별

---

13 1963년 5월 14일 각의는 '전국 전몰자추도식의 실시에 관한 건'을 결정했다. 이후 매년 8월 15일에는 정부가 주최하는 '전몰자추도식'이 정례행사로 실시되고 있다. 전후 일본 사회에서 과거 전쟁이 어떻게 위치하고 있었는지를 상징적으로 보여준다는 점에서 중요한 의미를 갖는다(요시다 유타카, 하종문·이애숙 옮김, 앞의 책, 2004, 119쪽.

14 東京空襲を記録する会, 『東京大空襲の記録』(東京, 三省堂, 1982) ; 沢田昭二, 『共同研究　広島·長崎原爆被害の真相』(東京, 新日本出版社, 1997).

살상이 대량으로 초래했다는 점, 가공할 파괴력으로 한순간에 전 지역을 괴멸 상태에 빠뜨렸을 뿐만 아니라, 아직도 그 후유증으로 인한 사망자가 발생한다는 점 등이 일본인에게 원폭을 전쟁 체험의 중핵으로 삼게 하였다.

그러나 한국과 중국, 그 밖의 동남아시아 국가들의 피해는 일본의 피해를 훨씬 능가했다. 강압적인 침략으로 일본의 식민 지배를 받아온 조선인들은 '황국 신민'이라는 이름 아래 전쟁에 동원됨으로써 침략전쟁의 희생자가 되었다. 오늘까지도 식민 지배와 전쟁의 상흔이 남아 있다. 원폭 투하 당시 조선인들이 히로시마에 6만 명 거주했는데, 그 가운데 2만 수천 명이 피폭당해 사망한 것으로 알려졌고, 나가사키에서는 1만 2천~2만 명 정도가 피폭당한 것으로 추산된다.[15] 조선인 피폭 피해자들 중에는 강제 연행된 군인, 군속, 징용공이 상당수 포함되어 있었다. 이들은 전후 일본인이 아니라는 이유로 피폭에 대해 아무런 보상도 받지 못했다. 만주 침략 이후 15년간 일본과 싸운 중국의 피해는 엄청나서, 1937년에서 1945년 사이에만 군인 사상자 562만 명, 점령지구의 민간인 사상자 135만 명, 공습에 의한 사상자 76만 명이었다.[16]

피폭 체험만큼 극적이지는 않지만 오키나와 전투, 도쿄대공습 등의 체험도 강렬하다. 그밖에 전쟁 관련 체험은 총력전을 치르기 위해 오랫

---

15 조선인 피폭자에 대해서는 朴壽南, 『もうひとつのヒロシマ 朝鮮人·韓国人被爆者の証言』(東京, 舎廊房出版, 1982) ; 鎌田定夫, 『被爆朝鮮人·韓国人の証言』(東京, 朝日新聞社, 1982) ; 長崎在日朝鮮人の人権を守る会, 『朝鮮人被爆者―ナガサキからの証言』(東京, 社会評論社, 1989) ; 허광무, 「한국인 원폭 피해자(原爆被害者)에 대한 제연구와 문제점」, 『한일민족 문제 연구』 6, 2004 등을 참조.

16 石島紀之, 『中国抗日戦争史』(東京, 青木書店, 1984) ; 松尾章一, 『中国人戦争被害者と戦後補償(岩波ブックレット)』(東京, 岩波書店, 1998).

동안 생활이 궁핍했다는 것, 전쟁이 끝난 지 1년이 넘도록 하루 한 끼조차 먹기 힘들어 아사자가 속출했다는 것, 전쟁 중 가족을 잃는 일 등 전쟁 피해 체험은 수를 헤아리기 어렵다.[17] 따라서 전쟁이 종결되었다는 소식을 접했을 때 많은 일본인은 패전의 슬픔만이 아니라, 길고 긴 터널을 빠져나온 것 같은 안도감도 느꼈을 것이다. 피해 체험으로서의 전쟁의 상흔(Trauma)은 전후 일본인들에게 계속 반추되면서 현대 일본의 사회 심리 형성에 중대한 기반이 되었다.

일반적인 국민 의식으로서의 '피해자' 의식이 확대된 배경에는 일본 사회의 독특한 요인이 작용했다. 가장 기본적인 요인으로서는 일본에서는 메이지의 천황제 절대주의부터 군부 파시즘을 거쳐 1945년의 패전에 이르기까지 국민은 주권자가 아니라 언제나 지배의 대상이었고, 그런 의미에서 국가 정책에 관한 주체적인 책임 의식이 육성되기 힘들었다는 사정이 있다. 따라서 민중은 기본적으로는 '피해자'였으므로 이를 부정하는 것은 좋지 않다는 주장이 최근까지 지속되고 있다.

2) '패전'과 '종전'

1945년 8월 15일 정오, 쇼와 천황 히로히토(裕仁)가 전 국민에게 육성으로 전달한 최초의 사례인 '종전조칙(終戰詔勅)'은 8월 14일 어전회의에서 포츠담선언 수락이 결정된 후 발표되었으나, 조칙 낭독은 미리 녹음된 것

---

17 피해 체험은 '전쟁기록물'의 비정상적인 붐을 통해 급격히 확산된 측면이 강하다. '전쟁기록물'의 출판은 전쟁에 대한 비판적 의식이 일본 사회 속에서 급속히 쇠약해지고 있는 현실을 상징적으로 보여준다(요시다 유타카, 하종문·이애숙 옮김, 앞의 책, 2004, 121~128쪽).

이었다. 본토 결전을 주장한 일부 강경파 군인들이 이 방송을 저지하기 위해 녹음테이프 탈취를 기도했으나 실패했다.

천황의 육성 방송이 있으리라는 사실은 국민들에게 미리 예고되었지만, 세부 내용은 전혀 알려지지 않았다. 방송을 통해 천황의 조칙 내용을 듣고서야 처음으로 일본 국민들은 일본이 패배했다는 사실을 알게 되었다. 천황의 육성은 전쟁이 끝났다는 사실을 가장 확실하게 증명하는 것이었으므로 일본국민들은 패배 사실을 큰 혼란 없이 인정했다. 하지만 히로히토가 낭독한 조칙에는 '항복'이나 '패배', '종전' 등의 용어는 사용되지 않았고, 요지는 일본 민족이 연합국의 막대한 무력에 의해 더 이상 피해를 입고 괴멸되는 사태를 막기 위해 천황이 평화를 택하기로 했다는 것이었다.

패전 이후 일본에서는 '패전' 대신 '종전'이라는 용어를 사용했다. 천황의 '종전조칙'은 일본 민족의 안위를 걱정하는 천황의 결단에서 평화를 찾으려 한다는 내용으로, 전쟁이 일본의 패배로 종식되었다는 사실을 은폐하는 것이었다. 그러나 '패전' 대신 '종전'이라는 용어를 사용하는 것은 단지 용어상의 문제를 넘어 일본의 기본적인 역사 인식을 보여준다.

피해 체험에 매몰된 일본 사회는 민족적 책임과 자각을 뒷받침할 논리를 세우지 못했다. 더욱이 중국과 달리 전쟁 당사자가 아니었던 조선의 지배에 대한 인식은 태평양전쟁 체험의 그늘에 가려 거의 드러나지 않았다. 침략전쟁에 대한 일본인의 책임 의식은 가해자인 동시에 피해자라는 이중성 때문에 모호해졌고, 자신의 가해 책임을 인정하는 데 심리적인 저항감을 지니게 되었다. 국가와 보수 우익정치가들은 가해 책임을 인정하는 일은 '나라를 위해' 또는 '무고하게' 죽어간 사람들을 가해자로 몰아 두

번 죽이는 일로서 국민 감정을 훼손한다고 생각했다. 보수 우익정치가들이 '전몰자유족회'를 중요한 지지 기반으로 삼고 있는 것도 그 때문이다.

일본 사회에는 일본이 태평양전쟁의 피해자라는 의식 외에 또 하나의 피해자 의식이 존재한다. 그것은 일본 국가와 천황제 파시즘의 피해자라는 의식, 일본 국민은 전쟁 피해자인 동시에 군국주의의 피해자라는 이중의 피해자 의식이다. 일본이라는 국가와 국민을 분리해 국가를 가해자로, 국민을 그 피해자로 설정하는 방식은 전후 진보 지식인들이 천황제 파시즘과 국가주의, 민족주의를 비판하는 과정에서 제기되었다. 이들의 비판은 지배자인 국가와 억압받는 민중이라는 인식에 기초하고 있었다.

이 주장에 따르면 민중들은 이데올로기 교화에 의해 전쟁에 연루되었으며 국가의 침략 정책을 지지 또는 환영했다. 전시에는 각종 지역 조직을 통해 물자가 동원되었고, 전쟁 협력을 위한 민간 단체들의 조직화가 추진되었다. 이탈을 방지하기 위해 여러 가지 통제가 이루어졌으며, '비국민(非国民)'은 최대 비난의 용어였다. 국가는 갖가지 방법으로 민중들을 전쟁에 끌어들였다는 것이다. 또 전쟁으로 인한 막대한 인명 피해는 국가가 국민의 생명보다 국체를 중시했기 때문이었다. 전선에서는 퇴각도 항복도 용인되지 않고 끝까지 싸우다 죽는 '옥쇄(玉碎)'가 강요되었고, 정부와 군부는 '국체호지(國體護持)'를 위해 항복을 마지막까지 미룸으로써 원폭 피해와 같은 참사를 초래했다. 전후 일본인들의 기록에 '속았다'는 표현이 자주 나오는 것도 이런 인식을 단적으로 보여준다.[18]

---

18 야스마루 요시오(安丸良夫)는 국민의 '속았다'는 피해자 의식에 대해 "많은 민중은 전쟁부터 패전까지의 과정을 '속았다'는 논리로 이해하고 납득했다. 하지만 거기에는 전쟁 책임을 자신의 것으로 끌어안으려는 의식이 누락되었다. 또 여기에는 오래된 가치와의 깊숙한 내면적 대결

전후 민주주의 사상과 내셔널리즘에 대한 저항감은 이런 피해 의식과 맞물려 확산되었다. 이중의 피해자 의식은 일본의 제국주의적 침략에 대한 일본인 자신의 민족적 책임의 논리를 발전시키는 데 심각한 장애를 초래했다. 침략은 일부 군국주의자들이 저지른 것이며 일본 국민도 그 피해자라는 논리는 일본 국민에게 자신들의 전쟁 협력에 대한 죄의식과 콤플렉스에서 벗어날 수 있게 해주는 근거가 되었다. 하지만 일본이 아시아 국가들을 침략하고 세력을 확장해 갈 때 일본 국민들은 자국의 승리와 강대국화를 열렬히 환영하고 일등 국가로서의 자부심을 키웠다는 사실, 따라서 일본 국민들은 침략전쟁의 당사자였다는 사실은 결코 부인할 수 없는 역사적 사실이다.

4. 교과서에 표출된 '대동아전쟁'론

1) 침략전쟁='자위전쟁'

이제 '새역모'의 역사 교과서가 일본의 침략전쟁을 어떻게 표현했고, 역사적 사실을 어떻게 왜곡했는지 구체적으로 살펴보자.

'새역모'는 타사 교과서에 실린 침략전쟁에 관한 서술에 불만을 토로한다. 그들은 후소샤 이외의 교과서에 대해 "메이지유신 이후의 일본은 오로지 침략만을 일삼고 본능적으로 날뛰는 짐승처럼 묘사되어 있다. 그러나 우리나라의 당시 행동에는 역사적 배경과 충분한 이유가 있었다. 무

을 거치지 않은 채 재빨리 새로운 가치를 수용해 가는 모습이 표현되어 있다"고 말한다. 安丸良夫,『日本ナショナリズムの前夜』(東京, 朝日新聞社, 1997).

엇보다 당시 우리나라의 입장을 확실히 배운 다음, 상대방의 입장을 알아가는 일이 역사를 보다 깊이 있게 이해하는 데 불가결하다"[19]며, 기존의 교과서로는 진정한 역사를 배울 수 없다고 주장한다. 자국 중심의 역사 인식에서는 침략전쟁 역시 얼마든지 다른 해석이 가능하다는 논리이다.

더욱이 '새역모'는 침략전쟁에 관한 기존 교과서의 서술로 인해 일본 사회의 모순이 증폭되고 청소년 문제가 야기된 것처럼 묘사한다. '새역모'는 과거의 침략을 기억하게 된 일본 청소년들이 "일본이 싫어졌다. 일본인으로 태어나 창피하다. 할아버지들이 사람을 죽인 나라는 싫다는 등의 감상을 품게 되었다. 이런 결과와 청소년들이 소극적, 비관적, 무기력, 무관심, 무감동적이라고 지칭되는 것이나 흉악 범죄의 격증과 무관하지 않다"[20]며 일본 사회 모순 구조의 원흉을 기존의 교과서 서술에서 찾는다. 그 대안으로 '새역모'는 일본의 '영웅 만들기'에 부심한다.

'새역모'는 임진왜란과 관련하여 일본문교출판의 이순신에 대한 서술[21]을 예로 들면서 "'바다를 넘은 히데요시 군대'라는 기술은 분명 균형 감각을 상실했다. 조선 사람들을 주인공으로 삼았을 뿐, 일본 측 무장에 대해서는 전혀 소개하지 않았다. 게다가 조선의 영웅 이순신의 동상 사진을 소개했다. 이순신을 언급하려면 일본 측 무장도 소개하는 게 균형을 맞춘 서술이다."[22]라고 주장한다. 기계적인 균형론이다.

또 임진왜란이 히데요시의 무모한 침략에서 비롯되었다는 타사 교과

---

19 「アジア諸国を侵略した極悪非道な日本人」(http://www.tsukurukai.com).

20 위와 같음.

21 『中学生の社会科 歴史』, 日本文教出版, 85쪽.

22 「誰も知らない教科書のなかの英雄たち」(http://www.tsukurukai.com).

서[23]의 서술에 대한 반론으로 "원래 히데요시의 조선 출병을 '조선 침략'이라 부르는 것이 문제다. '침략'이라는 용어는 근대 이전에는 없었고, 아직 그 정의 또한 애매한 정치 용어에 불과하기 때문이다. 또 자국 역사 교과서에 우리나라가 이웃 나라를 '침략'했다고 당당히 쓰는 나라가 어디에 있겠는가."[24]라며 일본의 행위를 '침략'이 아닌 '출병'이라 강변한다. '교과서'에서는 '조선 출병'[25]이라는 일본의 역사 인식을 대변하는 항목을 설정하여 히데요시의 생애와 사적을 연표로 만들어보자는 '과제'를 넣었으며, 가토 기요마사(加藤清正)와 고니시 유키나가(小西行長) 등의 무장의 활약상을 부각시켰다.

임진왜란으로 조선은 국토가 황폐해지고 엄청난 물적, 인적 피해를 입었다. 임진왜란은 결과적으로 일본이 실패한 전쟁이고, 일본의 전쟁 피해 또한 무시할 수 없었다. '교과서'에 이런 피해 상황은 서술되어 있지 않다. 오히려 히데요시와 그의 무장들을 영웅시한다. 심지어 중국 정복을 도모한 스페인의 절대군주 펠리페 2세의 사진을 게재함으로써 히데요시가 그에 버금가는 영웅임을 학생들에게 주지시킨다. 임진왜란이 일본군의 침략전쟁임을 은폐하려는 의도가 분명하다.

근대 이후에 관한 서술에서도 마찬가지였다. 청일전쟁과 러일전쟁은 근대 이후 일본이 경험한 본격적인 대외전쟁이었다. 두 전쟁은 조선의 지배권을 둘러싼 제국주의전쟁으로 일본의 진로에 커다란 영향을 주었다. 두 전쟁의 배경에는 조선을 식민지로 만들려는 일본의 의도가 자리 잡고

23 『中学社会 歴史的分野』, 大阪書籍, 69쪽.

24 「誰も知らない教科書のなかの英雄たち」(http://www.tsukurukai.com).

25 『歴史』, 97쪽.

있었다. '교과서'는 청일전쟁의 발발이 구미 세력의 위협에 적절히 대응하지 못한 조선에 원인이 있는 것처럼 서술하며, 「청일전쟁과 일본의 승리 원인」에서 이렇게 말한다.

> 1894년 조선 남부에 동학농민운동이라 불리는 폭동이 일어났다. 농민군은 외국인과 부패한 관리를 추방하려 했고, 한때는 조선 반도 일부를 제압할 정도였다. 약간의 병력밖에 갖지 못한 조선은 청나라에 진압을 위한 출병을 요구했지만, 일본도 청나라와의 합의를 구실로 군대를 파견하여 청일 양군이 충돌하여 청일전쟁이 시작되었다. 전쟁터는 조선 외에 만주(중국동북부) 남부 등으로 넓혀졌고, 일본은 육전에서도 해전에서도 청나라를 압도하여 승리했다. 일본이 이긴 원인으로는 신병기와 더불어 군대의 훈련·규율이 우수했기 때문이지만, 그 배경에는 일본인 전체의 의식이 국민으로서 하나로 뭉쳤기 때문이다.[26]

'교과서'는 일본이 조선에 대한 지배권을 확보하기 위해 계획적으로 청일전쟁을 일으켰다는 사실을 은폐할 의도로 '동학농민운동'을 전쟁의 원인으로 부각시킨다. "청나라와의 합의를 구실로"라는 단서를 달긴 했지만, 군대 파견의 근거로 톈진조약을 들었다. 하지만 톈진조약 제3조는 "장래 조선국이 만약 변란이나 중대한 사건이 생겨 청국과 일본 두 나라 또는 그중 한 나라가 조선에 군대를 파견할 필요가 있을 때에는 군대를 보내기에 앞서 마땅히 서로 문서로써 통지해야 한다. 사건이 진정되면 곧 군대를 철수하며 그대로 남아 방비하지 않는다"고 규정했다.

---

26 『歷史』, 164~165쪽.

조문에서 알 수 있듯이 톈진조약은 양국 출병의 기준에 관해서는 아무런 규정도 하고 있지 않다. 청·일 양국이 조선에 출병하는 법적 근거를 규정한 것이 아니라, 만약 출병할 경우 상대국에 "문서로써 통지"하고 변란 진정 후 신속히 철병한다는 두 가지 사항만을 양국이 상호 준수한다는 것뿐이다. 그럼에도 불구하고 일본은 청국이 출병을 통지하자 곧바로 조선에 군대를 파병했다. 그러면서 청일전쟁의 개전 원인을 "청·일 양국이 충돌하여 청일전쟁이 시작되었다"고 서술함으로써 원래 전쟁할 의사가 없었던 일본이 청·일 양국의 충돌로 부득이하게 전쟁을 벌였다는 인상을 심어준다.

청일전쟁은 동학농민군과 조선 정부 사이에 전주화약이 맺어져 출병 명분이 사라졌음에도 불구하고, 일본군이 철병을 거부한 채 조선의 내정 개혁을 빌미로 경복궁을 점령하고 풍도 앞바다에서 청군을 기습 공격함으로써 시작되었다. 따라서 '교과서'가 일본 국내 사정과 청일전쟁의 배경에 대해서 전혀 언급하지 않은 것은 청일전쟁을 정당화하기 위해 역사적 사실을 은폐하려는 의도이다. 또한 1894년의 농민항쟁은 단순한 '반란'이 아니라 조선 농민의 사회개혁운동과 반침략운동의 성격이 강했으므로 '반란'이라는 용어는 적절하지 않으며, 특히 농민군이 몰아내려 한 반침략의 주 대상이 일본이었다는 점도 명시해야 할 것이다.

러일전쟁의 경우는 일본의 안정보장을 위한 '자위전쟁'인 것처럼 주장한다. 러시아가 일본 본토를 공격한 사실도 없는데 일본은 러일전쟁의 승리를 통해 일본의 안전보장을 확립했다는 것이다. '교과서'는 러일전쟁과 관련해 이렇게 서술한다.

「러일 개전과 전쟁의 방향」 일본의 10배 국가 예산과 군사력을 가지고 있던 러시아는 만주의 병력을 증강하고 조선 북부에 군사 기지를 건설했다. 이대로 묵시하면 러시아 극동 지역의 군사력은 일본이 도저히 감당할 수 없을 정도로 증강되는 것은 명확했다. 정부는 더 늦기 전에 러시아와의 전쟁을 시작할 결의를 굳혔다.[27]

「세계를 바꾼 일본의 승리」 러일전쟁은 일본의 사활을 건 전쟁이었다. 일본은 이 전쟁에서 승리하여 자국의 안전보장을 확립했다. 근대국가로 탄생한 지 얼마 안 되는 유색인종의 나라인 일본이 당시 세계 최대의 육군 대국이었던 백인 제국 러시아에 승리한 것은 동아시아의 식민지에 처해 있던 민족에게 독립의 희망을 주었다.[28]

「러일전쟁과 독립으로의 자각」 "일본이 러시아에 승리한 결과, 아시아 민족이 독립에 대한 커다란 희망을 품기에 이르렀던 것입니다(중국 혁명의 아버지 쑨원)", "만약 일본이 가장 강대한 유럽의 한 나라에 대해 능히 승리를 거두었다면, 어떻게 그것이 인도가 이룰 수 없다고 할 수 있을까?(인도의 독립운동가 수상 네루)", "일본이야말로 유럽에 자신의 꼬락서니를 살펴보도록 만든 유일한 동양인이다(이집트 무스타파 카미르)"[29]

「역사의 명장면, 일본해 해전」 저녁부터 다음날까지 일본은 추격전에 들어가, 2일 만에 완벽한 승리를 얻었다. 38척의 러시아 함대 중에는 격침된 함대가 16척, 포획된 함대가 6척, 도망 후 억류된 함대가 6척이었으며 러시아 블라디보스토크 항으로 도망간 배는 3척뿐이었다. 그러나 일본 측은 수뢰정 3척이 침몰했을 뿐이었다. 세계 해전 사상 이처럼 완전한 승리를 거둔 예는 없었다.[30]

---

27 『歷史』, 166쪽.
28 『歷史』, 168쪽.
29 위와 같음.
30 『歷史』, 169쪽.

'교과서'는 「러일 개전과 전쟁의 방향」에서 "일본의 10배에 달하는 국가 예산과 군사력을 가지고 있던 러시아는 만주의 병력을 증강하고 조선 북부에 군사기지를 건설했다"며 러시아의 침략 가능성을 지나치게 강조한다. 주지하듯이 일본은 청일전쟁 이후 조선을 식민지화하기 위해서는 러시아를 조선에서 추방해야 한다는 판단 아래 치밀한 전쟁 계획을 수립했다. 하지만 '교과서'는 '러시아 위협론'만을 강조하여 조선에 대한 침략 의도를 은폐하고, 개전 책임을 러시아의 군사 시설 건설로 떠넘기고 있다. 이것은 일본의 방위를 위해 러시아와 전쟁이 불가피하다는 '자위전쟁론'의 주장으로 이어진다.

또 「세계를 바꾼 일본의 승리」에서 "일본은 러시아에 승리하여 자국의 안전보장을 확립했다"는 서술은 메이지유신 이후의 조선 침략을 은폐하고 '조선은 이미 일본의 식민지'라는 역사 인식이 작용하고 있다. '교과서'는 러시아의 위협에 대한 정당방위 차원에서 자국의 안전을 지키기 위한 방어전쟁을 한 적은 있어도 침략전쟁은 하지 않았다는 것이다. 심지어 러일전쟁은 러시아와 같은 '백인 제국'에 맞서 황인종의 공동 번영을 지키기 위한 방어 전쟁이자 동아시아 사람들에게 '독립의 희망'을 주는 해방전쟁으로 묘사되었다.

'교과서'는 두 전쟁으로 상징되는 일본제국주의의 동아시아 침략과 민중의 피해, 특히 조선 민중의 피해에 대해서 전혀 서술하고 있지 않다. 오히려 「러일전쟁과 독립에의 자각」이라는 항목을 설정하여 식민지에 처해 있던 민족에게 독립의 희망을 주었다고 서술한다. 쑨원과 네루 등의 발언을 자의적으로 발췌·인용하면서 러일전쟁이 마치 아시아로부터 적극적인 지지를 받은 것처럼 왜곡하고 있다. 이후 이들이 본질적으로 아시아의 해방에 관심이 없는 일본의 본질을 간파하고 일본을 통렬히 비판한 내용은 전혀 소개하지 않는다.

'교과서'는 이어「일본국가의 새로운 과제」라는 항목에서 "국제적 지위의 향상은 일본 국가로서는 무거운 시련이 부가되는 것이기도 했다. 일본은 유일한 유색인종 대국으로 구미 열강으로부터 경계를 받게 되었다"[31]고 말한다. 한국 강점 이후 전개된 조선인의 끈질긴 저항이 일본의 제국 경영에 무거운 시련이었다는 인식은 없고, 일본의 '새로운 과제'는 여전히 구미 열강과의 대립 문제로서만 인식될 뿐이다. 다른 교과서에는 찾아볼 수 없는 '유색인종'이라는 용어를 사용하면서 일본의 침략전쟁을 '백색인종'으로부터의 해방을 추구한 '유색인종의 투쟁'이라는 방식으로 미화한다. 요컨대 '교과서'는 일본의 대국화가 야기한 문제를 서구 제국의 황색인종에 대한 경계나 인종 문제로 인식하는 것이다.

2) 아시아 독립='대동아전쟁'

'교과서'는 타사 교과서가 사용하는 '아시아 태평양전쟁' 또는 '태평양전쟁' 대신 '대동아전쟁'이라는 용어를 강조하여 사용한다. '교과서'는 각주에서 태평양전쟁이라는 용어에 대해 "전후 미국 측이 '대동아전쟁'이라는 명칭을 금지했기 때문에 태평양전쟁이라는 용어가 일반화되었다"[32]고 설명한다. 그러나 역사학계에서 '대동아전쟁'이라는 용어를 사용하지 않은 이유는 앞에서도 지적했듯이 이른바 '아시아 해방'이라는 언급으로 침

31 『歷史』, 170쪽.

32 『歷史』, 204쪽.

략전쟁을 미화할 수는 없다는 전쟁에 대한 반성에 기초한 것이다.

'교과서'는 '대동아전쟁'이 서구의 침략에 대항한 '자존자위(自存自衛)'를 위한 전쟁이었고, 대동아회의 또한 대서양헌장에 대항하기 위한 것이라며 다음과 같이 서술하고 있다.

> 일본은 미국과 영국에 선전포고하고, 이 전쟁은 '자존자위'를 위한 전쟁이라고 선언했다. 일본 정부는 이 전쟁을 대동아전쟁이라 명명했다. …… 일본의 서전 승리는 동남아시아와 인도 사람들에게 독립에 대한 꿈과 용기를 키웠다. 동남아시아에서 일본군의 저돌적인 진격은 현지 사람들의 협조가 있어야 가능한 일이었다. …… 회의에서는 연합국의 대서양헌장에 대항하여 대동아공동선언이 발표되고 각국의 자주독립, 상호 제휴에 의한 경제 발전, 인종차별 철폐를 강조했다. 이 회의 이후 일본은 구미 세력을 배제한 아시아인에 의한 '대동아공영권'의 건설을 전쟁의 명목으로 보다 확실하게 내세우게 되었다. …… 일본의 남방 진출은 원래 자원 획득을 목적으로 한 것이었지만, 아시아 각국에서 시작된 독립의 움직임을 촉발시키는 하나의 계기도 되었다.[33]

'교과서'에서는 태평양전쟁이 서구의 아시아 침략에 대항한 이른바 '성전'이라는 점을 부각하고, 초기 일본의 진격은 동남아시아 사람들의 협조 아래 이루어졌으며 그들에게 독립이라는 희망을 가져다주었다고 강조한다. '대동아공영권' 또한 서구에 대항하기 위해 아시아 중심의 질서 체계 구축을 시도한 것으로 미화한다.

'교과서'에서 「대동아회의」 항목의 학습과제는 "일본의 전쟁은 아시

---

33 『歷史』, 204~207쪽.

아 사람들에게 어떤 의미를 지니고 있는가?"[34]이다. 또 과제학습은 "대동아회의에 참가한 국가 중 하나를 뽑아 독립운동과 일본의 군사 행동과의 관계를 조사해 보자!"[35]라고 주어져 있다. 학생들에게 태평양전쟁은 침략전쟁이 아니라, 아시아의 해방전쟁이었다는 점을 주입하기 위한 구성이다. 그리고 박스 기사 자료 「아시아 사람들을 분기시킨 일본의 행동」과 「일본을 해방군으로 맞이한 인도네시아 사람들」에서는 이렇게 강조한다.

> 일본군은 장기간 아시아 각국을 식민지로 지배하던 서구 세력을 물리치고, 도저히 백인에게는 이길 수 없다고 체념하던 아시아 민족에게 경이로운 감동과 자신감을 가져다 주었다. …… 1942년 일본군이 네덜란드를 쳐부수고 진주하자, 사람들은 길가에 모여 환호의 목소리를 올렸다. 일본은 네덜란드를 추방시킨 해방군이었다. 일본은 3년 반의 점령 시기에 PETA라 불리는 군사 조직의 훈련, 중등학교의 설립, 공용어의 설정 등 이후 독립의 기초가 된 많은 개혁을 실시했다.[36]

이런 일방적인 서술과 자료를 접한 학생들은 '대동아전쟁'이 아시아 각국의 독립에 기여했다는 대답을 하지 않을 수 없을 것이다. 그러나 '각국의 자주독립'을 말하면서 식민지 조선을 독립시켰다는 말은 한마디도 나오지 않는다. 주지하듯이 일본은 점령지에서 독립보다는 전쟁을 위한 자원 확보에 정책의 우선순위를 두었다. 역사학계에서 '대동아전쟁'이라

34 『歷史』, 206쪽.
35 『歷史』, 207쪽.
36 위와 같음.

는 용어를 사용하지 않은 것도 바로 그 때문이다. '교과서'가 태평양전쟁을 '대동아전쟁'이라 부르는 것은 일본의 침략전쟁을 인정하지 않겠다는 의도이다.

한편 '교과서'는 침략전쟁 그 자체를 부정하면서 일본인의 애국심과 국가에 대한 헌신을 다음과 같이 강조하고 있다.

> 미국과 일본의 생산력 차이도 점차 표면화되어 일본군은 부족한 무기와 탄약으로 고전했지만, 일본 장병들은 투철한 전투 정신을 발휘해서 잘 싸웠다.[37] 물질적으로도 모든 것이 부족해서 사찰의 종 등 금속이라는 금속은 전쟁을 위해 공출되어 생활 물자는 극도로 궁핍해졌다. 이런 어려움 가운데에서도 많은 국민들은 열심히 일하고 잘 싸웠다. 전쟁의 승리를 바라는 행동이었다.[38]

'교과서'에는 전쟁에 반대한 사람들의 기록은 없다. 반전 활동과 언론의 자유를 탄압한 치안유지법은 「공산주의와 파시즘의 대두」 항목에서 세계 각국 공산당의 활동에 대한 주에서만 언급하고 본문에서는 서술하지 않는다. 주는 "일본에서도 일본공산당이 …… 비밀리에 창립되었다. 1925년 일본 정부는 소련과 국교를 체결했는데, 이를 통해 국내에 파괴활동이 미치는 것을 경계하여 같은 해 사유재산제도의 부인 등의 활동을 조사하는 치안유지법을 제정했다"[39]고 설명하면서 '파괴활동'을 조사하기 위한 법률이라는 긍정적 평가를 내린다.

---

37 『歷史』, 205쪽.
38 『歷史』, 208~209쪽.
39 『歷史』, 193쪽.

'교과서'는 사회주의에 대한 극도의 반감을 드러낸다. '새역모'가 기존의 역사 인식을 '코민테른 사관'이라 비난한 것도 결코 이와 무관하지 않다. '새역모'야말로 '사회주의=악', '자본주의=선'이라는 냉전적 사고방식을 견지한다. '새역모'는 러시아 혁명에 대한 타사 교과서의 「소련이 탄생하고, 대전이 끝나다」[40]라는 항목에 대해 이렇게 비난한다.

> 기존 교과서에서 어둡게 칠해진 역사 가운데, 가장 밝게 그려진 부분이 어딘가 하면 다름 아닌 러시아 혁명이다. 러시아 혁명은 주지하다시피 대실패로 끝났다. 공산당 일당독재를 통해 독재자를 등장시켰고, 언론의 자유를 막는 등 갖가지 탄압을 펼쳐 많은 국민이 학살되고 빈곤에 굶주렸다. 후소샤가 묘사한 것처럼 "사실상 레닌의 독재 체제가 펼쳐졌다", "소비에트 정부는 독일과의 전쟁을 그만두고, 혁명에 반대하는 국내 세력과의 내전에 몰두했다", "스탈린은 비밀 경찰과 강제수용소를 이용하여 사람들을 대량으로 처형했다. 소련은 무계급 사회를 만든다는 이상으로부터 출발했지만, 현실적으로는 과혹한 강제 노동과 방대한 수의 희생자를 가져왔다"는 것이 실태이다. …… 자본주의의 폐해에 신음하는 민중이 들고 일어나 사회주의라는 낙원을 만든다는 현재로서는 완전히 파탄한 도그마가 통용되고 있다. 이것이야말로 교과서가 좌익의 성역이라는 것을 여실히 말해준다.[41]

이처럼 '교과서'는 사회주의에 대해 맹목적 비판으로 일관한다. 이것은 북한의 일본인 납치 문제 등과 관련하여 '북한위협론'의 형태로 나타난

40 『わたしたちの中学社会』, 日本書籍, 160~162쪽.

41 「革命をいまでも夢見る社会主義者の理想を追及」(http://www.tsukurukai.com).

다. '교과서'는 소비에트 정부와 관련된 '학살'은 애써 강조하면서, 침략전쟁을 통해 일본군국주의가 자행한 '학살'에 대한 서술은 고의적으로 은폐한다. 군대 위안부와 난징대학살에 대한 서술이 그 대표적인 예이다. '새역모'는 군대 위안부 문제와 관련하여 "종군위안부라는 말은 전전에 존재하지 않았다. 당시 일본군이 국책으로서 위안부를 강제 연행했다고 증명할 수 있는 공적인 문장은 전혀 발견되지 않았다. 또 다른 외국도 같은 시설을 설치했고, 일본군의 위안부만을 기술하는 것은 균형에 맞지 않다"[42]며 교과서 집필에서 그런 언급을 삭제할 것을 주장한다.

> 전후 역사 속에는 교과서에 기술하기에는 아직 분석이나 평가가 충분히 이루어지지 않은 것이 많다. '종군위안부'(호칭 자체는 최근 만들어진 조어〔造語〕로 역사적으로 부정확하다)를 둘러싼 문제도 그 가운데 하나이다. 원래 성 문제와 관련된 위안부의 존재를 성적으로 미숙한 중학생에게 가르치는 것 자체가 부적절하다. 또 위안부들이 공적 권력에 의해 자신들의 의사와는 달리 강제로 연행되었다는 자료나 증거는 어느 것 하나 발견되지 않았다. 더욱이 일본이 전후 어려운 재정에서 엄청난 금액의 배상금 지급과 원조를 성실히 수행한 사실도 있다. 이것은 언급하지 않고 일방적으로 '종군위안부'의 주장만을 기술하는 것 역시 공평하지 않다.[43]

'교과서'는 "증거가 없다" 또는 "배상금을 지급했다"는 왜곡된 논리로 군대 위안부 서술을 삭제했다. 특히 "엄청난 금액의 배상금 지급과 원조

42「日本政府を訴え続ける外国の訴訟団をクローズアップ」(http://www.tsukurukai.com).
43 위와 같음.

를 성실히 수행한 사실도 있다"는 주장은 1965년의 한일조약을 언급한 것인데, 이것은 한일조약을 통해 "식민지 문제는 모두 해결되었다"는 일본의 기존 입장을 그대로 반영한 역사 인식이다. 또 '교과서'는 타사 교과서의 난징대학살[44]에 대해서도 '학살'은 존재하지 않았고, 좌익 학자나 중국의 정치적 주장에 불과하다며 다음과 같이 반박한다.

> 후소샤 이외의 교과서는 모두 비전투원에 대한 조직적 학살이 있었다는 전제로 집필되었다. 그 중 일본 서적은 "20만 명의 포로와 민간인을 살해했다"는 근거가 의심스러운 숫자를 제시했다. 시미즈서원(清水書院)은 주(註)에서 "당시 사망자의 수는 수만 명, 십수만 명, 30만 명 이상으로 추정된다"고 기술하고 있다. 이들 모두는 좌익 학자나 중국의 정치적 주장이고 지극히 편향된 기술이다. 이 사건에 대해서는 현재 학계에서 논쟁 중이고, 심지어는 일본군에 의한 학살 행위는 전혀 없었다는 설도 있다. 이런 사건을 일부러 의무교육에서 취급할 필요가 있겠는가?[45]

'교과서'는 침략전쟁의 희생자를 역사 속에서 삭제했다. 그러나 삭제 근거가 "자료가 없다", "미확인 사실이다", "좌익 학자의 주장이다", "의무교육에 부적절하다" 등 매우 비역사적이다. 요컨대 '교과서'는 전후 일본인 의식으로부터 침략전쟁을 자행한 '가해자 의식'을 삭제하고, 오로지 '피해자 의식'만을 부각하고 있다. 교육을 통해 침략전쟁의 진정한 피해자에 대한 기억을 망각으로 바꾸어 놓으려는 노골적인 책략인 것이다.

---

44 『中学生の社会科 歴史』, 日本文教出版, 202쪽.

45 「やっぱり訂正されない『南京大虐殺30萬人』」(http://www.tsukurukai.com).

5. '대동아전쟁'론과 일본군국주의의 부활

1945년 8월 패전까지 일본에서는 침략전쟁에 대해 '만주사변', '지나사변', '대동아전쟁'이라는 명칭이 공식적으로 사용되었다. 당시의 관련 사료에서는 물론 일반인들도 그렇게 불렀다. 패전 이후에는 침략전쟁의 범위 등을 고려하여 일반적으로 태평양전쟁 또는 아시아 태평양전쟁, 전쟁의 연속성을 고려한 '15년 전쟁' 등의 명칭이 새롭게 등장했다. '대동아전쟁'은 전후역사학을 주도한 양심적 연구자 사이에서는 사라졌지만, 최근 일본의 우경화와 더불어 '대동아전쟁'이라는 용어가 화려하게 부활하고 있다.

일본 우익세력들은 '대동아전쟁'이 법적으로 일본의 각의에서 결정된 호칭이고, 패전 이후에도 일본 정부가 이 결정을 공식적으로 부정한 사실이 없다고 주장한다. 오히려 태평양전쟁이나 '15년 전쟁'과 같은 호칭은 '도쿄 재판 사관'에 뿌리를 둔 침략전쟁으로서의 측면만을 강조하며, 1952년 샌프란시스코 강화조약을 통해 일본이 미국으로부터 주권을 회복한 이후에는 '대동아전쟁'으로 부르는 것이 마땅하다는 것이다.

'대동아전쟁'론을 주장하는 세력은 두 가지 역사 인식에만 관심을 둔다. 하나는 일본 근현대사의 부정적 측면을 내세운 '자학 사관'으로부터 탈피해야 한다는 인식이고, 다른 하나는 "역사를 배운다는 것은 그 시대 사람들이 무엇을 생각하고 있는가를 배우는 것이지 당시의 사실을 현대 인간이 비판하는 것이 아니다."라는 인식이다.

역사의 부정적 측면을 서술하는 일은 결코 '자학 사관'이 아니다. 주지하듯이 독일의 역사 교과서에는 나치즘의 범죄나 비인도적 행위에 관해 상세히 서술하고 있다. 독일인들은 선조들이 저지른 과거의 침략과 비인도적 행위를 배움으로써 현대 독일을 개척할 수 있었다. 또 역사를 기술하는 일에 아무리 공정을 기한다 하더라도 현재의 가치관이나 세계관으로부터 완전히 객관적일 수 없다. 오히려 현재의 가치 기준으로 검증하면서 역사를 배우는 것이야말로 미래의 역사 행로를 밝히는 작업과 연결된다.

'대동아전쟁'론의 부활을 주도하는 세력의 궁극적인 목표는 일본인에게 국방의 의의와 자위대의 위상 강화를 역설하는 것이다. 이들이 학생들에게 자위대가 일본 방위에 불가결한 존재이고, 현실적으로 많은 곳에서 활약한다는 현실을 이해시켜야 한다고 강조하는 것도 그 때문이다. '대동아전쟁'이라는 용어로 상징되는 왜곡된 일본 사회의 이데올로기, 그에 영향을 받은 대중의 감정적인 동의는 결국 일본의 보수화나 군사적 재구축화로 이어지리라는 사실은 명약관화하다. 그러므로 일본 사회의 위기 상황에 대처하여 자국사를 재조명하겠다는 명분에서 출발한 '대동아전쟁'론은 일본군국주의의 부활과 직결된다. 왜곡된 역사 인식을 아무런 여과장치 없이 받아들이게 될 '보통 일본인'과 이를 조직적으로 선동하는 '보통국가' 일본의 출현이 현실화되고 있다. 동아시아인 모두에게는 물론 일본인 스스로에게 가장 커다란 비극의 단초가 될 일본 우익 세력의 '대동아전쟁'론에서 비판의 시선을 떼지 말아야 할 일이다.

제3장

일본 네오내셔널리즘의 역사 인식

1. 왜곡된 역사 인식의 실태와 논점

일본 웹사이트를 서핑하다 보면 '자유주의사관연구회(自由主義史観研究会)'가 운영하는 공식 홈페이지, '교과서가 가르치지 않는 역사, 일본 근대사의 진실'[1]이라는 사이트를 확인할 수 있다. 최근 업그레이드된 홈페이지를 클릭하면, 타이틀과 더불어 2007년 6월 21일 NHK가 방영한 "클로즈업 현대, 집단 자결 62년만의 증언 내용에 강렬히 항의한다!"는 선정적인 문구가 가장 먼저 눈에 띈다. '자유주의사관연구회'는 전시기(戰時期) 군부의 조직적 관여로 오키나와(沖縄)에서 빈발한 '집단 자결'의 실상을 지적

1 「教科書が教えない歴史,日本近代史の真実」(http://www.jiyuu-shikan.org).

한 다큐멘터리에 반기를 든 것이다.[2] 홈페이지는 이를 위해 긴급 특집「오키나와전 집단 자결, 허구의 군(軍) 명령」을 편성하여 '집단 자결'에 군부가 결코 관여하지 않았음을 애써 강조하고 있다.

또 '자유주의사관연구회'는 홈페이지를 통해 과거 일본이 자행한 침략 전쟁에 대해 '대동아전쟁 개전기념일'이라는 역사 용어를 사용하면서, 아시아 태평양전쟁을 마치 서구제국주의의 아시아 침략과 인종차별에 대항한 '성전(聖戰)'인 것처럼 묘사하고 있다. 홈페이지 초기 화면에 등장하는 '강아지를 안은 웃는 얼굴의 어린 특공대원 5명의 사진'은 '집단 자결'과는 거리가 멀다. 그들은 천황제 이데올로기에 감염되어 무고한 희생을 당한 피해자가 아니라, 조국과 민족을 위해 청춘을 불사른 상징적인 존재이자 '성전' 수행의 실제 담당자이다. 홈페이지의 타이틀이 강조하는 것처럼 '강아지를 안은 웃는 얼굴의 어린 특공대원'이 '일본 근대사의 진실'임을 강조하는 것이다.

'자유주의사관연구회'는 일본 사회가 직면한 경제적 혼란과 사회 의식의 혼돈이라는 위기감이 팽배해진 상황을 노려 자국 중심, 자민족 중심적인 역사관을 주장하기 위해 결성된(1995년 1월) 단체이다.[3] 결성 당시의 중

---

2 '집단 자결' 논쟁은 2005년 8월 5일 오키나와의 자마미지마(座間味島)를 수비하던 육군해상정진대(陸軍海上挺進隊) 제1전대장 우메사와 유타카(梅沢裕) 본인과 도카시키지마(渡嘉敷島)를 수비하던 제3전대장 아카마쓰 요시쓰구(赤松嘉次)의 동생 아카마쓰 슈이치(赤松秀一)가 집단 자결을 강요했다는 오에 겐자부로(大江健三郎)의 저서『오키나와 노트』(沖縄ノート, 岩波書店, 1970)에 대해 명예훼손과 사죄 광고 등을 요구하여 오사카 지방법원에 소송을 제기한 것에서 비롯되었다. 이들은 집단 자결을 위해 수류탄과 실탄을 배분했다는 지적에 대해 "결코 자결이 아니다. 군은 육상전을 수행할 수밖에 없었다. 우리는 지구전을 펼쳤다"며 집단 자결을 부정한다. '오키나와 집단 자결 원죄소송을 지원하는 모임(沖縄集団自決冤罪訴訟を支援する会)'의 홈페이지(http://blog.zaq.ne.jp/osjes) 참조.

3 '자유주의사관연구회'의 등장 배경과 활동에 대해서는 개번 매코백,「일본 '자유주의 사관'의 정

심 멤버는 네오내셔널리스트로 이름이 알려진 후지오카 노부카쓰(藤岡信勝), 니시오 간지, 고바야시 요시노리, 니시베 스스무(西部邁) 등 '문화인'으로 분류되는 사람들이다. 이 단체의 결성 목적은 "자국의 역사를 내치는 소위 자학 사관으로부터 벗어나 건강한 내셔널리즘에 바탕을 둔 역사 연구와 역사 수업을 창조한다!"[4]라는 것이다. 즉 이들에게 '집단 자결'과 같은 역사 서술은 '도쿄 재판 사관', '코민테른 사관', '자학 사관', '암흑 사관'에 불과할 뿐이다. '집단 자결'을 둘러싼 논쟁에서 보이듯이, 침략과 희생의 역사를 "건강한 내셔널리즘의 창조"에 걸맞게 재해석해야 한다는 위험한 시각이다.

이들의 왜곡된 주장은 각종 선전 잡지와 단행본과 같은 활자의 세계에 머무르지 않는다. 고바야시는 『전쟁론』(幻冬舍, 1998), 『대만론(台湾論)』(小学館, 2000), 『오키나와론(沖縄論)』(小学館, 2005) 등의 만화를 통해 전쟁에 대한 기억이 없는 젊은 계층의 정서에 호소한다. 일본이 관여한 전쟁을 동아시아 각국이 비판하는 것처럼 침략의 상징이 아니라, 오히려 "고향의 부모와 친척을 지키기 위한 영웅적인 행위"로 묘사한다.[5] 만화와 더불어 시각적인 동영상으로 신세대의 마음을 사로잡으려 든다. 예를 들어, 1998

체」, 『창작과 비평』 98 1997 ; 정재정, 「횡행하는 국가전략적 역사 교육론의 망령-역사 교과서 비판과 '자유주의 사관'」, 『일본의 논리』(서울, 현음사, 1998) ; 후지나가 다케시, 「현대 일본 반동 세력의 한국사 인식-일본형 역사수정주의가 등장하기까지-」, 『역사비평』 44, 1998 ; 정진성, 「일본의 신민족주의운동」, 『국제지역연구』 가을호, 1998 ; 한상일, 「자유주의 사관」, 『일본 지식인과 한국-한국관의 원형과 변형』(서울, 오름, 2000) ; 김봉식, 「'자유주의 사관'에 대한 일고찰」, 『일본학 연보』 9, 2000 등을 참조.

4 「當会について」(http://www.jiyuu-shikan.org/tokai.html).

5 고바야시의 '전쟁론'에 대한 비판으로는 宮台真司外, 『戦争論 妄想論』(東京, 教育史料出版会, 1999) ; 上杉聡編著, 『脱戦争論』(東京, 東方出版, 2000) ; 上杉聡, 『脱ゴーマニズム宣言-小林よしのりの「慰安婦」問題 (新装改訂版)』(東京, 東方出版, 2002) 등을 참조.

년에 개봉한 도조 히데키를 영웅시한 영화, 「프라이드, 운명의 순간(プライド, 運命の瞬間)」은 전후 미국에 강요당해 만들어진 일본 국가 체제를 근본적으로 되돌아보고 일본인의 자존심과 영광을 되찾자는 취지로 제작되었다. 영화에서는 A급 전범인 도조를 내세워 "전쟁은 일본의 자위를 위한 전쟁"이며 "아시아를 해방하기 위한 성전"이었다며 일본의 입장을 강변한다. 식민 지배나 침탈에 대해서는 언급하려 들지 않거나 사실을 부정하는 발언도 서슴지 않는다.

네오내셔널리스트의 움직임은 교과서 영역으로도 확대되었다. 이들은 교과서가 근현대사 부분에서 일본의 제국주의적 침략과 식민지 지배, 전쟁 책임, 전쟁 범죄 등을 과도하게 강조하여 전체적으로 일본의 '어두운' 면만을 부각하고 있다고 비판한다. '자유주의사관연구회'의 자매 단체인 '새 역사 교과서를 만드는 모임(新しい歴史教科書をつくる会)'은 중학용 『새 역사 교과서(新しい歴史教科書[改訂版])』와 『새 공민 교과서(新しい公民教科書[新訂版])』의 집필을 통해 전쟁을 미화하고 국가를 위해 목숨까지도 버릴 수 있는 '국민 만들기'에 분주하다.[6] 교육 현장에서는 히노마루(日の

---

6 중학교 역사와 공민 교과서에 대한 비판으로는 다음 연구들을 참고할 만하다. 上杉聰·君島和彦·越田稜·高嶋伸欣著, 『「つくる会」教科書はこう読む!隠された問題点の数々』(東京, 明石書店, 2005); 上杉聰·君島和彦·越田稜·高嶋伸欣著, 『いらない!「神の国」歴史·公民教科書』(東京, 明石書店, 2001); VAWW-NETジャパン編, 『ここまでひどい!「つくる会」歴史·公民教科書-女性蔑視·歴史歪曲·国家主義批判』(東京, 明石書店, 2001); 和仁廉夫, 『歴史教科書とアジア-歪曲への反駁』(東京, 社会評論社, 2001); 小森陽一·坂本義和·安丸良夫編, 『歴史教科書何が問題か-徹底検証Q&A』(東京, 岩波書店, 2001); 永原慶二, 『歴史教科書をどうつくるか』(東京, 岩波書店, 2001); 子どもと教科書全国ネット21編, 『教科書攻撃のウソを斬る-新しい歴史教科書をつくる会」がねらうもの』(東京, 青木書店, 2001); 俵義文, 『徹底検証あぶない教科書-「戦争ができる国」をめざす「つくる会」の実態』(東京, 学習の友社, 2001). 또 한국에서의 관련 연구도 활발히 이루어졌다. 한국 내 일본의 역사왜곡에 관한 비판으로는 이충호, 「일본의 교과서 검정과 중학교 역사 교과서 왜곡-후소샤(扶桑社)를 중심으로」, 『실학사상연

丸) 게양과 기미가요(君が代) 제창을 의무화한지 오래이다. 이들의 궁극적 목적은 '교육기본법'의 개정을 통해 국가에 대한 일본식 '애국심' 교육을 강화하는 데 있음은 두말할 필요도 없다.

무엇보다 심각한 것은 일본의 '침략전쟁 부정론' 또는 '식민지 지배 부정론'이 전쟁 책임과 전후보상 문제를 해결하지 못한 상태에서 타자의 호소에 귀를 기울이려 하지 않는 계층에 아무 여과 장치 없이 확산되고 있다는 사실이다. 앞에서 소개한 '집단 자결'을 부정하는 움직임에서도 명백하게 드러나듯이, 일본은 역사적 사실의 왜곡을 시정할 움직임은 전혀 보이지 않는다. 오히려 사실을 왜곡·날조하여 '전쟁할 수 있는 보통 국가' 만들기에 분주하다. 특히 홈페이지가 네티즌에게 끼치는 영향력은 가공할 만하다. 여론의 조작을 통한 역사왜곡은 이미 심각한 수준에 달했고, 그 중심에 이들 단체의 홈페이지가 자리 잡고 있다.[7]

구』19·20, 2001 ; 신주백, 「일본 우익 역사 교과서의 교사용 지도서에 나타난 역사 인식-아시아 태평양전쟁관, 인간관, 미래관을 중심으로-」, 『동방학지』127, 2004 ; 이규수, 「일본 중학교 교과서의 '보통 일본인' 만들기」, 『아시아연구』8-2, 2006 ; 이규수, 「일본의 공민 교과서 왜곡 구도와 우경화-'종축(縱軸)의 철학'론 비판」, 『지역과 역사』18, 2006 ; 이규수, 「일본인의 전쟁 기억과 인식-'대동아전쟁'론 부활을 중심으로」, 『인간연구』11, 2006 ; 이신철, 『한일 근현대 역사논쟁』(서울, 선인, 2007) 등을 참조.

7 '새 역사 교과서를 만드는 모임'의 홈페이지는 「주장」, 「자학」, 「운동」, 「채택」, 「찬동」, 「모집」 등의 항목으로 구성되어 있다. 「주장」에서는 설립취의서를 게재했고, 「자학」에서는 기존의 역사 교과서를 자신들의 입장에서 '자학 교과서'라고 규정한다. 또 'Q&A'의 형식을 도입하여 고대사부터 현대사에 이르기까지 자신들의 입장을 표명한다. 「운동」과 「채택」에서는 교과서 검정 과정에 이르는 상황과 자신들의 입장을 표명하면서, '새 교과서' 찬동파의 각종 성명서 등을 게재하고 있다. 특히 「찬동」에서는 각계 찬동자의 목소리를 게재하여 교과서 문제를 둘러싼 일본인 일반의 여론을 호도하고 있다. 이 밖에도 홈페이지에서는 각종 특집을 통해 역사 인식의 왜곡을 주도하고 있다. 예를 들면 북한에 의한 일본인 납치 문제를 언급하면서 자신들의 교과서와 관련된 항목을 상세히 해설하고 있다. 관련 회원이 집필한 각종 글도 링크를 걸어 역사 인식에 대한 왜곡뿐만 아니라, 극도의 국수주의를 전파하고 있다. 더불어 그들의 기관지인 「후미」(史)를 원문 게재하여 자신들의 정당성을 유포시키고 있다. 「찬동」란에는 모임 관련자의 상세한 이력과 저작물 등이 상세히 소개되어 있다. 이에 대한 분석은 모임의 결성과 이후 조직의 변화 양

여기에서는 네오내셔널리스트의 관련 홈페이지 분석을 통해 일본 사회에서 제기되고 반향을 불러일으킨 왜곡된 역사 인식의 실태와 그 논점들이 어떻게 유포되고 있는지 살펴본다. 특히 홈페이지에 등장한 다양한 의견들이 '교과서'에 세세하게 반영되어 있다는 점에 주목한다. 일본의 역사왜곡 문제의 특질을 검토할 때, 우리는 역사왜곡을 만들어낸 일본 사회의 제반 조건을 충분히 검토해야 하며, 이를 위해 역사왜곡을 주도한 세력에 대한 구체적인 검증 작업이 뒤따라야 하기 때문이다. 물론 '교과서'에 기술된 역사왜곡의 구체적인 항목을 조목조목 밝혀내는 일도 중요하겠지만, 집필자들의 역사 인식을 분석하는 작업은 왜곡의 본질을 파헤친다는 차원에서 더 긴요할 것이다. 네오내셔널리스트의 담론을 적나라하게 게재한 홈페이지의 분석이 필요한 이유도 여기에 있다.

2. 식민지 지배의 합리화

홈페이지를 통해 밝히고 있듯이, '새 역사 교과서를 만드는 모임'은 "전후의 역사 교육은 일본인이 받아들여야 할 문화와 전통을 상실하고 일본인의 자랑거리를 잃어버리는 것이었다. 특히 근현대사에서 일본인은 자

상, 모임의 지향점 등을 파악함으로써 네오내셔널리스트 각 개인에 대한 정보를 확보할 수 있다. 「회원으로부터의 목소리」는 역사 인식을 바라보는 일반 일본인의 인식을 파악할 수 있는 근거가 된다. 온라인에서 실시간 개제되는 왜곡된 역사 인식에 적절히 대응할 수 있는 방안의 모색에도 도움을 줄 것이다. 또 '자유주의사관연구회'의 홈페이지는 「역사 논쟁 최전선」, 「특집」, 「수업 만들기 최전선」, 「의견함」, 「Q & A」로 구성되어 있다. 이를 통해 우리는 그들이 주장하는 역사 인식의 현황을 가늠할 수 있을 뿐 아니라, 한·일간의 논쟁점인 독도 문제와 군대 위안부 문제 등에 대한 왜곡된 인식을 살펴볼 수 있다.

자손손에게까지 계속 사죄해야 할 운명의 죄인처럼 취급받고 있다. 냉전 종결 이후는 이런 자학적 경향이 더욱 강화되어 현행 역사 교과서는 구(舊) 적국의 프로퍼갠더(propaganda)를 사실처럼 그대로 기술하기에 이르렀다. 세계에 이런 역사 교육을 실시하는 국가는 없다"[8]며 기존의 교과서를 '자학적 교과서'라고 비난하고 '새 교과서'를 만들겠다는 슬로건을 내세웠다. '자유주의사관연구회'가 내건 설립 취지와 근본적으로 동일하다. 이들은 동아시아 각국으로부터의 비판에 참을 수 없다며 '새 교과서' 집필의 중요성을 강조한다.

먼저 이들은 홈페이지를 통해 일본의 침략 행위와 타민족 지배 자체를 인정하지 않는다. 식민지 지배를 강조하는 교과서들은 역사를 '선악이원론'에 기초하여 바라본 결과이고, 그것은 결국 일본인을 '범죄자'로 취급하는 것이라고 공격한다. 이들은 홈페이지에서 현행 교과서의 과거사 서술에 대해 "후소샤(扶桑社)를 제외한 7사의 역사 교과서는 다소 차이는 있지만, 현저히 균형이 결여되어 역사의 어두운 부분만을 강조하고 있다. 특히 근대사에서는 선과 악이 상식화되어 언제나 일본은 악으로 묘사된다. 이 선악이원론은 사회 체제에 대해서도 현저하다. 사회주의는 '선'이고, 자본주의는 '악'이라는 지금은 완전히 파탄한 도그마가 '교과서'에서는 통용되고 있다. 또 역사적 사실이 확정되지 않은 것을 사실인 것처럼 기술하고 있는 것도 문제이다. 일본을 폄하하여 조상을 범죄자인 것처럼 취급하는 역사 교과서를 보며 미래의 일본을 짊어질 기분, 자타의 생명에

---

8 「新しい歴史教科書をつくる会」(http://www.tsukurukai.com).

대한 존중의 마음이 생겨날 것인가?"[9]라고 교과서의 서술 체계를 '자학 사관'이라 비판한다. 타민족 지배를 둘러싼 서술은 '역사의 어두운 부분'을 강조하는 것이고, 침략에 가담한 일본인을 '범죄자'로 간주하는 '악'이라는 것이다. 이들에게 교과서는 '역사의 밝은 부분'을 서술하는 것이고, 일본은 언제나 '선'이라는 전제가 깔려있다.

이런 주장은 '자유주의사관연구회'의 간사로 주로 홈페이지의 「Q&A」를 담당하는 스기모토 미키오(杉本幹夫)의 발언에서도 잘 드러난다. 그는 식민 통치와 관련해서 일본은 결코 '범죄자'가 아니라고 주장하며 다음과 같이 말한다.

> 이민족에게 지배당한 것이 그렇게도 불행한 일인가. 1990년대 300만의 아사자를 낸 북한 사람들은 같은 민족에게 지배당하고 있기 때문에 행복하다고 말할 수 있겠는가. 한국전쟁은 같은 민족인 김일성의 야망 때문에 일어난 것인데, 남북 합해 400만이 희생당해도 같은 민족이 일으킨 것이기 때문에 용서받을 수 있다고 생각하는가. 제주도에서는 그 작은 섬에서 전후 빨치산 투쟁으로 5만에서 8만으로 추정되는 희생자가 생겼는데 같은 민족이 했다는 점만으로 일본 통치보다 좋았다고 생각하는 것인가. 식민지는 착취당하는 자, 종주국은 착취하는 자라는 사고방식은 노동자에게 자본가는 적이라는 사고방식과 똑같은 공산주의사상이다. 공산주의가 틀렸다는 것은 이미 입증되었다.[10]

9 「トンデモ教科書」(http://www.tsukurukai.com).

10 「異民族支配は悪いことか?」(http://www.jiyuu-shikan.org/tokushu_a_1.html).

스기모토는 여기서 스스로 역사적 사실의 무지를 폭로한다. 북한도 한민족이기 때문에 같은 민족 사이에서도 잔인한 통치가 행해질 수 있다고 주장한다. 나아가 그는 식민지 지배에 대한 비판을 '공산주의사상'으로 매도한다. 과거 식민지 지배 체제에서는 관헌 측이 일본에 저항한 세력을 '공산주의사상'으로 규정했듯이, 지금에 이르러서는 일본의 역사왜곡을 비판하는 세력에 대해 '공산주의'로 치부해버린다. 그에게 일본의 식민지 지배는 "구미 제국의 식민지 통치에 비해 가장 뛰어난 것이고, 전혀 사죄할 필요가 없다"[11]는 인식으로 표출된다.

이런 입장에서 '교과서'는 한국 강점의 과정에 대한 구체적인 사실조차 서술하지 않는다. '전혀 사죄할 필요'가 없기 때문에 당연한 결과일 것이다. 오히려 한국 강점은 러시아의 위협으로부터 일본을 지키기 위한 어쩔 수 없는 선택이었을 뿐이다. '교과서'는 한국의 저항을 억누르고 식민지화했다는 사실을 감추면서 다음과 같이 서술하고 있다.

> 러일전쟁 후, 일본은 한국에 한국통감부를 두고 지배를 강화했다. 구미 열강은 영국의 인도, 미국의 필리핀, 러시아의 외몽고 등 자국의 식민지나 세력권의 지배를 일본이 인정하는 대신에 한국을 자국의 영향권 아래 두는 것에 대해 이의를 제기하지 않았다. 일본 정부는 일본의 안전과 만주의 권익을 방위하기 위해 한국 병합이 필요하다고 생각했다. 1910년 일본은 한국의 반대를 누르고 무력으로 병합을 단행했다(한국 병합).[12]

---

11 위와 같음.

12 『歷史』, 170~171쪽.

'교과서'는 한국 강점의 이유에 대해 당시 침략 당사자들의 사고방식을 그대로 답습하고 있다는 것을 알 수 있다. 식민지화 과정은 "한국에 한국통감부를 두고 지배를 강화했다"는 것과 "일본은 무력으로 한국 국내의 반대를 누르고 병합을 단행했다"고 서술할 뿐이다. 또 한국 강점을 둘러싸고 영국, 미국, 러시아가 아무런 이의를 제기하지 않았다는 점을 들어 '한국 강점 정당화론'을 내세우고 있다. 나아가 홈페이지에서는 일본이 한국을 강점한 목적은 러시아의 위협에 대비하기 위한 것이라며 다음과 같이 말한다.

> 일본이 조선을 병합한 목적은 러시아의 위협에 대비하기 위해서였다. 이 목적을 달성하기 위해서 조선인을 우리 편으로 끌어들일 필요가 있었다. 철포를 건네 총부리가 일본으로 향해서는 곤란한 일이었다. 어떻게든 조선인을 우리 편으로 끌어들일 수 있도록 필사적으로 노력했다. 유감스럽게도 이런 노력은 평가받고 있지 못하다. 나는 통치자 민족이 누구이든 통치 기간에 생활이 좋아졌는지, 차별이 개선되었는지, 자기실현의 기회가 늘어났는지, 그 전후 시대와의 비교를 통해 평가받아야 한다고 생각한다. 일본의 통치로 인해 산업혁명이 일어나고 공업의 기반이 만들어졌다. 관개 설비의 정비, 농업 기술의 개선을 통해 면적당 수확량은 대폭 증가했다. 박정희 시대의 급격한 발전은 일본 통치 시대에 기초가 만들어지고, 한·일 기본조약의 체결에 의해 일본과의 통상이 시작되었기 때문에 이루어졌다. 또 일본인과 조선인과의 차별이라는 새로운 문제가 발생했지만, 양반과 상민의 차별은 없어졌고, 노비는 해방되었다. 교육의 보급을 통해 노력하면 보상받을 길이 열렸다.[13]

---

13 「異民族支配は悪いことか?」(http://www.jiyuu-shikan.org/tokushu_a_1.html).

식민지 지배의 정당화 논리가 단적으로 드러나는 대목이다. 이들에게 통치자 민족의 불법성 그 자체는 전혀 문제되지 않는다. 러일전쟁 직후 일본은 러시아의 위협에 대비하기 위해 한국을 일본 편으로 끌어들이려고 필사적으로 노력했다고 변명한다. 오히려 그런 노력이 정당하게 평가받지 못한 것에 대해서 유감을 표명한다. 홈페이지는 식민지 지배를 통해 산업이 발전되었다고 강조하고, 한국 경제 발전의 출발점을 한일기본조약에서 찾고 있다. 이른바 '식민지 근대화'론의 원형을 보는듯하다. 일본의 통치는 비판받을 대상이 아니라, 한국이 감사하고 고마워해야 할 대상일 뿐이다. '한국 강점 정당화론'은 타사 교과서 비판에서도 확인할 수 있다. 홈페이지에서는 제국서원의 교과서[14]를 예로 들어 한국 강점의 의의를 다음과 같이 주장한다.

> 한국 병합에 관한 교과서 기술이다. 한국 병합을 일방적으로 식민지 지배라고 단정하고 있지만, 이것은 사실과 다르다. 적어도 일방적으로 식민지로부터 착취한 구미형 식민지와는 달리 일본은 한국에 막대한 자금을 투여하여 생활 수준의 향상과 근대화에 노력했다. 그 결과 한국의 인구는 배로 증가했다는 데이터도 있을 정도이다. 또 병합의 경과도 구미형 식민지와 다르다. 구미의 식민지는 전쟁을 통해 강압적으로 빼앗은 것인데, 한국 병합은 한국 안에서도 병합을 요구하는 목소리가 컸고, 국제 사회의 승인을 얻은 합법적인 조약에 의한 것이었다.[15]

14 『社会科 中学生の歴史』, 帝国書院, 170쪽.

15 「日本の歴史上の英雄はいまでは誰もが大悪人」(http://www.tsukurukai.com).

한국 강점은 구미형 식민지와는 다르다고 강조한다. 한국 강점은 결과적으로 한국의 생활 수준의 향상과 근대화에 기여했다는 것이다. 한국 강점의 불법성에 대해서는 일진회와 같은 친일 단체의 병합 요구를 언급하며 합법성을 부각시킨다. 또 홈페이지는 타사 교과서가 한국 황태자의 사진을 게재한 것과 관련해 "교과서는 왜 황태자가 일본 옷을 입고 있을까라고 아이들에게 말하도록 한다. '교과서' 집필자는 이것을 일본이 한국에게 일본 문화를 무리하게 밀어붙인 침략의 상징으로서 이용하고 싶어서겠지만, 사실은 이토 히로부미가 한복을 입은 사진도 남아 있다. 서로 상대국의 옷을 입고 예의를 갖추었을 뿐, 침략적인 것이 아니다. 아이들에게 일방적인 인상을 심으려는 부당한 기술이라 말할 수밖에 없다"[16]고 강변한다.

또 홈페이지는 '만주의 권익'을 일본의 당연한 권리인 것처럼 서술하고 있다. 한국 강점이 '일본의 안전과 만주의 권익'을 방위하기 위한 정당한 조치인 것처럼 왜곡하는 것이다. 교육 현장에서 대다수 학생들은 방위의 상대국을 러시아로 인지할 것이다. 요컨대 홈페이지는 일본의 식민지 지배 과정은 '제국주의 시대'라는 시대적 상황을 전제로 일본의 안전과 방위를 위해 필요불가결한 과정이었고, 한국인의 반대는 있었지만 러시아와의 대결 구도에서 어쩔 수 없이 한국 강점을 단행할 수밖에 없었다는 역사 인식을 심으려는 것이다. 일본의 침략과 한국인의 저항은 구체적으로 드러내지 않고, 오로지 러시아의 위협만을 강조하려는 논법이다.

문제는 홈페이지가 주장하는 '개발'이 과연 한국인을 위한 것인지의

16 위와 같음.

여부이다. 1910년대의 식민지 통치는 그동안의 연구를 통해서 밝혀져 있듯이, 주요 관리직에는 일본인을 채용하고, 언론과 출판의 자유는 물론 집회와 결사의 자유를 엄격히 제한했다. 각 마을에는 헌병 경찰을 내세워 한국인의 일상생활까지 감시하는 시스템을 정비했다. 이런 체제하에 실시된 '토지조사사업'은 전국의 토지소유자를 확정하여 지세수입을 확보함으로써 식민지 통치의 재원을 확보하기 위한 것이었다. '토지조사사업'의 결과, 소유권을 등록하지 않은 사람들의 토지는 국유지로 편입되었고, 농경지를 상실한 농민은 생존을 위해 타지나 국외로 유출될 수밖에 없었다. 홈페이지는 일본이 한국의 개발을 위해 '토지조사사업'을 실시했고, 나아가 철도나 관개 시설 등을 정비한 것은 수탈이 아니라, 궁극적으로 식민지 개발을 위한 것이었다는 왜곡된 역사 인식을 지닌 일본인을 길러내기 위한 것에 그 목적이 있다.

이런 역사 인식은 '교과서' 집필에 그대로 녹아든다. 한국 강점을 둘러싼 서술은 '교과서'의 「세계 열강 대열에 들어간 일본」이라는 항목에서도 언급되었는데, 그 서두에는 "일본은 청일, 러일 두 전쟁에서 승리함으로써 구미 열강의 압력 밑에서 독립을 유지하겠다는 막부 이래의 목표를 달성했다. 일본의 국제적인 지위는 향상되어 세계 열강의 대열에 들어갔다. 근대 일본의 건설은 여기에서 완성되었다"[17]고 서술하고 있다. 이는 제국주의 국가가 대립과 상호 거래를 통해 세계를 분할하여 식민지를 건설하던 당시 상황을 반영한 역사 인식이다. '교과서'는 일본이 제국주의 국가의 일원이 되기 위해 동아시아를 침략한 사실을 아무런 비판 없이

---

17 『歷史』, 170쪽.

"세계 열강의 대열에 들어간 일본"이라 평가함으로써 이른바 '제국주의사적인 역사관'을 학생들에게 주입하려 한다. '교과서'가 주장하는 '근대 일본 건설 완성'의 이면에는 일본의 동아시아 침략이 존재했다는 사실은 물론, 침략의 무대가 바로 한국이었다는 것을 밝히지 않는다.

청일전쟁에서 승리한 일본은 타이완을 식민지로 획득하고, 총독부를 설치하여 저항하는 원주민을 탄압하는 등 최초의 식민지 경영에 착수했다. 일본은 '교과서'가 말하는 세계 열강에 들어가기 위한 첫걸음을 내디뎠다. 하지만 '교과서'에는 식민지에 대한 언급이 전혀 없다. 오히려 「타이완과 핫타 요이치(八田與一)」[18]라는 인물 칼럼을 게재하여 일본이 타이완 개발에 공헌한 것처럼 식민지 통치를 미화하고 있다. 러일전쟁에 관해서도 중국의 쑨원(孫文)과 인도의 네루는 아시아의 소국인 일본이 러시아를 상대로 승리한 것에 감격하여 독립에 대한 희망을 품었다는 문장을 소개하고 있다.[19] 마치 일본이 아시아의 전폭적인 지지를 받아 '아시아 대표 선수'로 러시아의 아시아 침략과 대결했다는 점을 강조한다.

이와 관련해 홈페이지는 러일전쟁 직후 막대한 전비로 인한 재정부담의 증가에 따른 증세 정책을 비판한 풍자화를 예로 들어 타사 교과서[20]의 서술을 다음과 같이 비판한다.

> 시대 배경도 정부의 시책도 무시한 일방적인 기술이 이어진다. 풍자화도 그 일례이다. 여기서 구체적 상황에 대해서는 언급하지 않겠지만, 러일전쟁

18 『歷史』, 171쪽.

19 『歷史』, 168쪽.

20 『中学社会 歴史的分野』, 大阪書籍, 133쪽.

> 에서 일본이 러시아로부터 배상금을 받지 않은 것도 하나의 외교정책상 고뇌에 찬 선택이었다. 분명 러일전쟁에 의해 군사비가 커지고 국민에게 많은 부담을 준 것은 사실이지만, 그것만 언급하는 것은 균형에 맞지 않다. 서양의 식민지가 되지 않기 위한 정부의 어쩔 수 없는 선택이었다는 것을 현재의 감각에서 '부당하다'고 말하는 것은 옳지 않다. 시대 배경을 충분히 설명하지 않고 풍자화를 이용하여 이미지를 조작하려는 내용은 의무교육용 교과서에서는 용인될 수 없다.[21]

홈페이지는 그들이 주장하는 세계 열강 대열에의 합류와 근대 일본 건설의 완성이라는 시대적 배경만을 강조한다. 일본 국내외에서 제기되고 있는 반전론에 대한 언급은 말할 것도 없고 정책에 대한 어떠한 비판도 "서양의 식민지가 되지 않기 위한 정부의 어쩔 수 없는 선택이었다"는 논리로 가로막는다.

이런 시각에 입각해서 '교과서'는 「일본 국가의 새로운 과제」라는 항목에서 "국제적 지위의 향상은 일본 국가로서는 무거운 시련이 부가되는 것이기도 했다. 일본은 유일한 유색인종 대국으로 구미 열강으로부터 경계를 받게 되었다"[22]고 말을 이어나간다. 한국 강점 이후 전개된 한국인의 끈질긴 저항이 일본의 제국 경영에 무거운 시련이었다고 바라보지 않는다. 일본의 '새로운 과제'는 여전히 구미 열강과의 대립 문제로서만 인식될 뿐이다. 다른 교과서에는 찾아볼 수 없는 '유색인종'이라는 용어를 사용하면서 일본의 침략전쟁이 '백색인종'으로부터의 해방을 추구한 유색

21 「古代から現代まで.『支配者』と『立ち上がる民衆』の物語」(http://www.tsukurukai.com).
22 『歴史』, 170쪽.

인종의 투쟁이라는 방식으로 미화한다. 요컨대 이들은 일본의 대국화가 야기한 문제를 서구 제국의 황색인종에 대한 경계나 인종 문제로 인식하는 것이다. 일본이 아시아에서 유일한 제국주의 국가가 되어 주변 제국을 침략한 사실을 부정함으로써 침략전쟁의 정당화로 이어진다.

이처럼 홈페이지는 한국 강점으로 대표되는 타민족 지배를 인정하지 않는다. 오히려 그 근저에는 서구 열강에 침식되던 아시아 전체의 운명에 대한 심각한 위기 의식이 존재했다는 것을 강조한다. 한국과 대만을 식민지로 삼아 구제한 것은 아시아를 부흥시킴으로써 서구 열강에 대항하려는 강렬한 사명감 때문이었다는 것이다. 이는 당시 정책담당자의 사고방식으로서 그들이 품은 이상은 현행 역사 연구가 비난하는 침략사상과는 아무런 관계도 없다는 논리이다. 또 한국 강점은 열강이 지배하던 당시의 세계적 정황에서는 조금도 기이한 모습이 아니라, 오히려 한반도를 안정시킨 조치로 열강으로부터 환영받았다고 말한다. 결국 한국을 망국으로 몰아넣은 원인은 한국인 자신에게 있다는 왜곡된 관념을 학생들에게 주입하기 위한 것이다.

3. 동아시아에 대한 적시와 멸시

홈페이지의 아시아에 대한 시각은 근현대에 들어오면서 적시로부터 무시, 그리고 멸시로 바뀐다. 유럽의 등장과 함께 아시아에 대한 서술은 줄어들고, 쇄국 체제 아래서 네덜란드와의 무역보다 우위를 점했던 나가

사키무역도 "나가사키에는 중국선도 내항하여 교역을 했다"[23]는 언급에 머무른다. '교과서'의 「메이지유신이란 무엇인가」라는 항목에서는 "중국(청조)은 구미 열강의 무력에 의한 위협을 충분히 인식할 수 없었다. 중국의 복속국(검정에 의해 조공국의 개정)이었던 조선도 똑같았다. …… 서양 문명을 배우려는 자세가 결여되었다"[24]며 오로지 무지와 무력한 아시아상(像)만 강조된다. 조선과 중국이 외압에 저항하면서 근대화를 추구하려 한 내재적 움직임을 무시한 것이다.

아시아에 대한 멸시는 적대감으로 표출된다. '교과서'는 한국과 일본과의 관계에 대해 "일본을 향해 대륙으로부터 하나의 팔뚝처럼 한반도가 돌출되었다"[25]는 지정학적 인식에서부터 시작된다. 즉 '교과서'는 팔뚝을 "한반도 전체가 일본에 적대적인 대국의 지배 아래 들어가면 일본의 독립은 위태로워진다"[26]는 '흉기'로 인식하는 것이다. 여기에서 말하는 '대국'이란 청국과 러시아를 지칭한 것으로 일본의 한국 침략을 정당화하는 논리로 받아들여진다. 또 홈페이지는 타사 교과서에 일본의 침략에 항거한 의병 사진[27]이 게재된 것을 둘러싸고 이를 '마적'이나 '도적'으로 비하하면서 다음과 같이 주장한다.

> 이 페이지의 주역은 '반일투쟁을 전개한 의병들'이다. 그러나 여기에 게재된 사진은 출처가 불명한 사진이다. 사진에 나온 사람들은 단순한 마적이나

---

23 『歷史』, 106쪽.

24 『歷史』, 148쪽.

25 『歷史』, 163쪽.

26 위와 같음.

27 『中学社会 歷史』, 教育出版, 163쪽.

도적이었다고 한다. 그런 사진을 '의병'(정의를 위해 일으키는 군사)이라 부르며 교과서에 게재한 것은 비상식적이라고 말할 수밖에 없다. 또 사진의 인물들이 들고 있는 총구는 일본인을 향하고 있다는 설정이다. 일본 아이들에게 일본인을 향하는 총구의 사진을 보여준다는 것은 교과서 집필자의 정신을 의심할 만하다.[28]

한국 교과서에서는 상식으로 통용되는 의병 사진을 출처 불명의 사진으로 왜곡하고, 총구의 위치를 트집 잡아 일본인을 향하고 있다는 적개심으로 전환시키고 있다. 항일운동이 전개된 역사적 배경에 대한 서술은 물론, 의병운동 그 자체를 소멸시키려는 행위이다. 또 홈페이지는 3·1운동과 관련하여 유관순의 동상 사진이 게재된 타사 교과서[29]에 대해서도 다음과 같이 비난하고 있다.

이 페이지에 일본인 영웅은 등장하지 않는다. 심지어는 교과서 전체를 통해 일본인 영웅은 거의 등장하지 않는다. 그 대신 한국과 한국 사람들은 영웅으로 등장한다. 일본에 저항한 사람은 전혀 이름을 모르더라도 영웅이 되고, 일본의 근대화를 이룩한 일본인은 아무리 중요 인물일지라도 악인이 된다. 폭력적인 데모를 무력으로 제압하는 것은 오늘날에도 희귀한 일이 아니다. 왜 폭력적 데모의 수모자가 영웅으로 묘사되는 것일까?[30]

28 「明治維新もアジアの国々の侵略への第一歩」(http://www.tsukurukai.com).
29 『新しい社会 歴史』, 東京書籍, 157쪽.
30 「誰も知らない教科書のなかの英雄たち」(http://www.tsukurukai.com).

홈페이지는 3·1운동의 의의를 '폭력적인 데모'로 축소하고 있다. 따라서 운동에 대한 무력 제압은 당연한 것이고, 수모자의 상징적인 인물로 부각된 유관순은 결코 영웅이 아니라고 폄하한다. 유관순은 어디까지나 '폭력적인 데모'를 주도한 제압의 대상일 뿐이다. 그리고 '교과서'는 반론으로 「나치스의 박해를 받던 유대인을 도운 일본인」이라는 인물 칼럼을 설정하여 외교관 히구치 기이치로(樋口季一郎)와 스기하라 지우네(杉原千畝)를 인도주의자의 전형으로 묘사한다. 이는 유관순과 같은 '폭력적 데모의 수모자'와는 달리 일본에는 유대인에게 '자비'를 베푼 일본인 영웅이 존재했다는 사실을 주입시키려는 의도이다.

이런 의도는 3·1운동 당시 일본에 의한 무차별적인 탄압을 '정당방위'로 해석하는 데에서도 잘 드러난다. 홈페이지에서는 수원 제암리에서 자행된 일본군에 의한 집단 학살에 대해 "교회에 갇혀 불타 죽은 조선인 이야기는 일본군의 자위를 위해서였다. 그 지방은 독립운동이 가장 격렬한 곳이었다. 이전에도 순사 2명이 죽었고, 약 천 명의 폭도가 몰려들어 대낮에 소학교를 불태웠다. 이 때문에 일본인은 집을 버리고 피난할 수밖에 없었다. 이런 상황 조사를 위해 약 10명의 군인이 약 30명의 조선인을 교회로 불러 모아 조사하기 시작했다. 그 때 한 명이 날뛰기 시작해 다른 사람들도 동조했다. 이에 군인은 어쩔 수 없이 교회 밖으로 피신하여 열쇠를 걸고 방화한 것이다. 그 지휘관은 과잉방어로 처벌받았다"[31]고 말한다. 제암리 사건은 '폭력적 데모'에 대응하는 과정에서 일어난 일본군의 '정당방위'로 묘사되고, 나아가 일본의 '도덕성'을 강변하기 위해 지휘관을 과잉

31 「水原での教会焼き打ち事件について」(www.jiyuu-shikan.org/goiken/03/03/gmain.html).

방어 명목으로 처벌했다고 왜곡하고 있다.

동아시아에 대한 적대감은 일본의 패전을 둘러싼 서술에서도 드러난다. 홈페이지는 1945년 8월 15일 한국의 해방에 관한 서술과 태극기를 흔들고 기뻐하는 한국인 사진[32]을 두고 '일본인의 감정'을 반영하지 않았다며 다음과 같이 말한다.

> 1945년 8월 15일에 대한 기술이다. 내용이 없는 담담한 기술로 당시 상황은 전혀 전해지지 않는다. 또 사진도 '해방을 기뻐하는 조선의 독립운동가'라는 사진밖에 게재되어 있지 않다. 이것으로는 패전 사실을 일본 국민이 어떻게 받아들일 것인지 아이들은 이해할 수 없을 것이다. 황거 앞에서 우는 사람들, 불탄 벌판에 서 있는 사람들, 그런 일본인의 감정은 전혀 교과서에 반영되어 있지 않다. "일본이 져서 좋았다"는 일방적인 메시지만이 발신되는 나쁜 교과서의 전형적인 사례이다.[33]

동아시아에 대한 멸시와 적대감은 북한의 일본인 납치와 관련하여 절정을 이룬다. 구판 『공민』에서조차도 납치 문제와 관련해서는 한 페이지를 할애한 칼럼에서의 서술에 그쳤지만, 신정판에서는 그림과 본문의 주권 침해 특집 등 모두 다섯 곳에 걸친 납치 문제 관련 서술이 이루어졌다. 먼저 '교과서'의 앞부분 「주변의 문제」에서는 다섯 장의 북한 관련 사진(컬러 그림)을 게재하여 눈을 자극한다. 사진에 대한 설명은 다음과 같다.

---

32 『新中学校 歷史』, 清水書院, 191쪽.

33 「アジア諸国を侵略した極悪非道な日本人」(http://www.tsukurukai.com).

(좌상) 1998년 북한은 우리나라를 향해 탄도미사일 '대포동'을 발사하여 일본 본토를 넘어 태평양에 착탄했다. (우상) 2001년 동지나해에서 발견된 북한의 공작선은 일본 해상보안청 순시선과 총격전 끝에 침몰했다. (중상) 북한에서는 서민에게 식료가 배급되지 않아 약 350만 명이 굶어 죽었다고 한다. (좌) 귀국을 기다리는 가족의 환영을 받고 트랩을 내리는 북한에 의한 납치 피해자들. 북한에 의한 납치 피해자, 요코타 메구미(横田めぐみ)의 정보를 찾는 포스터.[34]

북한과의 국교정상화 문제를 포함하여 국가와 국가, 국가와 개인, 정부와 개인, 가족과 개인 등 양자의 관계를 냉정히 재조명하는 방식이 아니라, 사진에 대한 설명 방식에서 드러나듯이 북한을 둘러싼 국민의 불안심리를 활용하여 '명확한 국가 의식'을 지니도록 유도하는 수법이 확연히 드러난다. 또 '교과서'는 본문이나 기사 도판 등을 통해 납치 문제를 다음과 같이 반복적으로 강조한다.

우리나라에서도 1970년대를 중심으로 북한 공작선이 가끔 국내에 침입하여 많은 일본인을 납치하는 사건이 발생했고, 2002년 북일수뇌회담에서 북한 측도 이를 인정했다. 이런 심각한 인권 침해에 대해 정부는 장기간 적극적인 조사와 교섭을 하지 않았다. 이에 대해 납치 피해자 가족들은 해결을 향한 노력을 끈질기게 지속하여 이제 국민적 과제로 인식하기에 이르렀다.[35] 북한에 의한 일본인 납치를 전하는 기사. 일본 국내에 침입하여 일본인

34 『公民』, 그림, 2쪽.
35 『公民』, 93쪽.

을 납치한 북한의 행위는 국가 주권과 인권의 중대한 침해이다.[36] 더욱이 미일안전보장조약에 크게 의존해 온 우리나라이지만, 북한의 납치 문제 해결 등 독립 주권국가로서 주체적인 대응을 요구하는 목소리도 나오고 있다.[37] 우리나라 주변에서는 북한과의 긴장이 높아지고 있다. 1998년에는 우리나라를 향해 실험용 미사일이 발사되었다. 또 2001년에는 북한의 공작선이 동지나해에서 우리나라 해상보안청 순시선의 정선 명령을 따르지 않고 총격전 끝에 침몰하는 사건도 일어났다. 이런 과정에서 2002년 9월, 북한 평양에서 조일수뇌회의가 열렸는데 북한은 일본인 납치를 인정하고 국교정상화 교섭이 재개되었다. 그러나 이후 납치사건을 둘러싼 교섭은 진전되고 있지 않다. 역으로 북한의 미사일 재배치, 핵병기 개발이 진행되는 가운데 한반도 정세는 더욱 긴박하게 되어 우리나라를 비롯해 동아시아의 평화와 안전에 커다란 위협이 되고 있다.[38]

더욱이 '교과서'에서는 이런 서술을 인지시키기 위해 설정된 「과제학습 ⑪」의 "주권이 침해된다는 것은 어떤 경우인가 조사해 보자"는 부분에서는 일본인 납치 문제와 괴선박 문제를 다음과 같이 다루고 있다.

2002년 9월 17일 국교정상화 교섭 재개를 향해 북한을 방문한 고이즈미 수상에게 북한의 김정일 총서기는 요코타 메구미(납치 당시 중학교 1학년) 등 일본인 13명의 납치를 인정했는데, 그 가운데 8명은 사망, 5명은 생존해 있다고 말했다. 그러나 이후 제시된 증거 서류도 증거로서의 설득력이 부족하여 8명은 생존해 있을 것이라는 의견도 강하다. 북한에 의한 일본인 납치는 주

36 위와 같음.

37 『公民』, 127쪽.

38 『公民』, 139쪽.

로 1970년대부터 80년대에 걸쳐 일본의 해안과 도시, 또 해외 도시로부터 북한의 공작원(스파이)이나 공작선에 의해 끌려간 것이다. 납치된 일본인은 북한 공작원의 일본어·일본 문화 등 교육을 담당했다고 한다. 납치된 일본인을 대신하여 북한의 공작원이 일본에 잠입한 경우도 있다. 요코타 메구미는 북한 공작원의 우리나라 침입을 목격했기 때문에 납치되었다고도 말해진다. 메구미는 어두운 선실에 감금당해 "엄마"라고 울부짖으며 벽을 쥐어뜯어 손톱이 피투성이가 되었다고 한다. 납치 피해자는 일본 정부가 인정한 10건 15명 이외에 수백 명에 이른다고 말하고 있는데, 북한은 완강히 "납치 문제는 해결되었다"는 태도를 보이고 있다.[39]

그리고 이런 설명과 더불어 항목 끝의 설문 「SEARCH 공민」 일곱 항목에서는 "④ 북한에 의한 일본인 납치가 주권 침해에 해당하는 것은 왜인가? ⑤ 우리나라 주변과 영해에 침입한 괴선박이 주권 침해에 해당하는 것은 왜인가?"[40]라는 질문을 통해 주권 침해 사례를 찾아보도록 유도하고 있다. 한 사건에 대해 다섯 번에 걸친 중복 서술은 타사 교과서에서는 찾아보기 힘든 일이다. 인용도 다른 항목에 비해 상세한 장문이다. '교과서'는 '납치 문제 독본'이라 말해도 좋을 정도다. 괴선박 문제와 더불어 납치 문제를 통해 '북한위협론'을 선동함으로써 개헌의 필요성을 강조하려는 노골적인 정치적 의도가 담겨 있다고 말할 수 있다.

---

39 『公民』, 143쪽.

40 위와 같음.

4. 왜곡된 역사 인식의 확산

역사 분쟁을 둘러싼 일본의 상황은 비관적이다. 전쟁과 평화를 둘러싼 격동과 병행하여 평화헌법의 개헌과 교육기본법의 개정이 정치 일정에 부상하고, 교육의 이념 그 자체가 위협을 받고 있다. '애국심'이라는 명목으로 '공공'에 최선을 다하고, 권리보다 책무와 책임을 중시하는 풍조가 횡행하고 있다. 대다수 정치가는 자위대를 군대로 받아들여 국민은 국방의 책무를 다해야 한다는 등의 명문개헌과 교육기본법 개정을 주장하고 있다. 이런 주장은 각종 홈페이지를 통해 공공연하게 확산되고 있다.

홈페이지는 두 가지 역사 인식의 전파에 주력하고 있다. 하나는 일본사의 부정적 측면을 내세운 '자학 사관'으로부터 탈피해야 한다는 역사 인식이고, 다른 하나는 "역사를 배운다는 것은 그 시대 사람들이 무엇을 생각하고 있는가를 배우는 것이지 당시의 사실을 현대 인간이 비판하는 것이 아니다."라는 역사 인식이다. 한 개인이나 이념 단체가 특정 매체나 논평에서 상식 밖의 역사관을 표명하더라도, 그들의 의식 세계에서는 '상식'으로 받아들여질 수도 있다. 하지만 교과서는 다르다. 침략전쟁을 미화하는 교과서는 자국 청소년의 역사 인식을 왜곡시킬 뿐만 아니라, 결국 동아시아의 평화 구축에도 심각한 해악을 끼치기 때문이다. 역사의 진실을 왜곡하는 서술로 청소년을 현혹하는 것은 용서받을 수 없는 일이다. 역사적 사실을 부정 은폐하는 교과서로 배운 학생들이 그들의 의도대로 일본을 사랑하게 되더라도 그것은 어디까지나 허구로 가득 찬 애국심일 뿐이다.

'자유주의 사관'은 자국 중심 사관, 자국 찬미 사관이다. '자유주의 사관'

논객들이 어떠한 역사 인식을 지니고 있는가는 단지 개인의 사상의 자유로 간주하여 무시할 수 없는 극히 현실적이고 국민적인 문제이다. '자유주의 사관' 논객들은 중·고등학교의 많은 역사 교과서가 근현대사 부분에서 일본의 제국주의적 침략과 식민지 지배, 전쟁 책임, 전쟁 범죄 등을 과도하게 강조하여 전체적으로 일본의 '어두운' 면만을 부각하고 있다고 비판한다. 더불어 '대동아전쟁'에서 일본만 나빴던 것은 아니다, 일본의 전쟁은 아시아의 식민지, 반식민지의 해방이라는 목표와 역할을 수행했다, 자국사를 배움으로써 자국에 대한 '긍지와 로망'을 느낄 수 있어야 한다고 토로한다. 왜곡된 역사 인식의 '대중화' 작업의 근거에 그들의 홈페이지가 존재한다.

이들의 주장은 기존의 우익 인사들만이 아니라 전쟁을 경험하지 못한 전후 세대의 역사 인식에 직접 영향을 미치고 있다는 데 문제의 심각성이 있다. '자유주의 사관'파 논객들의 주장이 일반인에게 무비판적으로 받아들여지기 때문이다. 한 가지 예로, 그들의 홈페이지를 살펴보면, "나도 1년 전까지만 해도 일본군은 아주 나빴다고 생각했다. 위안부 문제가 표면화되었을 때에도 당연히 있었을 법한 일로 빨리 사죄와 보상을 해야 한다고 생각했다. 자유주의 사관이란 주장을 내건 사람들이 매스컴에 등장했을 당시에는 홀로코스트를 부정하려는 네오 나치와 같은 사람들이 일본에도 있다는 인상을 받았다. 그러나 그들의 주장에는 충분히 설득력이 있다. 처음부터 전부 믿고 싶지는 않았지만 마음을 끄는 무언가가 있다는 것을 느꼈다. 이후 나름대로 이런저런 자료를 읽어보았는데, 지금은

'자유주의사관연구회'와 '새 역사 교과서를 만드는 모임'을 지지한다"[41]와 같은 의견들이 속출하고 있다. 일반 대중이 왜곡된 여론의 선도에 어떻게 감염되는지 잘 보여주는 사례이다.

또한 홈페이지는 '주변국'의 문제, 예를 들면 북방 영토, 독도, 조어도 등의 영토 문제와 북한에 의한 일본인 납치 문제를 악의적으로 부각시켰다. 그 결과 일본의 주변국인 한국, 북한, 중국과의 평화적 외교의 수립이라는 시점이 결여되었다. 근린 제국은 동아시아의 평화적 공존을 이루어 나갈 대상이 아니라, 어디까지나 경계 대상이라는 의식을 강요하고 있다. 이는 국가 주권을 앞세워 이웃 나라는 일본의 국가 주권을 침해하는 '위험한 국가'라는 인식으로 연결되어 방위력의 강화와 국방 의무가 강조되기 마련이다.

왜곡된 홈페이지와 '교과서'의 이데올로기, 그것에 영향을 받은 대중의 감정적인 동의는 결국 일본의 보수화나 군사적 재구축화로 이어질 것이다. 일본 사회의 위기 상황을 극복하기 위해 자국사를 재조명하고 일본의 '영광'을 회복하겠다는 명분에서 출발한 네오내셔널리스트의 움직임은 일본군국주의의 부활이라는 맥락과 결부되어 있음을 결코 간과해서는 안 된다. 왜곡된 역사 인식을 아무런 여과 장치 없이 받아들이게 될 '보통 일본인'의 출현은 동아시아인 모두에게 특히 일본인 자신에게 가장 커다란 비극의 단초가 될 것이다.

41 「御意見箱」(http://www.jiyuu-shikan.org/goiken/index.html).

참고문헌

(1) 자료

『東洋経済雜誌』

『満韓之実業』

『富強の民』

『少年世界』

『実業之世界』

『実業之日本』

『日本及日本人』

『朝鮮』

『中央公論』

『太陽』

『朝日新聞』

(2) 단행본

한국어

가노 마사나오 저·김석근 역, 『근대 일본사상 길잡이』, 소화, 2004.

가토 슈이치, 마루야마 마사오 저·임성모 역, 『번역과 일본의 근대』, 이산, 2000.

가토 요코 저·박영준 옮김, 『근대 일본의 전쟁논리』, 태학사, 2003.

고야스 노부쿠니 저·이승연 역, 『동아·대동아·동아시아-근대 일본의 오리엔탈리즘』, 역사비평사, 2005.
김기봉, 『역사를 통한 동아시아 공동체 만들기』, 푸른역사, 2006.
김도형 편, 『대한국인 안중근 자료집』, 선인, 2008.
김순전 외, 『수신하는 제국』, 제이앤씨, 2004.
나가하라 게이지 지음·하종문 옮김, 『20세기 일본의 역사학』, 삼천리, 2011.
다나카 히로시 외 지음·이규수 옮김, 『기억과 망각』, 삼인, 2000.
발레리 케네디 저·김상률 역, 『오리엔탈리즘과 에드워드 사이드』, 갈무리, 2011.
사토 히로오 저·성해준 역, 『일본사상사』, 논형, 2009.
송기호, 『동아시아의 역사분쟁』, 솔, 2007.
스테판 다나카 저·박영재, 함동주 역, 『일본 동양학의 구조』, 문학과 지성사, 2004.
쓰지모토 마사시 외 지음, 이기원·오성철 역, 『일본 교육의 사회사』, 경인문화사, 2011.
안중근의사기념사업회 편, 『안중근 연구의 기초』경인문화사, 2009.
안중근의사기념사업회 편, 『안중근과 그 시대』경인문화사, 2009.
앙리 베르그송 지음·김재희 옮김, 『도덕과 종교의 두 원천』, 지만지, 2009.
에드워드 사이드 저·박홍규 역, 『문화와 제국주의』, 문예출판사, 2005.
에드워드 사이드 저·박홍규 역, 『오리엔탈리즘』, 교보문고, 2000.
에드워드 사이드 저·성일권 역, 『도전받는 오리엔탈리즘』, 김영사, 2001.
요시다 유타카 지음·하종문·이애숙 옮김, 『일본인의 전쟁관』, 역사비평사, 2004.
윤종혁, 『한국과 일본의 학제 변천 과정 비교 연구』, 한국학술정보, 2008.
이계황 외, 『기억의 전쟁-현대 일본의 역사 인식과 한일관계』, 이화여자대학교출판부, 2003.
이성환·이토 유키오 편저, 『한국과 이토 히로부미』, 선인, 2009.
이신철, 『한일 근현대 역사논쟁』, 선인, 2007.
이안 부루마 지음·최은봉 옮김,『근대 일본』, 을유문화사, 2004.
이에나가 사부로 지음·현명철 옮김, 『전쟁 책임』, 논형, 2005.
이찬희·임상선·윤휘탁, 『동아시아의 역사분쟁』, 동재, 2006.
일본교과서바로잡기운동본부 편, 『글로벌화와 인권 · 교과서』, 역사비평사, 2003.
장남호 외, 『화혼양재와 한국 근대』, 어문학사, 2006.
정진농, 『오리엔탈리즘의 역사』, 살림, 2003.

존 맥켄지,『오리엔탈리즘 예술과 역사』, 문화디자인, 2006.
한상일,『제국의 시선』, 새물결, 2004.
한용진,『근대 이후 일본의 교육』, 문, 2010.

일본어

家永三郎,『太平洋戦争』, 岩波書店, 1968.
家永三郎,『「密室」検定の記録―80年代家永日本史の検定』, 名著刊行会, 1993.
家永三郎,『家永三郎対談集-教科書裁判の30年』, 民衆社, 1995.
家永三郎,『教科書裁判』, 日本評論社, 1981.
江口圭一,『十五年戦争の開幕』昭和の歴史４, 小学館, 1982.
江口圭一,『十五年戦争小史』, 青木書店, 1986.
江口圭一,『二つの大戦』体系日本の歴史14, 小学館, 1989.
鎌田定夫,『被爆朝鮮人·韓国人の証言』, 朝日新聞社, 1982.
広渡清吾,『二つの戦後社会と法の間-日本とドイツ』, 大蔵省印刷局, 1990.
駒込武,『植民地帝国日本の文化統合』, 岩波書店, 1996.
宮台真司外,『戦争論 妄想論』, 教育史料出版会, 1999.
琴秉洞,『(資料) 雑誌にみる近代日本の朝鮮認識, 1-5』, 緑陰書房, 1999.
吉田光,『日本近代哲学史』, 講談社, 1968.
吉田松陰著·山口県教育会編,『吉田松陰全集 8』, 岩波書. 店, 1972.
吉田裕,『日本人の戦争観-戦後史のなかの変容』, 岩波書店, 1995.
金正明編著,『伊藤博文暗殺記録 安重根·その思想と行動(明治百年史叢書 169)』, 原書房, 1972.
「教科書に真実と自由を」連絡会編,『徹底批判「国民の歴史」』, 大月書店, 2000.
唐沢富太郎,『教科書の歴史-教科書と日本人の形成―』, 創文社, 1956.
唐沢富太郎,『教育の体系 日本近代思想大系6』, 岩波書店, 1990.
唐沢富太郎,『日本の近代化と教育』, 第一法規出版社, 1978.
大久保利謙,『大久保俊謙歴史著作集４ 明治維新と教育』, 吉川弘文館, 1987.
大沼保昭,『戦争責任論序説-「平和に対する罪」の形成過程におけるイデオロギ-性と拘束性』, 東京大学出版会, 1975.

大嶽秀夫,『二つの戦後-ドイツと日本』, 日本放送出版協会, 1992.
大野芳, 『伊藤博文暗殺事件一闇に葬られた新犯人』, 新潮社, 2003.
大野英二,『ドイツ問題と民族問題』, 未来社, 1994.
大平喜間多, 『佐久間象山』, 吉川弘文館, 1987.
徳富蘇峰, 『大日本膨脹論』, 民友社, 1894.
渡辺浩·朴忠錫編, 『韓国·日本·「西洋」-その交錯と思想変容』, 慶応義塾大学出版会, 2005.
東京空襲を記録する会,『東京大空襲の記録』, 三省堂, 1982.
東京書籍編, 『教科書の変遷—東京書籍五十年の歩み—』, 東京書籍, 1959.
東京裁判ハンドブック編輯委員会編,『東京裁判ハンドブック』, 青木書店, 1989.
童門冬二, 『佐久間象山 - 幕末の明星』, 講談社, 2008.
藤原彰, 『日中全面戦争』昭和の歴史５, 小学館, 1982.
藤原彰, 『太平洋戦争史論』, 青木書店, 1982.
藤原彰·今井清一編, 『十五年戦争史』1~3, 青木書店, 1988~1889.
藤井茂, 『北の大地に魅せられた男-北大の父 佐藤昌介』, 岩手日日新聞社, 2006.
鈴木武雄, 『「独立」朝鮮経済の将来』(筆寫本), 1946년 6월 20일.
鈴木暎一, 『徳川光圀』, 吉川弘文館, 2006.
林房雄, 『大東亜戦争肯定論』, 夏目書房, 2001.
名越二荒之助, 『世界から見た大東亜戦争』, 展転社, 1991.
木全清博, 『近代日本の教科書のあゆみ』, サンライズ出版, 2006.
木坂順一郎, 『太平洋戦争』(昭和の歴史6), 小学館, 1982.
文部省 編, 『尋常小学国史編纂趣意書』, 国定教科書共同販売所, 1924.
文部省 編纂, 『日本略史』, 積玉圃, 1878.
文部省, 『史略1 皇国』, 1872.
尾崎行雄著·尾崎咢堂全集編纂委員会編集, 『尾崎咢堂全集 1』, 公論社, 1956.
朴寿南, 『もうひとつのヒロシマ 朝鮮人·韓国人被爆者の証言』, 舎廊房出版, 1982.
竝木頼久, 『日本人のアジア認識』, 山川出版社, 2008.
福山秀夫,『平和運動原論』, 学習の友社, 1997.
北海道大学文学部古河講堂「旧標本庫」人骨問題調査委員会, 『古河講堂「旧標本庫」人骨問題報告書』1997.

山本有造,『日本植民地経済史研究』, 名古屋大学出版会, 1992.
山住正巳,『日本教育小事』, 岩波新書, 1987.
山県悌三郎編,『帝国小史補 甲号』, 文学社, 1895.
森武麿,『アジア·太平洋戦争』日本の歴史 20, 集英社, 1993.
上杉聡,『脱ゴーマニズム宣言-小林よしのりの「慰安婦」問題(新装改訂版)』, 東方出版, 2002.
上杉聰·君島和彦·越田稜·高嶋伸欣著,『「つくる会」教科書はこう読む!-隠された問題点の数々』, 明石書店, 2005.
上杉聰·君島和彦·越田稜·高嶋伸欣著,『いらない!「神の国」歴史·公民教科書』, 明石書店, 2001.
上杉聡編著,『脱戦争論』, 東方出版, 2000.
上垣外憲一,『暗殺·伊藤博文』, 筑摩書房, 2000.
西岡香織,『アジアの独立と「大東亜戦争」』, 芙蓉書房出版, 1996.
石島紀之,『中国抗日戦争史』, 青木書店, 1984.
石井明·朱建栄·添谷芳秀·林暁光編,『記録と考證 日中国交正常化·日中平和友好条約締結交渉』, 岩波書店, 2003.
石川真澄·山口二郎,『戦後日本政治史』, 岩波書店, 2010.
細谷千博·本間長世·入江昭·波多野澄雄編,『太平洋戦争』, 東京大学出版会, 1993.
小島晋治監修,『幕末明治中国見聞録集成(第1期 全10巻)』, ゆまに書房, 1997.
小森陽一·坂本義和·安丸良夫編,『歴史教科書何が問題か-徹底検証Q&A』, 岩波書店, 2001.
小田実編,『ベ平連』, 三一書房, 1969.
沼田次郎編,『東西文明の交流<6> 日本と西洋』, 平凡社, 1971.
粟屋憲太郎, 吉田裕編,『国制検察局(IPS)尋問調書 全52巻』, 日本図書センター, 1993
粟屋憲太郎,『東京裁判への道 上·下』, 講談社, 2006.
粟屋憲太郎,『東京裁判論』, 大月書店, 1989.
粟屋憲太郎,『未決の戦争責任』, 柏書房, 1994.
粟屋憲太郎,『資料日本現代史2 敗戦直後の政治と社会①』, 大月書店, 1980.
粟屋憲太郎他著,『徹底検證 昭和天皇「独白録」』, 大月書店, 1991.
粟屋憲太郎·三島憲一·望田幸男·田中宏·広渡清吾·山口定,『戦争責任·戦後責任-日本とドイツはどう違うか』, 朝日新聞社, 1994.

松島栄一,『歴史教育の歴史と社会科』, 青木書店, 2003.

松尾章一,『中国人戦争被害者と戦後補償(岩波ブックレット)』, 岩波書店, 1998.

松尾尊兌 編,『中国·朝鮮論』, 平凡社, 1970.

松尾尊兌,『大正デモクラシーの群像』, 岩波書店, 1990.

松尾尊兌,『大正デモクラシーの研究』, 青木書店, 1966.

松尾尊兌,『大正デモクラシー』, 岩波書店, 1974.

松尾尊兌,『大正時代の先行者たち』, 岩波書店, 1993.

松尾尊兌,『民本主義と帝国主義』, みすず書房, 1998.

松尾尊兌,『普通選挙制度成立史の研究』, 岩波書店, 1989.

松尾尊兌·三谷太一郎·飯田泰三編,『吉野作造選集(全15巻·別巻)』, 岩波書店, 1995~1997.

松本三之介,『近代日本の知的状況』, 中央公論社, 1974.

松沢弘陽,『近代日本の形成と西洋体験』, 岩波書店, 1993.

柿沼肇,『近代日本の教育史』, 教育史料出版会, 1990.

市川正明,『安重根と日韓関係史(明治百年史叢書 282)』, 原書房, 1979.

神谷由道編,『高等小学歴史 三冊』, 文部省, 1891.

深田祐介,『大東亜会議の真実 アジアの解放と独立を目指して』(PHP新書), PHP研究所, 2004.

安丸良夫,『日本ナショナリズムの前夜』, 朝日新聞社, 1997.

岩田規久男·宮川努編,『失われた10年の真因は何か』, 東洋経済新報社, 2003.

歴史学研究会編,『太平洋戦争史』1~5, 青木書店, 1971~1973.

永原慶二,『20世紀日本の歴史学』, 吉川弘文館, 2003.

永原慶二,『歴史教科書をどうつくるか』, 岩波書店, 2001.

栄沢幸二,『「大東亜共栄圏」の思想』, 講談社, 1995.

外村大,『朝鮮人強制連行』, 岩波書店, 2012.

原覚天,『現代アジア研究成立史論-満鐵調査部·東亜研究所·IPRの研究』, 勁草書房, 1984.

伊藤之雄,『伊藤博文をめぐる日韓関係-韓国統治の夢と挫折, 1905~1921』, ミネルヴァ書房, 2011.

伊藤之雄·李盛煥編著,『伊藤博文と韓国統治-初代韓国統監をめぐる百年目の検證』, ミネルヴァ書房, 2009.

日本国際政治学会編,『太平洋戦争への道』1~7, 朝日新聞社, 1962~1963.
日本史研究会編,『講座日本歴史』(10)近代４, 東京大学出版会, 1985.
入江昭,『太平洋戦争の起源』, 東京大学出版会, 1991.
子どもと教科書全国ネット21編,『教科書攻撃のウソを斬る-新しい歴史教科書をつくる会」がねらうもの』, 青木書店, 2001.
滋賀大学附属図書館編,『近代日本の教科書のあゆみ-明治期から現代まで』, サンライズ出版, 2006.
長崎在日朝鮮人の人権を守る会,『朝鮮人被爆者—ナガサキからの証言』, 社会評論社, 1989.
的場敏博,『戦後日本政党政治史論』, ミネルヴァ書房, 2012.
前田朗,『人道に対する罪-グローバル市民社会が裁く』, 青木書店, 2009.
田中宏,『在日外国人-法の壁, 心の溝』, 岩波書店, 1995.
井関正久,『ドイツを変えた六八年運動』, 白水社, 2005.
田中彰,『「脱亜」の明治維新』, 日本放送出版協会, 1984.
田中彰,『明治維新と西洋文明』, 岩波書店, 2003.
井上正也,『日中国交正常化の政治史』, 名古屋大学出版会, 2010.
中野泰雄,『安重根と伊藤博文』, 恒文社, 1996.
中野泰雄,『安重根-日韓関係の原像』, 亜紀書房, 1984.
中村紀久二,『教科書の社会史-明治維新から敗戦まで』, 岩波新書, 1992.
中村政則,『戦後史』, 岩波書店, 2005.
中村粲,『大東亜戦争への道』, 展転社, 1990.
中村粲·松本健一·江藤淳·総山孝雄·上杉千年·歴史検討委員会,『大東亜戦争の総括』, 展転社, 1995.
浅田喬二,『日本植民地研究史論』, 未来社, 1990.
浅田喬二,『日本知識人の植民地認識』, 校倉書房, 1985.
清水正義,『「人道に対する罪」の誕生』, 丸善プラネット, 2011.
村上龍 NHKスペシャル,『村上龍失われた10年を問う』, NHK出版, 2000.
村田正志,『村田正志著作集 第1巻 増補 南北朝史論』, 思文閣出版, 1983.
佐久間象山著·信濃教育会編,『象山全集3』, 信濃毎日新聞社, 1975.
倉沢愛子 外編,『岩波講座 アジア·太平洋戦争1~8』, 岩波書店, 2005.

佐藤昌彦,『佐藤昌介とその時代(増補·復刻)』, 北海道大学出版会, 2011.
酒井哲哉外編,『岩波講座「帝国」日本の学知1~8』, 岩波書店, 2006.
太田勝也,『鎖国時代長崎貿易史の研究』, 思文閣出版, 1992.
沢田昭二,『共同研究 廣島·長崎原爆被害の真相』, 新日本出版社, 1997.
平泉澄編,『大日本史の研究』, 立花書房, 1957.
俵義文,『徹底検証あぶない教科書-「戦争ができる国」をめざす「つくる会」の実態』, 学習の友社, 2001.
鶴見俊輔,『戦時期日本の精神史』, 岩波書店, 1982.
竹野学,『樺太農業と植民学-近年の研究動向から』, 札幌大学経済学部附属地域経済研究所, 2005.
海野福寿,『(外交史料) 韓国併合, 上, 下』, 不二出版, 2004.
海野福寿,『伊藤博文と韓国併合』, 青木書店, 2004.
海後宗臣,『歴史教育の歴史』, 東京大学出版会, 2000.
和仁廉夫,『歴史教科書とアジア-歪曲への反駁』, 社会評論社, 2001.
和田進,『戦後日本の平和意識-暮らしの中の憲法』, 青木書店, 1997.
花井信,『近代日本の教育実践』, 川島書店, 2001.
花井信·三上和夫,『学校と学区の地域教育史』, 梓出版, 2005.
荒井信一,『戦争責任論-現代史からの問い』, 岩波書店, 1995.
黑羽弥吉編,『小学校教則綱領』, 黑羽弥吉, 1881.
黑羽清隆,『十五年戦争史序説』, 三省堂, 1979.
ASEANセンター,『アジアに生きる大東亜戦争』, 展転社, 1988.
R.P.ドーア·松居弘道訳,『江戸時代の教育』, 岩波書店, 1970.
VAWW-NETジャパン編,『ここまでひどい!「つくる会」歴史·公民教科書-女性蔑視·歴史歪曲·国家主義批判』, 明石書店, 2001.
クリストファー·ソーン·市川洋一訳,『満州事変とは何だったのか 上, 下』, 草思社, 1994.
クリストファー·ソーン·市川洋一訳,『米英にとっての太平洋戦争』, 草思社, 1995.
クリストファー·ソーン·市川洋一訳,『太平洋戦争とは何だったのか』, 草思社, 1989.
クリストファー·ソーン·市川洋一訳,『太平洋戦争における人種問題』, 草思社, 1991.
ユルゲン·オースタハメル 著·石井良 訳,『植民地主義とは何か』, 論創社, 2005.

(2) 논문

한국어

개번 매코백, 「일본 '자유주의사관'의 정체」, 『창작과 비평』 98, 1997.

김광옥, 「근대 일본의 종합잡지 《태양》(1895~1905)의 한국관계 기사와 그 사료적 가치」, 『한국민족문화』 30, 2007.

김민규, 「근대 동아시아 국제질서의 변용과 청일수호조규(1871년)-조규체제의 생성-」, 『대동문화연구』 41. 2002.

김봉식, 「'자유주의사관'에 대한 일고찰」, 『일본학 연보』 9, 2000.

김정현, 「오리엔탈리즘과 동아시아 - 근대 동아시아의 '타자화'와 저항의 논리」, 『중국사연구』 39, 2005.

박맹수, 「동학군 유골과 식민지적 실험-일본 홋카이도대학의 동학군 유골 방치 사건」, 『歷史地理教育』 23, 2004.

박삼헌, 「幕末維新期의 대외위기론」, 『文化史學』 23, 2005.

박승우, 「동아시아 지역주의 담론과 오리엔탈리즘」, 『동아연구』 54, 2008.

박양신, 「청일전후 일본 지식인의 대외인식론 - 陸羯南과 徳富蘇峰을 중심으로」, 『동양학』 31, 2001.

박홍규, 『박홍규의 에드워드 사이드 읽기』, 우물이 있는 집, 2003.

방광석, 「徳富蘇峰의 동아시아 인식-청일전쟁부터 한국병합 시기를 중심으로」, 『동북아역사논총』 27, 2010.

송석원, 「사쿠마 쇼잔(佐久間象山)의 해방론(海防論)과 대 서양관 - 막말에서의 『양이를 위한 개국』의 정치사상」, 『한국정치학회보』 32-1, 2003.

신연재, 「동아시아 3국의 근대 사상 형성과 서양문명의 수용」, 『사회과학논집』 12, 2002

신주백, 「일본 우익 역사교과서의 교사용지도서에 나타난 역사 인식-아시아 태평양전쟁관, 인간관, 미래관을 중심으로-」, 『동방학지』 127, 2004.

이권희, 「근대기 일본의 국민국가 형성과 창가(唱歌) - '문부성 창가(文部省唱歌)'를 중심으로」, 『日語日文學硏究』 77, 2011.

이권희, 「메이지(明治) 전기 국민국가 형성과 교육 - 학제(學制)의 변천과 창가(唱歌) 교육을 중심으로」, 『日本思想』 21, 2011.

이규수, 「3·1운동에 대한 일본 언론의 인식」, 『역사비평』 62, 2003.
이규수, 「야나이하라 다다오(矢内原忠雄)의 식민정책론과 조선 인식」, 『대동문화연구』 46, 2004.
이규수, 「일본 중학교 교과서의 '보통 일본인' 만들기」, 『아시아연구』 8-2, 2006.
이규수, 「일본의 공민교과서 왜곡 구도와 우경화-'종축(縱軸)의 철학'론 비판」, 『지역과 역사』 18, 2006.
이기용, 「内村鑑三의 기독교사상과 그의 日本觀과 朝鮮觀」, 『한일관계사연구』 9, 1998.
이충호, 「일본의 교과서 검정과 중학교 역사교과서 왜곡-후소샤(扶桑社)를 중심으로」, 『실학사상연구』19·20, 2001.
임성모·박상현·조규헌·유병관, 「제국일본의 문화권력과 학지-연구사적 고찰」, 『한림일본학』 18, 2011.
전영섭, 「10~13세기 동아시아 교역시스템의 추이와 海商 정책」, 『역사와 세계』 36, 2009.
정대성, 「徳富蘇峰テクストにおける「朝鮮」表象-日本型オリエンタリズムと植民地主義」, 『일본언어문화』 5, 2004.
정응수, 「우치무라 간조(内村鑑三)의 전쟁관의 변천」, 『일본문화학보』 15, 2002.
정재정, 「횡행하는 국가전략적 역사교육론의 망령-역사교과서 비판과 '자유주의사관'」, 『일본의 논리』, 현음사, 1998.
정진성, 「일본의 신민족주의운동」, 『국제지역연구』 가을호, 1998.
최혜주, 「잡지 朝鮮(1908~1911)에 나타난 일본 지식인의 조선 인식」, 『한국근현대사연구』 45, 2008.
최혜주, 「한말 일제하 샤쿠오(釈尾旭邦)의 내한활동과 조선 인식」, 『한국민족운동사연구』 45, 2005.
한상일, 「자유주의사관」, 『일본 지식인과 한국-한국관의 원형과 변형』, 오름, 2000.
허광무, 「한국인 원폭피해자(原爆被害者)에 대한 제연구와 문제점」, 『한일민족문제연구』 6, 2004.
허동현, 「이에나가 사부로와 교과서 재판의 역사적 의의」, 『한국민족운동사연구』 49, 2006.
황미주, 「근대 일본잡지를 통해 본 일본인의 한국 인식」, 『일어일문학』 34, 2007.
후지나가 다케시, 「현대 일본 반동세력의 한국사 인식-일본형 역사수정주의가 등장하기까지-」, 『역사비평』 44, 1998.

일본어

姜徳相, 「安重根の思想と行動」, 『朝鮮独立運動の群像-啓蒙運動から三·一運動へ』, 青木書店, 1984.

姜徳相, 「朝鮮と伊藤博文」, 『季刊三千里』 49, 1987.

建部喜代子, 「安応七歴史(資料紹介)」, 『アジア·アフリカ資料通報(国立国会図書館)』 8-5, 1970.

桂島宣弘, 「一国思想史学の成立-帝国日本の形成と日本思想史の『発見』」, 西川·渡辺編, 『世紀轉換期の国際秩序と国民文化の形成』, 柏書房, 1999.

谷雅泰, 「日本近代教育法制史概説」, 『福島大学教育学部論集』 7, 2001.

宮本又久, 「帝国主義としての民本主義—吉野作造の対中国政策」, 『日本史研究』, 91, 1967.

吉田俊純, 「徳川光圀の『大日本史』編纂の学問的目的 - 北朝正統論をめぐって」, 『東京家政学院筑波短期大学紀要』 2, 1998.

吉田俊純, 「徳川光圀の『大日本史』編纂目的」, 『東京家政学院筑波短期大学紀要』 1, 1991.

金子文夫, 「日本における植民地研究の成立事情」, 小島麗逸編, 『日本帝国主義と東アジア』, アジア経済研究所, 1979.

金子文夫, 「日本の植民政策学;の成立と展開」, 『季刊三千里』 41, 1985.

金哲央, 「安重根の最後の論説『東洋平和論』をめぐって」, 『統一評論』 178, 1980.

金哲央, 「義士·安重根」, 『入物·近代朝鮮思想史』, 雄山閣出版, 1984.

大内兵衛, 「日本植民学の系譜」, 南原繁他編, 『矢内原忠雄-信仰·学問·生涯』, 岩波書店, 1968.

大野英二, 「ドイツにおける難民問題と庇護政策」, 『思想』 822, 1992.

大野英二, 「西ドイツの外国人と外国人政策」, 『社会科学研究』 41-6, 1990.

大野英二, 「外国人受け入れの法的論理」, 『外国人労動者-現状から論理へ』, 弘文堂, 1992.

木坂順一郎, 「アジア·太平洋戦争の歴史的性格をめぐって」, 『年報日本現代史』 1, 1995.

木坂順一郎, 「アジア·太平洋戦争の呼稱と性格」, 『竜谷法学』 25-4, 1992.

武田晃二, 「明治初期における『普通教育』概念」, 『岩手大学教育学部教育研究年報』50-1, 1990.
朴慶植, 「安重根とその思想」, 『未来』51, 1970.
飯沼二郎, 「新渡戸稲造と矢内原忠雄」, 『三田学会雑誌』75, 慶応義塾経済学会, 1982.
山村俊夫, 「明治前期に於ける歴史教育の動向」, 『教育学雑誌』10, 1976.
小路田泰直, 「日本史の誕生-『大日本編年史』の編纂について」, 西川長夫·渡辺公三編, 『世紀轉換期の国際秩序と国民文化の形成』, 柏書房, 1999.
小林幸男, 「帝国主義と民本主義」, 『岩波講座 日本歴史(現代 2)』19, 岩波書店, 1963
松尾尊兊, 「吉野作造と朝鮮」, 『人文学報』25, 1968.
松尾尊兊, 「吉野作造と朝鮮人学生」, 『東西文化史論叢(原弘二郎先生古稀記念)』, 1974.
松尾尊兊, 「吉野作造と湯浅治郎—二, 三の資料紹介」, 『季刊三千里』4, 1975.
矢島武, 「佐藤昌介の『大震論』とその背景」, 『経済論集』21-4, 1974.
矢沢康祐, 「明治前半期ブルジョア民族主義の二つの発現形態-アジア連帯意識をめぐって」, 『歴史学研究』138, 1960.
安田治, 「戦後平和運動の特質と当面する課題」, 渡辺治·後藤道夫編, 『講座現代日本 4 日本社会の対抗と構想』, 大月書店, 1997.
窪田祥宏, 「明治後期における公教育体制の動揺と再編」, 『教育学雑誌』17, 1983.
幼方直吉, 「矢内原忠雄と朝鮮」, 『思想』495, 1965.
幼方直吉, 「信仰の論理と政治の論理-金教信と矢内原忠雄の場合」, 『仁井田博士追悼論文集 日本法とアジア』, 勁草書房, 1970.
幼方直吉, 「朝鮮参政権問題の歴史的意義」, 『東洋文化』36, 東京大学東洋文化研究所, 1964.
田中愼一, 「植民学の成立」, 北海道大学編, 『北大百年史 通説』, 北海道大学出版会, 1982.
田沢晴子, 「郷里意識からの脱却—『吉野作造日記』中国天津時代からヨーロッパ留学時代についての検討-」, 『吉野作造記念館研究紀要』創刊号, 2004.
井上勝生, 「北大で発見された東学農民軍指導者遺骨の調査と返還について」, 『歴史地理教育』57-7, 1998.
井上勝生, 「佐藤昌介『植民論』講義ノート-植民学と札幌農学校」, 『北海道大学文学研究科紀要』46-3, 1998.

井上勝生, 「佐藤昌介『植民論』初期講義ノート(上~下の2) 札幌農学校と植民学(2~5)」, 『北海道大学文学研究科紀要』115~123, 2005~2007.
井上勝生, 「札幌農学校と植民学」, 北海道大学編, 『北大百二十五年史 論文·資料編』, 北海道大学出版会, 2003.
井上勝生, 「札幌農学校と植民学の誕生―佐藤昌介を中心に」, 酒井哲哉編, 『「帝国」日本の学知 1―「帝国」編成の系譜』, 岩波書店, 2006.
趙景達, 「安重根－その思想と行動」, 『歴史評論』469, 1889.
趙景達, 「朝鮮における日本帝国主義批判の論理の形成-愛国啓蒙運動期における文明観の相克」, 『史潮』25, 1989.
糟谷政和, 「伊藤博文·安重根-韓国併合と日本の朝鮮支配政策-」, 『歴史地理教育』576, 1998.
佐藤健生, 「ナチズムの過去と戦後ドイツ」, 『史海(東京学芸大学史学会)』38, 1991.
竹野学, 「植民地開拓と『北海道の経験』-植民学における『北大学派』」, 『北大百二十五年史 論文·資料編』, 北海道大学出版会, 2003.
中島智枝子, 「日韓併合をめぐる綜合雑誌の論調について- 『日本及日本人』, 『太陽』, 『中央公論』をとおして-」, 『部落解放研究』3, 1974.
中野泰雄, 「『歴史と審判』補遺」, 『亜細亜大学経済学部紀要』9-1, 1983.
中野泰雄, 「アジアから見た日本近代史」, 『亜細亜大学経済学部紀要』15-1, 1990.
中野泰雄, 「近代ナショナリズムと日韓関係」, 『亜細亜大学経済学部紀要』12-2, 1987.
中野泰雄, 「歴史と審判－安重根と伊藤博文－」, 『亜細亜大学経済学紀要』8-1, 1982.
中野泰雄, 「安重根義士と東洋平和」, 『亜細亜大学経済学部紀要』10-3, 1985.
中野泰雄, 「安重根義士と東洋平和論」, 『亜細亜大学国際関係紀要』1, 1991.
中野泰雄, 「歴史と審判－安重根と伊藤博文」, 『亜細亜大学経済学部紀要』8-1, 1982.
中野泰雄, 「伊藤博文と安重根」, 『亜細亜大学経済学部紀要』14-3, 1989.
中野泰雄, 「日本における安重根義士観の変遷」, 『国際関係紀要』3-2, 1994.
中野泰雄, 「日本人の観た安重根」, 『亜細亜大学経済学部紀要』15-2, 1990.
中野泰雄, 「平和の使徒安室根と日韓関係」, 『アジアフォーラム』14, 1997.
中塚明, 「朝鮮の民族解放運動と大正デモクラシー」, 『歴史学研究』355, 1969.
黑木彬文, 「興亜会·亜細亜協会のアジア主義-アジア主義の二重性について(「興亜会のアジア主義」再考)」, 『福岡国際大学紀要』1, 1999.
黑木彬文, 「興亜会のアジア主義」, 『法政研究』71-4, 2005.

색인

ㄱ

ㄴ

ㅂ

ㅇ

ㅈ

기억과 경계 학술총서

한국과 일본, 상호 인식의 변용과 기억

초판 1쇄 발행일 2014년 6월 27일

지은이 이규수
펴낸이 박영희
편집 배정옥 · 유태선
디자인 김미령 · 박희경
인쇄 · 제본 태광인쇄
펴낸곳 도서출판 어문학사
서울특별시 도봉구 쌍문동 523-21 나너울 카운티 1층
대표전화: 02-998-0094 / 편집부1: 02-998-2267, 편집부2: 02-998-2269
홈페이지: www.amhbook.com
트위터: @with_amhbook
블로그: 네이버 http://blog.naver.com/amhbook
다음 http://blog.daum.net/amhbook
e-mail: am@amhbook.com
등록: 2004년 4월 6일 제7-276호

ISBN 978-89-6184-339-3 93910
정가 20,000원

이 도서의 국립중앙도서관 출판시도서목록(CIP)은 e-CIP홈페이지(http://www.nl.go.kr/ecip)와
국가자료공동목록시스템(http://www.nl.go.kr/kolisnet)에서 이용하실 수 있습니다.
(CIP제어번호: CIP2014017297)